DR. OETKER DIE BESTEN TORTEN VON A–Z

DR. OETKER

DIE BESTEN TORTEN

VON A–Z

Dr. Oetker Verlag

Abkürzungen

EL	=	Esslöffel
TL	=	Teelöffel
Msp.	=	Messerspitze
Pck.	=	Packung/Päckchen
g	=	Gramm
kg	=	Kilogramm
ml	=	Milliliter
l	=	Liter
evtl.	=	eventuell
Fl.	=	Fläschchen
geh.	=	gehäuft
gestr.	=	gestrichen
TK	=	Tiefkühlprodukt
°C	=	Grad Celsius
Ø	=	Durchmesser

Kalorien-/Nährwertangaben

E	=	Eiweiß
F	=	Fett
Kh	=	Kohlenhydrate
kcal	=	Kilokalorie
kJ	=	Kilojoule

Hinweise zu den Rezepten

Lesen Sie vor der Zubereitung – besser noch vor dem Einkauf – das Rezept einmal vollständig durch. So werden die Arbeitsabläufe oder -zusammenhänge verständlicher.

Zutatenliste

Die Zutaten sind in der Reihenfolge ihrer Bearbeitung angegeben.

Arbeitsschritte

Die Arbeitsschritte sind einzeln hervorgehoben, in der Reihenfolge, in der sie von uns ausprobiert wurden.

Zubereitungszeiten

Die Zubereitungszeit ist ein Anhaltswert für die Zeit der Vorbereitung und die eigentliche Zubereitung. Längere Wartezeiten, z. B. Kühl- und Auftauzeiten, sind nicht mit einbezogen.

Backofeneinstellung

Die in den Rezepten angegebenen Backtemperaturen und -zeiten sind Werte, die je nach individueller Hitzeleistung Ihres Backofens über- oder unterschritten werden können. Die Temperaturangaben beziehen sich auf Elektrobacköfen. Beachten Sie bitte bei der Einstellung des Backofens die Gebrauchsanleitung des Herstellers. Die Temperatur-Einstellmöglichkeiten für Gasbacköfen variieren je nach Hersteller sehr stark, sodass wir keine allgemeingültigen Angaben machen können.

Nur frische Eier verwenden

Bei der Zubereitung mit frischen Eiern nur Eier verwenden, die nicht älter als 5 Tage sind (Legedatum beachten!). Ei bzw. Eier in eine Rühr- oder Edelstahlschüssel geben und im heißen Wasserbad mit Handrührgerät mit Rührbesen bei mittlerer Hitze aufschlagen, bis eine Temperatur von etwa 70 °C entsteht. Die Torten und Kuchen im Kühlschrank aufbewahren und innerhalb von 24 Stunden verzehren.

Vorwort

Die beliebtesten Torten für jede Gelegenheit.

Das ist das ideale Buch für alle Tortenbäcker, die auf der Suche nach gut nachvollziehbaren Rezepten sind. Hier finden Sie ein reiche Auswahl an einfachen und anspruchvolleren Torten. Ob mit Obst, mit Quark, mit Sahne, mit Creme, ob mit Biskuit-, mit Rühr- oder Knetteig – hier werden Sie fündig.
In diesem Buch sammeln sich Klassisches und Modernes, Sahniges und Cremiges, Heimisches und Rezepte aus den Nachbarländern.

Ob Torten für Festtage und besondere Anlässe oder schnelle und einfache Torten für den Tortenhunger zwischendurch, ob Lieblingstorten für die Kleinen oder Torten mit Schwips für die Großen – mit den Rezepten in diesem Buch sind Sie für die Tortenschlacht zu Hause, den Kindergeburtstag, Familienfeiern und Pfarr- und Sportfeste bestens gerüstet.
Alle Rezepte wurden von uns nachgebacken und sind so beschrieben, dass sie garantiert gelingen.

Lassen Sie es sich schmecken!

Agnes-Bernauer-Torte I

Klassisch – dauert länger

Insgesamt:
E: 129 g, F: 437 g, Kh: 479 g, kJ: 28029, kcal: 6692

Für den Baiserteig:

7 Eiweiß (Größe M)
225 g feinkörniger Zucker
1 Pck. Dr. Oetker Bourbon-Vanille-Zucker
200 g abgezogene, gemahlene, gebräunte Mandeln
35 g Weizenmehl
70 g gesiebter Puderzucker
5 g Kakaopulver
1 Msp. gemahlener Zimt
50 g gehackte Mandeln

Für die Mokkacreme:

1 Pck. Dr. Oetker Pudding-Pulver Vanille-Geschmack
50 g Zucker
2–3 TL Instant-Kaffeepulver
500 ml (1/2 l) Milch
250 g Butter

Zum Bestreuen und Bestäuben:

150 g gehobelte, gebräunte Mandeln
etwas Puderzucker

Zubereitungszeit: 60 Minuten, ohne Abkühlzeit
Backzeit: etwa 20 Minuten je Boden

1. Den Backofen vorheizen.
Ober-/Unterhitze: etwa 180 °C
Heißluft: etwa 160 °C

2. Für den Teig Eiweiß mit Handrührgerät mit Rührbesen so steif schlagen, dass ein Messerschnitt sichtbar bleibt. Zucker und Vanille-Zucker mischen, kurz unterschlagen. Mandeln mit Mehl, Puderzucker, Kakao und Zimt mischen, auf mittlerer Stufe unterrühren.

3. Jeweils ein Fünftel des Teiges als Boden (etwa Ø 26 cm) auf ein Backblech (gefettet, mit Backpapier belegt) streichen. Die einzelnen Böden mit je 10 g der gehackten Mandeln bestreuen. Die Backbleche nacheinander (bei Heißluft 2 Backbleche zusammen) in den vorgeheizten Backofen schieben. Die Böden **jeweils etwa 20 Minuten backen.**

4. Die einzelnen Böden sofort nach dem Backen auf Kuchenroste stürzen, Backpapier schnell abziehen und die Böden zurückstürzen.

5. Für die Mokkacreme aus Pudding-Pulver, Zucker, Instant-Kaffeepulver und Milch einen Pudding nach Packungsanleitung zubereiten.

6. Den Pudding sofort mit Frischhaltefolie belegen und erkalten lassen. Butter mit Handrührgerät mit Rührbesen geschmeidig rühren. Den Pudding esslöffelweise unterrühren. Dabei darauf achten, dass Butter und Pudding Zimmertemperatur haben, da die Creme sonst gerinnt.

7. Vier Böden mit je einem Fünftel der Buttercreme bestreichen und zu einer Torte zusammensetzen. Die restliche Creme in einen Spritzbeutel mit Sterntülle füllen. Die Tortenoberfläche damit verzieren und mit Mandeln bestreuen.

8. Die Torte vor dem Servieren mit Puderzucker bestäuben.

Tipps: Die Baiserböden einen Tag vor der Weiterverarbeitung backen. Dann nach dem Erkalten gut verpacken. Bei der Originaltorte werden die einzelnen Baiserböden mit der Buttercreme bestrichen und zu einer Torte zusammengesetzt. Tortenrand und -oberfläche werden ebenfalls mit der Buttercreme bestrichen. Die Torte mit reichlich Mandeln bestreuen und mit Puderzucker bestäuben.

Ali-Baba-Torte

Für Kinder

Insgesamt:
E: 80 g, F: 193 g, Kh: 519 g, kJ: 17303, kcal: 4129

Für den Hefeteig:
125 ml (1/8 l) Milch
25 g Butter
300 g Weizenmehl
1 Pck. Dr. Oetker Trockenbackhefe
50 g Zucker
1 Pck. Dr. Oetker Vanillin-Zucker
1 Prise Salz
1 Ei (Größe M)

etwas Weizenmehl

Für den Belag:
50 g Butter
40 g Zucker
1 Pck. Dr. Oetker Vanillin-Zucker
1 TL flüssiger Honig
2 EL Schlagsahne
75 g Sesamsamen

Für die Füllung:
4 frische Feigen
1 Pck. Gala Bourbon-Vanille-Pudding-Pulver
50 g Zucker
300 ml Milch
400 g Schlagsahne
1 Pck. Dr. Oetker Sahnesteif

Zum Garnieren:
2 frische Feigen
1 EL helle Konfitüre, z. B. Aprikosenkonfitüre

Zubereitungszeit: 60 Minuten, ohne Teiggeh- und Abkühlzeit
Backzeit: etwa 25 Minuten

1. Für den Teig Milch erwärmen und Butter darin zerlassen. Mehl in eine Rührschüssel geben und mit Trockenbackhefe sorgfältig vermischen. Zucker, Vanillin-Zucker, Salz, Ei und die Milch-Butter-Flüssigkeit hinzufügen.

2. Die Zutaten mit Handrührgerät mit Knethaken zunächst kurz auf niedrigster, dann auf höchster Stufe in etwa 5 Minuten zu einem glatten Teig verarbeiten. Den Teig leicht mit Mehl bestäuben und zugedeckt so lange an einem warmen Ort gehen lassen, bis er sich sichtbar vergrößert hat (etwa 30 Minuten).

3. Für den Belag Butter mit Zucker, Vanillin-Zucker, Honig und Sahne in einem kleinen Topf unter Rühren langsam erhitzen und etwa 1 Minute gut kochen lassen. Sesam unterrühren. Die Masse etwas abkühlen lassen, dabei gelegentlich umrühren.

4. Den Hefeteig leicht mit Mehl bestäuben, aus der Schüssel nehmen und auf einer leicht bemehlten Arbeitsfläche nochmals gut durchkneten. Den Teig auf dem Boden einer Springform (Ø 26 cm, gefettet) ausrollen. Den Springformrand darumlegen. Den Teigboden mehrmals mit einer Gabel einstechen. Die Butter-Sesam-Masse gleichmäßig auf dem Teig verteilen, dabei einen etwa 1 cm breiten Rand frei lassen. Den Teig nochmals zugedeckt etwa 20 Minuten an einem warmen Ort gehen lassen.

5. In der Zwischenzeit den Backofen vorheizen.
Ober-/Unterhitze: etwa 200 °C
Heißluft: etwa 180 °C

6. Die Form auf dem Rost in den vorgeheizten Backofen schieben. Den Hefeteigboden **etwa 25 Minuten backen.**

7. Den Boden vorsichtig aus der Form lösen und auf einem mit Backpapier belegten Kuchenrost erkalten lassen.

8. Für die Füllung Feigen waschen, trocken tupfen, entstielen und in kleine Würfel schneiden. Aus Pudding-Pulver, Zucker und Milch einen Pudding nach Packungsanleitung, aber nur mit 300 ml Milch, zubereiten. Den Pudding in eine Schüssel geben. Frischhaltefolie direkt auf die heiße Puddingoberfläche legen, damit sich keine Haut bildet. Den Pudding erkalten lassen.

9. Den Boden einmal waagerecht durchschneiden. Den oberen Sesamboden in 12 Stücke schneiden.

10. Den unteren Boden auf eine Tortenplatte legen und mit den Feigenwürfeln belegen. Sahne mit Sahnesteif steif schlagen. 4 Esslöffel der Sahne in einen Spritzbeutel mit großer Lochtülle füllen.

11. Den Pudding mit Handrührgerät mit Rührbesen cremig rühren, dann die restliche Sahne vorsichtig unterheben. Die Puddingcreme auf den Feigenwürfeln verstreichen. Die Stücke des Sesambodens auf die Füllung legen. Auf jedes Tortenstück einen Sahnetuff spritzen.

12. Zum Garnieren Feigen waschen, trocken tupfen und jeweils in 6 Spalten schneiden. Konfitüre durch ein Sieb streichen. Die Feigenstücke mithilfe eines Backpinsels mit der Konfitüre bestreichen. Die Sahnetuffs mit je 1 Feigenspalte belegen.

Tipp: Sie können statt der frischen Feigen 1 Dose gut abgetropfte Feigen (Abtropfgewicht 210 g) zum Füllen und Garnieren verwenden.

Ananascremetorte | Beliebt – mit Alkohol

Insgesamt:
E: 68 g, F: 289 g, Kh: 495 g, kJ: 20860, kcal: 4977

Für den Biskuitteig:
4 Eier (Größe M)
4 EL heißes Wasser
150 g Zucker
1 Pck. Dr. Oetker Vanillin-Zucker
150 g Weizenmehl
1 gestr. TL Dr. Oetker Backin
100 g abgezogene, gemahlene Mandeln

Für die Füllung:
1 Dose Ananasstücke (Abtropfgewicht 490 g)
450 ml Ananassaft (aus der Dose, mit Wasser aufgefüllt)
1 Pck. Dr. Oetker Pudding-Pulver Vanille-Geschmack
50 g Zucker
250 g weiche Butter

evtl. 4 EL weißer Rum

50 g gehobelte Mandeln

Zubereitungszeit: 60 Minuten, ohne Abkühl- und Kühlzeit
Backzeit: etwa 30 Minuten

1. Den Backofen vorheizen.
Ober-/Unterhitze: etwa 180 °C
Heißluft: etwa 160 °C

2. Für den Teig Eier und Wasser mit Handrührgerät mit Rührbesen auf höchster Stufe in etwa 1 Minute schaumig schlagen. Zucker und Vanillin-Zucker mischen, in etwa 1 Minute einstreuen, dann noch etwa 2 Minuten weiterschlagen.

3. Mehl mit Backpulver mischen. Die Hälfte davon auf die Eiercreme geben und kurz auf niedrigster Stufe unterrühren. Restliches Mehlgemisch auf die gleiche Weise unterarbeiten. Zuletzt die Mandeln kurz unterrühren.

4. Den Teig in eine Springform (Ø 26 cm, Boden gefettet, mit Backpapier belegt) geben und glatt streichen. Die Form auf dem Rost in den vorgeheizten Backofen schieben. Den Biskuitboden **etwa 30 Minuten backen.**

5. Den Boden aus der Form lösen und auf einen mit Backpapier belegten Kuchenrost stürzen, erkalten lassen. Mitgebackenes Backpapier abziehen. Biskuitboden zweimal waagerecht durchschneiden.

6. Für die Füllung die Ananasstücke in einem Sieb abtropfen lassen, den Saft auffangen und mit Wasser auf 450 ml ergänzen. Aus der Saftmischung, Pudding-Pulver und Zucker einen Pudding nach Packungsanleitung, aber mit 450 ml Flüssigkeit, zubereiten. Den Pudding erkalten lassen (nicht kalt stellen), dabei gelegentlich umrühren oder Frischhaltefolie direkt auf den Pudding legen.

7. Butter mit Handrührgerät mit Rührbesen schaumig rühren. Pudding esslöffelweise unterrühren. Dabei darauf achten, dass Butter und Pudding Zimmertemperatur haben, da die Creme sonst gerinnt.

8. Fünf bis sechs Ananasstücke beiseitelegen. Restliche Ananasstücke kleiner schneiden. Den unteren Biskuitboden auf eine Tortenplatte legen. Die Hälfte der Ananasstücke darauf verteilen. Ein Drittel der Buttercreme darauf verstreichen. Den mittleren Biskuitboden darauflegen, nach Belieben mit etwas Rum tränken. Die restlichen Ananasstücke darauf verteilen und die Hälfte der restlichen Buttercreme daraufstreichen. Mit dem oberen Biskuitboden belegen. Nach Belieben wieder mit etwas Rum tränken.

9. Tortenoberfläche und -rand mit der restlichen Buttercreme bestreichen. Die Tortenoberfläche mit einem Tortengarnierkamm verzieren. Die Torte bis zum Servieren kalt stellen. Mandeln in einer Pfanne ohne Fett leicht bräunen, herausnehmen und auf einem Teller erkalten lassen.

10. Den Tortenrand kurz vor dem Servieren mit Mandeln bestreuen. Mandeln leicht andrücken. Die Tortenoberfläche mit den beiseitegelegten Ananasstücken garnieren, diese evtl. etwas kleiner schneiden.

Ananas-Frischkäse-Torte | Einfach

Insgesamt:
E: 104 g, F: 420 g, Kh: 465 g, kJ: 26100, kcal: 6236

Für den All-in-Teig:
100 g Weizenmehl
25 g Speisestärke
3 gestr. TL Dr. Oetker Backin
125 g Zucker
1 Pck. Dr. Oetker Vanillin-Zucker
1 Prise Salz
3 Eier (Größe M)
125 g weiche Butter oder Margarine

Für den Belag:
6 Blatt weiße Gelatine
400 g Doppelrahm-Frischkäse
150 g Zucker
1–2 Pck. Dr. Oetker Finesse Geriebene Zitronenschale
2 EL Zitronensaft
1 Dose Ananasraspel (Abtropfgewicht 430 g)
500 g Schlagsahne

40 g Kokosraspel
evtl. einige Ananasstücke

Zubereitungszeit: 40 Minuten, ohne Abkühl- und Kühlzeit
Backzeit: 25–30 Minuten

1. Den Backofen vorheizen.
Ober-/Unterhitze: etwa 180 °C
Heißluft: etwa 160 °C

2. Für den Teig Mehl mit Speisestärke und Backpulver mischen, in eine Rührschüssel geben. Zucker, Vanillin-Zucker, Salz, Eier und Butter oder Margarine hinzugeben. Die Zutaten mit Handrührgerät mit Rührbesen zunächst kurz auf niedrigster, dann auf höchster Stufe in etwa 2 Minuten zu einem glatten Teig verarbeiten.

3. Den Teig in eine Springform (Ø 26 cm, Boden gefettet, mit Backpapier belegt) füllen und glatt streichen. Die Form auf dem Rost in den vorgeheizten Backofen schieben. Den Gebäckboden **25–30 Minuten backen.**

4. Den Boden aus der Form lösen, auf einen mit Backpapier belegten Kuchenrost stürzen und erkalten lassen. Mitgebackenes Backpapier entfernen.

5. Für den Belag die Gelatine in kaltem Wasser nach Packungsanleitung einweichen. Dann Frischkäse mit Zucker, Zitronenschale und Zitronensaft verrühren. Die Ananasraspel mit dem Saft aus der Dose unterrühren.

6. Die Gelatine leicht ausdrücken, in einem kleinen Topf bei schwacher Hitze unter Rühren auflösen (nicht kochen), bis sie völlig gelöst ist. 2–3 Esslöffel der Ananas-Frischkäse-Masse mit der Gelatine verrühren, unter die restliche Ananas-Frischkäse-Masse rühren, kurz kalt stellen. Sahne steif schlagen, unterheben.

7. Den Gebäckboden auf eine Tortenplatte legen, einen Tortenring darumlegen. Die Ananas-Frischkäse-Creme auf den Boden geben und glatt streichen. Die Torte etwa 3 Stunden kalt stellen.

8. Zum Garnieren Kokosraspel in einer Pfanne ohne Fett unter gelegentlichem Rühren leicht bräunen, herausnehmen und auf einem Teller erkalten lassen.

9. Den Tortenring vorsichtig lösen und entfernen. Die Torte mit Kokosraspeln und nach Belieben mit abgetropften Ananasstückchen garnieren.

Ananas-Kirsch-Torte | Fruchtig

Insgesamt:
E: 53 g, F: 218 g, Kh: 516 g, kJ: 17879, kcal: 4267

Zum Vorbereiten:
1 Glas Sauerkirschen (Abtropfgewicht 370 g)
150 g kandierte Ananasstücke

Für den All-in-Teig:
170 g Weizenmehl
2 gestr. TL Dr. Oetker Backin
120 g brauner Zucker
3 Eier (Größe M)
100 g weiches Butterschmalz
einige Tropfen Bittermandel-Aroma (aus dem Röhrchen)
2 EL Milch

Für den Guss:
1 Pck. Tortenguss, rot, ungezuckert
250 ml (1/4 l) Sauerkirschsaft (aus dem Glas)
1 EL Zitronensaft
2 EL Zucker

Zum Verzieren und Garnieren:
300 g Schlagsahne
1 Pck. Dr. Oetker Sahnesteif
2 gestr. EL gesiebter Puderzucker
50 g kandierte Ananasstücke

Zubereitungszeit: 45 Minuten, ohne Abkühlzeit
Backzeit: 35–40 Minuten

1. Zum Vorbereiten Sauerkirschen in einem Sieb abtropfen lassen, den Saft auffangen und 250 ml (1/4 l) davon abmessen. Die Ananasstücke in kleine Stücke schneiden. Sauerkirschen mit den Ananasstückchen mischen und in einer Springform (Ø 26 cm, gefettet, mit Backpapier belegt) gleichmäßig verteilen.

2. Den Backofen vorheizen.
Ober-/Unterhitze: etwa 200 °C
Heißluft: etwa 180 °C

3. Für den Teig Mehl mit Backpulver mischen und in eine Rührschüssel geben. Restliche Zutaten hinzufügen und mit Handrührgerät mit Rührbesen zunächst kurz auf niedrigster, dann auf höchster Stufe in etwa 2 Minuten zu einem glatten Teig verarbeiten. Den Teig esslöffelweise auf der Sauerkirsch-Ananas-Mischung verteilen und glatt streichen. Die Form auf dem Rost in den vorgeheizten Backofen schieben und die Torte **35–40 Minuten backen.**

4. Die Form auf einen Kuchenrost stellen. Die Torte etwa 15 Minuten in der Form stehen lassen, dann aus der Form lösen und auf einen mit Backpapier belegten Kuchenrost stürzen. Torte erkalten lassen. Mitgebackenes Backpapier abziehen. Torte auf eine Platte legen und einen Tortenring darumlegen.

5. Für den Guss aus Tortengusspulver, abgemessenem Sauerkirsch-, Zitronensaft und Zucker einen Guss nach Packungsanleitung, aber mit den hier angegebenen Zutaten, zubereiten. Den Guss auf der Tortenoberfläche verteilen. Guss fest werden lassen. Tortenring vorsichtig lösen und entfernen.

6. Zum Verzieren und Garnieren Sahne mit Sahnesteif und Puderzucker steif schlagen, in einen Spritzbeutel mit großer Lochtülle füllen. Zwei Drittel der Sahne in Streifen von unten nach oben an den Tortenrand spritzen. Restliche Sahne als kleine Tupfen auf die Tortenoberfläche spritzen. Mit Ananasstücken garnieren.

Ananas-Kokos-Charlotte | Raffiniert

Insgesamt:
E: 77 g, F: 333 g, Kh: 449 g, kJ: 21365, kcal: 5097

Für den Biskuitteig:
3 Eier (Größe M)
1 Eigelb (Größe M)
100 g Zucker
1 Pck. Dr. Oetker Vanillin-Zucker
100 g Weizenmehl
10 g gesiebtes Kakaopulver
1 gestr. TL Dr. Oetker Backin

Für den Boden:
150 g Zartbitter-Schokolade

Für die Füllung:
2 Dosen Ananasscheiben (Abtropfgewicht je 140 g)
600 g Schlagsahne
2 Pck. Dr. Oetker Sahnesteif
2 Pck. Saucenpulver Vanille-Geschmack, ohne Kochen
7 Kokos-Konfektkugeln

5 Kokos-Konfektkugeln
25 g Zartbitter-Schokolade

Zubereitungszeit: 50 Minuten, ohne Abkühl- und Kühlzeit
Backzeit: etwa 10 Minuten

1. Den Backofen vorheizen.
Ober-/Unterhitze: etwa 200 °C
Heißluft: etwa 180 °C

2. Für den Teig Eier und Eigelb mit Handrührgerät mit Rührbesen auf höchster Stufe in etwa 1 Minute schaumig schlagen. Den Zucker und Vanillin-Zucker mischen, in etwa 1 Minute einstreuen, dann noch etwa 2 Minuten weiterschlagen.

3. Das Mehl mit Kakao und Backpulver mischen, die Hälfte davon auf die Eiercreme geben und kurz auf niedrigster Stufe unterrühren. Restliches Mehlgemisch auf die gleiche Weise unterarbeiten. Den Teig auf ein Backblech (30 x 40 cm, gefettet, mit Backpapier belegt) geben und glatt streichen. Das Backblech in den vorgeheizten Backofen schieben. Die Biskuitplatte **etwa 10 Minuten backen.**

4. Die Biskuitplatte sofort vom Rand lösen und auf mit Zucker bestreutes Backpapier stürzen. Die Biskuitplatte mit dem Backpapier erkalten lassen.

5. Für den Boden die Schokolade in Stücke brechen und in einem kleinen Topf im heißen Wasserbad bei schwacher Hitze unter Rühren schmelzen. Die flüssige Schokolade in eine Springform (Ø 26 cm, Boden gefettet, mit Backpapier belegt) gießen und zu einem Boden verteilen.

6. Für die Füllung Ananasscheiben in einem Sieb gut abtropfen lassen. Sahne mit Sahnesteif und Saucenpulver steif schlagen. Mitgebackenes Backpapier von der Biskuitplatte abziehen, dünn mit 5–6 Esslöffeln der Sahnemasse bestreichen und von der längeren Seite her fest aufrollen. Die Biskuitrolle in 20 etwa 2 cm dicke Scheiben schneiden.

7. Den Rand der Springform und den noch nicht fest gewordenen Schokoladenboden dicht mit den Biskuitscheiben belegen. Die Ananasscheiben auf dem Biskuitscheibenboden verteilen, evtl. die Scheiben etwas zurechtschneiden (1–2 Scheiben zum Garnieren beiseitelegen). Konfektkugeln hacken und unter die restliche Sahnemasse heben. Die Sahnemasse auf den Ananasscheiben in die Springform geben und glatt streichen. Die Torte 1–2 Stunden kalt stellen.

8. Die Torte vom Springformrand lösen. Beim Umsetzen der Torte auf eine Tortenplatte Springformboden und Backpapier unter der Schokolade entfernen.

9. Die beiseitegelegten Ananasscheiben klein schneiden und auf den oberen Tortenrand legen. Danach die Konfektkugeln vorsichtig halbieren und davorlegen. Schokolade in Stücke brechen, in einen kleinen Gefrierbeutel geben und im heißen Wasserbad bei schwacher Hitze schmelzen. Beutel herausnehmen, trocken tupfen, evtl. etwas durchkneten und eine kleine Ecke abschneiden. Den oberen Tortenrand mit der Schokolade verzieren.

Aprikosen-Crème-fraîche-Torte

Fruchtig – für Kinder

Insgesamt:
E: 73 g, F: 273 g, Kh: 506 g, kJ: 20087, kcal: 4807

Für den Knetteig:

200 g Weizenmehl
1 Msp. Dr. Oetker Backin
100 g Zucker
125 g Butter oder Margarine
100 g abgezogene, gemahlene Mandeln
1 Ei (Größe M)

Für den Belag:

1 Dose Aprikosenhälften (Abtropfgewicht 480 g)
1 Pck. Dr. Oetker Pudding-Pulver Vanille-Geschmack
75 g Zucker
375 ml (3/8 l) Milch
300 g Crème fraîche

Für den Guss:

1 Pck. Tortenguss, klar, ungezuckert
250 ml (1/4 l) Aprikosensaft (aus der Dose)

Zubereitungszeit: 60 Minuten, ohne Abkühlzeit
Backzeit: etwa 52 Minuten

1. Für den Teig Mehl mit Backpulver und Zucker in einer Rührschüssel mischen. Restliche Zutaten hinzufügen und mit Handrührgerät mit Knethaken zunächst kurz auf niedrigster, dann auf höchster Stufe gut durcharbeiten. Anschließend auf einer leicht bemehlten Arbeitsfläche zu einem glatten Teig verkneten. Sollte er kleben, ihn in Frischhaltefolie gewickelt eine Zeit lang kalt stellen.

2. Den Backofen vorheizen.
Ober-/Unterhitze: etwa 200 °C
Heißluft: etwa 180 °C

3. Zwei Drittel des Knetteiges auf dem Boden einer Springform (Ø 26 cm, Boden gefettet) ausrollen. Den Teigboden mehrmals mit einer Gabel einstechen. Den Springformrand darumlegen. Die Form auf dem Rost in den vorgeheizten Backofen schieben. Den Knetteigboden **etwa 12 Minuten vorbacken.**

4. Die Form auf einen Kuchenrost stellen. Den Boden etwas abkühlen lassen.

5. Für den Belag Aprikosenhälften in einem Sieb gut abtropfen lassen, Saft auffangen und 250 ml (1/4 l) abmessen. Aus Pudding-Pulver, Zucker und Milch, aber nur mit 375 ml (3/8 l) Milch, einen Pudding nach Packungsanleitung zubereiten. Pudding etwas abkühlen lassen.

6. Crème fraîche unter den Pudding rühren. Restlichen Teig zu einer Rolle formen, sie als Rand auf den vorgebackenen Boden legen und so an die Form drücken, dass ein etwa 3 cm hoher Rand entsteht.

7. Den Pudding auf den Knetteigboden geben und glatt streichen. Aprikosenhälften darauf verteilen. Die Form wieder auf dem Rost in den heißen Backofen schieben. Die Torte **bei gleicher Backofeneinstellung in etwa 40 Minuten fertig backen.**

8. Die Torte aus der Form lösen und auf einem Kuchenrost erkalten lassen.

9. Für den Guss aus Tortengusspulver und Aprikosensaft (aber ohne Zucker) einen Guss nach Packungsanleitung zubereiten. Den Guss auf der Torte verteilen. Guss fest werden lassen.

Tipps: Statt Aprikosenhälften Stachelbeeren oder Mandarinen verwenden. Der Pudding kann auch mit Schmand (Sauerrahm) zubereitet werden.

Aprikosentorte mit Schwips I

Fruchtig – mit Alkohol

Insgesamt:
E: 67 g, F: 361 g, Kh: 473 g, kJ: 23836, kcal: 5688

Für den Rührteig:
100 g weiche Butter oder Margarine
75 g Zucker
1 Pck. Dr. Oetker Bourbon-Vanille-Zucker
2 Eier (Größe M)
75 g Weizenmehl
1 gestr. TL Dr. Oetker Backin
2–3 EL Aprikosenlikör

Zum Bestreichen:
1 EL Aprikosenkonfitüre
2 EL Aprikosenlikör

Für den Belag:
1 Dose Aprikosenhälften (Abtropfgewicht 240 g)
1 EL Aprikosenkonfitüre
1 Pck. Dr. Oetker Pudding-Pulver Vanille-Geschmack
75 ml Aprikosenlikör
1 EL Zucker
250 g Schmand (Sauerrahm) oder Crème fraîche
180 g Haselnuss-Gebäckkugeln
400 g Schlagsahne
1 EL gesiebter Puderzucker
2 Pck. Dr. Oetker Sahnesteif

Zum Besprenkeln:
2 EL Aprikosenkonfitüre
1 EL Aprikosenlikör

Zubereitungszeit: 50 Minuten, ohne Abkühl- und Kühlzeit
Backzeit: 20–25 Minuten

1. Den Backofen vorheizen.
Ober-/Unterhitze: etwa 180 °C
Heißluft: etwa 160 °C

2. Für den Teig Butter oder Margarine mit Handrührgerät mit Rührbesen auf höchster Stufe geschmeidig rühren. Nach und nach Zucker und Vanille-Zucker unterrühren. So lange rühren, bis eine gebundene Masse entstanden ist.

3. Eier nach und nach unterrühren (jedes Ei etwa ½ Minute). Mehl mit Backpulver mischen, mit dem Likör auf mittlerer Stufe kurz unterrühren. Den Teig in eine Springform (Ø 26 cm, gefettet, mit Backpapier belegt) geben und glatt streichen. Die Form auf dem Rost in den vorgeheizten Backofen schieben. Den Gebäckboden **20–25 Minuten backen.**

4. Den Boden aus der Form lösen und auf einen Kuchenrost stürzen. Boden erkalten lassen. Mitgebackenes Backpapier abziehen. Den Boden auf eine Tortenplatte legen.

5. Zum Bestreichen Konfitüre mit Likör verrühren. Den Gebäckboden damit bestreichen und einen Tortenring darumlegen.

6. Für den Belag die Aprikosenhälften mit dem Saft aus der Dose und der Konfitüre pürieren, in einen Topf füllen. Das Pudding-Pulver mit Likör und Zucker anrühren und unter das Aprikosenpüree rühren. Die Aprikosenmasse unter Rühren einmal aufkochen und anschließend etwas abkühlen lassen.

7. Schmand oder Crème fraîche unterrühren. Die Aprikosen-Pudding-Masse auf den Gebäckboden geben und glatt streichen. Die Torte etwa 2 Stunden kalt stellen.

8. Sechs Gebäckkugeln zum Garnieren beiseitelegen. Die restlichen Gebäckkugeln zerdrücken oder hacken. Sahne mit Puderzucker und Sahnesteif steif schlagen, zerkleinerte Gebäckkugeln unterheben. Die Creme kuppelartig auf die Aprikosen-Pudding-Masse streichen. Die Torte nochmals 1–2 Stunden kalt stellen. Tortenring vorsichtig lösen und entfernen.

9. Vor dem Servieren beiseitegelegte Gebäckkugeln halbieren und die Torte damit belegen. Die Konfitüre mit Likör verrühren. Die Tortenoberfläche damit besprenkeln.

Aranca-Marmortorte | Für Gäste

Insgesamt:
E: 63 g, F: 271 g, Kh: 519 g, kJ: 20521, kcal: 4892

Für den All-in-Teig:
125 g Weizenmehl
3 gestr. TL Dr. Oetker Backin
125 g Zucker
2 Eier (Größe M)
1 Pck. Dr. Oetker Vanillin-Zucker
125 g weiche Butter oder Margarine
50 ml Orangensaft
125 g Griesson Soft Cake Minis

Für die Füllung:
1 Pck. Aranca Aprikose-Maracuja-Geschmack (Dessertpulver)
150 ml Wasser
300 g Himbeerjoghurt
200 g Schlagsahne
1 Pck. Aranca Zitrone-Geschmack (Dessertpulver)
150 ml Wasser
150 g Joghurt

Zum Bestreichen und Verzieren:
200 g Schlagsahne
1 Pck. Dr. Oetker Vanillin-Zucker

Zubereitungszeit: 40 Minuten, ohne Abkühl- und Kühlzeit
Backzeit: etwa 25 Minuten

1. Den Backofen vorheizen.
Ober-/Unterhitze: etwa 180 °C
Heißluft: etwa 160 °C

2. Für den Teig das Mehl und Backpulver mischen, in eine Rührschüssel geben. Restliche Zutaten bis auf die Kekse hinzufügen und mit Handrührgerät mit Rührbesen auf höchster Stufe in etwa 2 Minuten zu einem glatten Teig verarbeiten. Den Teig in eine Springform (Ø 26 cm, Boden gefettet) füllen und glatt streichen. 12 Soft Cake Minis mit der Schokoladenseite nach unten auf die Teigoberfläche legen (restliche Soft Cake Minis zum Garnieren beiseitelegen). Die Form auf dem Rost in den vorgeheizten Backofen schieben. Den Gebäckboden **etwa 25 Minuten backen.**

3. Den Boden aus der Form lösen und auf einem mit Backpapier belegten Kuchenrost erkalten lassen.

4. Für die Füllung Aranca Aprikose-Maracuja mit 150 ml Wasser nach Packungsanleitung zubereiten, Himbeerjoghurt unterrühren. Sahne steif schlagen. Aranca Zitrone ebenfalls mit 150 ml Wasser nach Packungsanleitung zubereiten, Joghurt und Sahne unterheben.

5. Den Gebäckboden auf eine Tortenplatte legen, einen Tortenring darumlegen. Zwei Drittel der Zitronenmasse auf den Boden streichen. Aprikosen-Himbeer-Masse darauf verteilen und mit der restlichen Zitronenmasse bestreichen. Mit einer Gabel durch die Schichten ziehen, sodass ein Marmormuster entsteht. Die Torte mindestens 2 Stunden kalt stellen. Tortenring vorsichtig lösen und entfernen.

6. Zum Bestreichen und Verzieren Sahne mit Vanillin-Zucker steif schlagen. 3 Esslöffel der Sahne in einen Spritzbeutel mit Sterntülle füllen. Dann Tortenrand und -oberfläche mit der restlichen Sahne bestreichen. Mit der Sahne aus dem Spritzbeutel 12 Tuffs auf die Tortenoberfläche spritzen. Mit den restlichen Soft Cake Minis garnieren.

Tipp: Wenn die Farbe des Himbeerjoghurts nicht intensiv genug ist, kann etwas rote Speisefarbe hinzugefügt werden, um einen schöneren Kontrast bei der Marmorierung zu bekommen.

Bananen-Makronen-Kuppel I

Für Kinder

Insgesamt:
E: 77 g, F: 318 g, Kh: 450 g, kJ: 20813, kcal: 4962

Für die Makronenmasse:
200 g Kokosraspel
4 Eiweiß (Größe M)
200 g feinkörniger Zucker
1 Msp. gemahlener Zimt
2 Tropfen Bittermandel-Aroma (aus dem Röhrchen)

Für den Belag:
100 g Zartbitter-Schokolade
2 Pck. weiße, gemahlene Gelatine
140 ml Wasser
400 g Schlagsahne
2 Pck. Dr. Oetker Vanillin-Zucker
2 Pck. Paradiescreme Vanille-Geschmack (Dessertpulver)
400 ml Milch
2 Bananen

Zubereitungszeit: 50 Minuten, ohne Abkühl- und Kühlzeit
Backzeit: etwa 45 Minuten

1. Den Backofen vorheizen.
Ober-/Unterhitze: etwa 140 °C
Heißluft: etwa 120 °C

2. Für die Makronenmasse die Kokosraspel in einer Pfanne ohne Fett goldgelb rösten, herausnehmen und auf einem Teller erkalten lassen. Einen Kreis (Ø 26 cm) auf einen Bogen Backpapier zeichnen und das Backpapier auf ein Backblech (leicht gefettet) legen.

3. Eiweiß in einer Rührschüssel mit Handrührgerät mit Rührbesen steif schlagen. Der Schnee muss so fest sein, dass ein Messerschnitt sichtbar bleibt. Zucker, Zimt und Aroma kurz unterschlagen. Kokosraspel vorsichtig unter den Eischnee heben (nicht rühren). Die Makronenmasse in einen Spritzbeutel mit Sterntülle (Ø etwa 11 mm) geben. Etwa drei Viertel der Masse spiralförmig zu einem Boden auf die Kreisfläche aufspritzen. Das Backblech in den vorgeheizten Backofen schieben. Den Makronenboden **etwa 25 Minuten backen.**

4. Den Boden mit dem Backpapier vom Backblech auf einen Kuchenrost ziehen. Boden erkalten lassen. Restliche Makronenmasse als einzelne kleine Makronen auf ein weiteres Stück Backpapier spritzen und auf das Backblech ziehen. Das Backblech wieder in den heißen Backofen schieben. Die Makronen **bei gleicher Backofeneinstellung etwa 20 Minuten backen.**

5. Die Makronen mit dem Backpapier vom Backblech auf einen Kuchenrost ziehen und erkalten lassen. Den Makronenboden vom Backpapier lösen und auf eine Tortenplatte legen.

6. Für den Belag die Schokolade in Stücke brechen und in einem kleinen Topf im heißen Wasserbad bei schwacher Hitze unter Rühren schmelzen, etwas abkühlen lassen. Den Makronenboden mithilfe eines Backpinsels mit etwa zwei Drittel der Schokolade bestreichen. Einzelne Makronen mit der restlichen Schokolade besprenkeln. Schokolade fest werden lassen.

7. Die Gelatine mit kaltem Wasser in einem kleinen Topf anrühren, etwa 10 Minuten quellen lassen. Sahne mit Vanillin-Zucker steif schlagen. Beide Päckchen Dessertpulver nach Packungsanleitung, aber nur mit insgesamt 400 ml Milch, aufschlagen.

8. Gelatine in einem kleinen Topf bei schwacher Hitze unter Rühren erwärmen (nicht kochen), bis sie völlig gelöst ist. Die Gelatine mit 2–3 Esslöffeln Sahne verrühren, dann unter die restliche Sahne rühren. Die vorbereitete Dessertcreme unter die Sahne heben.

9. Eine dünne Schicht der Creme auf den Makronenboden streichen. Bananen schälen, längs halbieren, mit der flachen Seite auf die Creme legen, dabei einen etwa 3 cm Rand frei lassen. Bananenhälften leicht andrücken. Restliche Creme kuppelartig daraufstreichen. Die Torte etwa 3 Stunden kalt stellen.

10. Die Makronen vor dem Servieren dekorativ auf der Tortenoberfläche verteilen.

Batida-de-Côco-Kuppel I

Beliebt – mit Alkohol

Insgesamt:
E: 109 g, F: 384 g, Kh: 532 g, kJ: 26914, kcal: 6424

Für den Biskuitteig:
4 Eier (Größe M)
3 EL Batida de Côco (Kokoslikör)
150 g Zucker
1 Pck. Dr. Oetker Vanillin-Zucker
100 g Weizenmehl
50 g Speisestärke
2 gestr. TL Dr. Oetker Backin
75 g Kokosraspel

Für die Creme:
8 Blatt weiße Gelatine
1 Dose Ananasscheiben (Abtropfgewicht 340 g)
150 ml Batida de Côco
150 ml Ananassaft (aus der Dose)
300 g Doppelrahm-Frischkäse
70 g Zucker
400 g Schlagsahne

Zum Garnieren und Verzieren:
40 g Kokosraspel
200 g Schlagsahne
1 Pck. Dr. Oetker Vanillin-Zucker

Zubereitungszeit: 60 Minuten, ohne Abkühl- und Kühlzeit
Backzeit: etwa 30 Minuten

1. Den Backofen vorheizen.
Ober-/Unterhitze: etwa 180 °C
Heißluft: etwa 160 °C

2. Für den Teig die Eier und Batida de Côco in einer Rührschüssel mit Handrührgerät mit Rührbesen auf höchster Stufe in etwa 1 Minute schaumig schlagen. Zucker und Vanillin-Zucker mischen, in etwa 1 Minute einstreuen, dann noch etwa 2 Minuten weiterschlagen.

3. Mehl mit Speisestärke und Backpulver mischen, die Hälfte davon auf die Eiercreme geben und kurz auf niedrigster Stufe unterrühren. Restliches Mehlgemisch auf die gleiche Weise unterarbeiten. Die Kokosraspel unterheben.

4. Den Teig in eine Springform (Ø 26 cm, Boden gefettet, mit Backpapier belegt) füllen und glatt streichen. Die Form auf dem Rost in den vorgeheizten Backofen schieben. Dann den Biskuitboden **etwa 30 Minuten backen.**

5. Den Biskuitboden aus der Form lösen, auf einen mit Backpapier belegten Kuchenrost stürzen und erkalten lassen. Mitgebackenes Backpapier abziehen. Biskuitboden einmal waagerecht durchschneiden.

6. Für die Creme Gelatine in kaltem Wasser nach Packungsanleitung einweichen. Ananasscheiben in einem Sieb abtropfen lassen, den Saft dabei auffangen und 150 ml abmessen. Ananasscheiben in kleine Stücke schneiden.

7. Batida de Côco mit abgemessenem Ananassaft, Frischkäse und Zucker verrühren. Gelatine leicht ausdrücken, in einem kleinen Topf unter Rühren erwärmen (nicht kochen), bis sie völlig gelöst ist. Gelatine mit 2–3 Esslöffeln der Frischkäsemasse verrühren, dann unter die restliche Frischkäsemasse rühren. Sahne steif schlagen. Sobald die Masse anfängt zu gelieren, Sahne unterheben. Die Ananasstücke ebenfalls unterheben.

8. Eine breite runde Schüssel mit dem oberen Biskuitboden auslegen, evtl. etwas zurechtschneiden. Die Frischkäsecreme hineingeben und glatt streichen. Den unteren Biskuitboden darauflegen, evtl. ebenfalls etwas zurechtschneiden und andrücken. Anschließend die Torte mindestens 3 Stunden kalt stellen.

9. Zum Garnieren und Verzieren Kokosraspel in einer Pfanne ohne Fett leicht bräunen, herausnehmen und auf einem Teller erkalten lassen. Aus Papier Schablonen, z. B. unterschiedlich große Dreiecke, schneiden. Sahne mit Vanillin-Zucker steif schlagen. Die Kuppel auf eine Tortenplatte stürzen und rundherum mit der Sahne bestreichen. Die Schablonen dekorativ darauflegen. Die Kuppel mit den gerösteten Kokosraspeln bestreuen. Schablonen vorsichtig entfernen.

Baumkuchentorte mit Pistazienmarzipan I

Für Gäste – mit Alkohol

Insgesamt:
E: 135 g, F: 502 g, Kh: 766 g, kJ: 34604, kcal: 8274

Zum Vorbereiten:
400 g Marzipan-Rohmasse
50 g gemahlene Pistazienkerne
50 g gesiebter Puderzucker

Für den Rührteig:
250 g weiche Butter oder Margarine
250 g Zucker
1 Pck. Dr. Oetker Vanillin-Zucker
1 Prise Salz
2 Eier (Größe M)
4 Eigelb (Größe M)
75 ml Cognac
150 g Weizenmehl
100 g Speisestärke
3 gestr. TL Dr. Oetker Backin
4 Eiweiß (Größe M)

Für den Guss:
200 g Zartbitter-Kuvertüre
1 EL Speiseöl

Zum Bestreuen:
grob gehackte Pistazienkerne

Zubereitungszeit: 90 Minuten
Grillzeit: etwa 2 Minuten je Schicht

1. Zum Vorbereiten das Marzipan mit Pistazienkernen und Puderzucker gut verkneten. Die Marzipanmasse in 4 gleich große Portionen teilen. 3 Portionen zu je einer Kugel formen und zwischen Frischhaltefolie zu runden Platten (Ø etwa 24 cm) ausrollen. Die Marzipanplatten in Frischhaltefolie einschlagen und beiseitelegen. Restliches Marzipanstück ebenfalls in Frischhaltefolie verpackt beiseitelegen.

2. Den Backofengrill vorheizen.

3. Für den Teig Butter oder Margarine mit Handrührgerät mit Rührbesen auf höchster Stufe geschmeidig rühren. Nach und nach Zucker, Vanillin-Zucker und Salz unterrühren. So lange rühren, bis eine gebundene Masse entstanden ist.

4. Eier und Eigelb nach und nach unterrühren (jedes Ei/Eigelb etwa ½ Minute). Cognac kurz unterrühren.

5. Das Mehl mit Speisestärke und Backpulver mischen, in 2 Portionen kurz auf mittlerer Stufe unterrühren. Eiweiß steif schlagen und unterheben.

6. Zwei Esslöffel des Rührteiges in eine Springform (Ø 26 cm, Boden gefettet, mit Backpapier belegt) geben, mit einem Tortenheber sorgfältig glatt streichen und unter dem vorgeheizten Backofengrill **hellbraun backen.**

7. Wieder 2 Esslöffel daraufstreichen und unter dem Grill hellbraun backen. Die dritte Schicht ebenso backen, dann eine Marzipanplatte auf die Gebäckschicht legen, mit 2 Esslöffeln Teig bestreichen und **wie oben beschrieben backen.** Nach der sechsten und neunten Teigschicht jeweils wieder eine Marzipanplatte auflegen. Auf diese Weise den ganzen Teig verarbeiten.

8. Anschließend die Torte aus der Form lösen und auf einem mit Backpapier belegten Kuchenrost stürzen. Mitgebackenes Backpapier vorsichtig abziehen. Die Torte erkalten lassen.

9. Für den Guss die Kuvertüre in Stücke hacken, mit Speiseöl in einem kleinen Topf bei schwacher Hitze unter Rühren schmelzen.

10. Das restliche Marzipan ausrollen. Einige Kreise (Ø 4–6 cm) ausstechen, die Kreise einschneiden und zu kleinen Tüten formen. Die Tüten teilweise in Kuvertüre tauchen oder damit besprenkeln, beiseitelegen.

11. Die Torte mit der restlichen Kuvertüre überziehen. Etwas antrocknen lassen.

12. Die Marzipantütchen auf der Torte in dem noch leicht feuchten Guss verteilen. Die Torte mit Pistazienkernen bestreuen. Guss fest werden lassen.

Birne-Helene-Torte | Beliebt

Insgesamt:
E: 69 g, F: 341 g, Kh: 533 g, kJ: 22963, kcal: 5489

Für den Streuselteig:
225 g Weizenmehl
100 g Zucker
1 Pck. Dr. Oetker Vanillin-Zucker
½ TL gemahlener Zimt
2 Eigelb (Größe M)
125 g Butter oder Margarine

Für den Belag:
1 Dose Birnenhälften (Abtropfgewicht 460 g)
300 g Schlagsahne
1 Pck. backfeste Puddingcreme
2 Eiweiß (Größe M)
1 Prise Salz

Für den Schokoguss:
175 g Schlagsahne
1 Pck. Kakaogetränkepulver (25 g)
1 gestr. EL Kakaopulver
100 g Vollmilch-Schokolade
100 g Zartbitter-Schokolade

Zubereitungszeit: 45 Minuten, ohne Abkühlzeit
Backzeit: etwa 60 Minuten

1. Für den Teig Mehl in eine Rührschüssel geben. Restliche Zutaten hinzufügen und mit Handrührgerät mit Rührbesen zu Streuseln verarbeiten. Zwei Drittel der Streusel in einer Springform (Ø 26 cm, Boden gefettet) verteilen und zu einem Boden andrücken.

2. Restliche Streusel verkneten und zu einer Rolle formen. Rolle an den Springformrand legen und zu einem 2–3 cm hohen Rand andrücken.

3. Den Backofen vorheizen.
Ober-/Unterhitze: etwa 180 °C
Heißluft: etwa 160 °C

4. Für den Belag Birnenhälften in einem Sieb abtropfen lassen. Aus Sahne und Puddingcreme eine Creme nach Packungsanleitung zubereiten. Eiweiß mit Salz steif schlagen und unter die Creme heben.

5. Die Creme auf den Tortenboden geben und glatt streichen. Die Birnenhälften mit der Wölbung nach oben auf die Creme legen. Die Form auf dem Rost in den vorgeheizten Backofen schieben. Die Torte **etwa 60 Minuten backen.**

6. Die Form auf einen Kuchenrost stellen. Die Torte etwa 60 Minuten in der Backform erkalten lassen.

7. Für den Schokoladenguss die Sahne mit Kakaogetränkepulver und Kakao in einem Topf verrühren und erhitzen. Topf von der Kochstelle nehmen. Die Schokoladen in Stücke brechen, unter Rühren in der Kakaosahne auflösen. Die Masse etwas abkühlen lassen. Den Schokoladenguss auf den Birnenhälften verteilen. Die Torte mindestens 3 Stunden kalt stellen. Beim Anschnitt soll der Guss etwas weich sein.

Tipp: Die Torte ist mit Vanilleeis ideal als Dessert.

Birnen-Baiser-Torte | Schnell

Insgesamt:
E: 58 g, F: 120 g, Kh: 400 g, kJ: 12483, kcal: 2969

Für den Teig:

1 Pck. Grundmischung Obstkuchenteig (250 g)
100 g weiche Butter oder Margarine
2 Eier (Größe M)

Für den Belag:

1 Dose Birnenhälften (Abtropfgewicht 460 g)
1 Pck. Dr. Oetker Pudding-Pulver Schokoladen-Geschmack
1 EL Zucker
2 Eigelb (Größe M)
200 ml Birnensaft (aus der Dose)
300 ml Milch

Für das Baiser:

2 Eiweiß (Größe M)
100 g gesiebter Puderzucker

Zubereitungszeit: 20 Minuten, ohne Kühlzeit
Backzeit: etwa 38 Minuten

1. Den Backofen vorheizen.
Ober-/Unterhitze: etwa 180 °C
Heißluft: etwa 160 °C

2. Für den Teig die Grundmischung mit Butter oder Margarine und Eiern nach Packungsanleitung zubereiten. Den Teig in eine Springform (Ø 26 cm, Boden gefettet) geben und glatt streichen. Die Form auf dem Rost in den vorgeheizten Backofen schieben. Den Tortenboden **etwa 30 Minuten backen.**

3. Die Form auf einen Kuchenrost stellen. Den Boden in der Form stehen lassen.

4. Für den Belag die Birnenhälften in einem Sieb gut abtropfen lassen, dabei den Saft auffangen und 200 ml abmessen. Birnenhälften mit der Wölbung nach oben auf den warmen Tortenboden legen. Die **Backofentemperatur um etwa 20 °C erhöhen.**

5. Pudding-Pulver mit Zucker, Eigelb und abgemessenem Birnensaft anrühren. Milch in einem Topf zum Kochen bringen. Angerührtes Pudding-Pulver in die von der Kochstelle genommene Milch rühren und unter Rühren aufkochen lassen. Den heißen Pudding auf den Birnenhälften verteilen, erkalten lassen.

6. Für das Baiser das Eiweiß mit Handrührgerät mit Rührbesen steif schlagen. Der Schnee muss so fest sein, dass ein Messerschnitt sichtbar bleibt, Puderzucker kurz unterschlagen. Die Baisermasse in einen Spritzbeutel mit Lochtülle füllen. Breite, spitz zulaufende Tuffs dicht an dicht auf den Pudding setzen, sodass der Pudding ganz bedeckt ist. Die Form wieder auf dem Rost in den heißen Backofen schieben. Das Baiser **etwa 8 Minuten überbacken.**

Abwandlung: Sie können statt der Grundmischung die Zutaten für den Obstboden auch selbst zusammenstellen. Mischen Sie 100 g Weizenmehl mit 2 gestrichenen Teelöffeln Dr. Oetker Backin in eine Rührschüssel. Geben Sie 100 g Zucker, 2 Päckchen Dr. Oetker Vanillin-Zucker, 2 Eier (Größe M) und 100 g weiche Butter oder Margarine hinzu. Die Zutaten mit Handrührgerät mit Rührbesen zunächst kurz auf niedrigster, dann auf höchster in etwa 2 Minuten zu einem glatten Teig verrühren. Den Teig wie oben beschrieben verarbeiten und backen.

Birnen-Karamell-Torte | Einfach

Insgesamt:
E: 109 g, F: 592 g, Kh: 674 g, kJ: 35405, kcal: 8456

Für den Rührteig:

275 g weiche Butter oder Margarine
200 g Zucker
1 Pck. Dr. Oetker Vanillin-Zucker
1–2 Msp. gemahlener Zimt
6 Eier (Größe M)
200 g Weizenmehl
50 g Speisestärke
25 g gesiebtes Kakaopulver
3 gestr. TL Dr. Oetker Backin

Für die Füllung:

8 Blatt weiße Gelatine
150 g Zucker
1 kg Schlagsahne
1 Dose Birnenhälften (Abtropfgewicht 460 g)

Zubereitungszeit: 50 Minuten, ohne Abkühl- und Kühlzeit
Backzeit: etwa 30 Minuten

1. Den Backofen vorheizen.
Ober-/Unterhitze: etwa 180 °C
Heißluft: etwa 160 °C

2. Für den Teig Butter oder Margarine mit Handrührgerät mit Rührbesen auf höchster Stufe geschmeidig rühren. Nach und nach Zucker, Vanillin-Zucker und Zimt unterrühren. So lange rühren, bis eine gebundene Masse entstanden ist. Die Eier nach und nach unterrühren (jedes Ei etwa ½ Minute). Mehl mit Speisestärke, Kakao und Backpulver mischen und in 2 Portionen kurz auf mittlerer Stufe unterrühren. Einen Backrahmen (etwa 28 x 28 cm) auf ein Backblech (mit Backpapier belegt) stellen. Den Teig hineingeben und glatt streichen. Das Backblech in den vorgeheizten Backofen schieben. Die Gebäckplatte **etwa 30 Minuten backen.**

3. Den Backrahmen lösen und entfernen. Die Gebäckplatte auf einen mit Backpapier belegten Kuchenrost stürzen und erkalten lassen. Mitgebackenes Backpapier abziehen. Gebäckplatte zweimal waagerecht durchschneiden.

4. Für die Füllung die Gelatine in kaltem Wasser nach Packungsanleitung einweichen. Zucker in einem Topf leicht karamellisieren (bräunen). Anschließend 200 g von der Sahne hinzugießen und bei schwacher Hitze unter Rühren erwärmen, bis sich der Zucker wieder gelöst hat. Den Topf von der Kochstelle nehmen. Die Gelatine leicht ausdrücken, unter Rühren in der Karamellsahne auflösen und erkalten lassen. Karamellsahne kalt stellen, zwischendurch umrühren. Birnenhälften in einem Sieb gut abtropfen lassen (1 Hälfte würfeln, beiseitelegen) und in dünne Spalten schneiden.

5. Restliche Sahne in 2 Portionen steif schlagen und unter die erkaltete Karamellsahne heben. Die untere Gebäckplatte auf eine Kuchenplatte legen. Die Hälfte der Birnenspalten auf der Gebäckplatte verteilen.

6. Ein Drittel der Karamellcreme daraufstreichen und die zweite Gebäckplatte darauflegen. Die restlichen Birnenspalten darauf verteilen und mit der Hälfte der restlichen Creme bestreichen. Mit der oberen Gebäckplatte belegen und leicht andrücken.

7. Von der restlichen Creme 2–3 Esslöffel abnehmen und in einen Spritzbeutel mit kleiner Lochtülle füllen. Die Torte mit der restlichen Creme rundherum einstreichen. Die Tortenoberfläche mit der Creme aus dem Spritzbeutel nach Belieben mit Quadraten verzieren, mit besiseitegelegten Birnenwürfeln bestreuen. Die Torte bis zum Servieren kalt stellen.

Birnen-Schokoladen-Torte I

Einfach

Insgesamt:
E: 87 g, F: 336 g, Kh: 520 g, kJ: 22742, kcal: 5435

Für den All-in-Teig:
250 g Weizenmehl
25 g gesiebtes Kakaopulver
2 gestr. TL Dr. Oetker Backin
175 g Zucker
4 Eier (Größe M)
100 g gehackte Mandeln
150 ml Speiseöl

Für die Füllung und den Belag:
1 Dose Birnenhälften (Abtropfgewicht 460 g)
250 g Schlagsahne
1 Pck. Dr. Oetker Vanillin-Zucker
1 Pck. Dr. Oetker Sahnesteif

Für den Guss:
1 Pck. Tortenguss, klar, ungezuckert
250 ml (1/4 l) Birnensaft (aus der Dose)

Zum Garnieren:
evtl. einige Schokoladenblätter

Zubereitungszeit: 40 Minuten, ohne Abkühlzeit
Backzeit: etwa 30 Minuten

1. Den Backofen vorheizen.
Ober-/Unterhitze: etwa 180 °C
Heißluft: etwa 160 °C

2. Für den Teig Mehl mit Kakao und Backpulver in einer Rührschüssel mischen. Zucker, Eier, Mandeln und Speiseöl hinzufügen. Die Zutaten mit Handrührgerät mit Rührbesen zunächst kurz auf niedrigster, dann auf höchster Stufe in etwa 2 Minuten zu einem glatten Teig verarbeiten.

3. Den Teig in eine Springform (Ø 26 cm, Boden gefettet) geben und glatt streichen. Die Form auf dem Rost in den vorgeheizten Backofen schieben. Den Gebäckboden **etwa 30 Minuten backen.**

4. Den Boden aus der Form lösen und auf einem mit Backpapier belegten Kuchenrost erkalten lassen. Gebäckboden einmal waagerecht durchschneiden. Den unteren Boden auf eine Tortenplatte legen.

5. Für die Füllung und den Belag Birnenhälften in einem Sieb gut abtropfen lassen. Den Saft auffangen und 250 ml (1/4 l) abmessen. 1 Birnenhälfte in kleine Würfel schneiden. Die restlichen Birnenhälften in Spalten schneiden.

6. Die Sahne mit Vanillin-Zucker und Sahnesteif steif schlagen. 8 Esslöffel davon in einen Spritzbeutel mit Sterntülle füllen und kalt stellen. Birnenwürfel unter die restliche Sahne heben. Die Birnensahne auf dem unteren Boden verstreichen und den oberen Boden darauflegen. Einen Tortenring darumlegen. Birnenspalten auf dem Boden verteilen.

7. Für den Guss aus Tortengusspulver und dem aufgefangenen Birnensaft (aber ohne Zucker) einen Guss nach Packungsanleitung zubereiten. Den Guss auf den Birnenspalten verteilen. Die Torte etwa 60 Minuten kalt stellen.

8. Zum Verzieren und Garnieren die Torte mit der beiseitegelegten Sahne verzieren. Die Torte nach Belieben mit Schokoladenblättern garnieren.

Blätterteig-Schichttorte, zart I

Beliebt

Insgesamt:
E: 79 g, F: 358 g, Kh: 379 g, kJ: 21105, kcal: 5063

Für die Böden:

450 g TK-Blätterteig (10 Platten)
100 g gehobelte Mandeln
50 g Zucker

Für die Creme:

2 Blatt weiße Gelatine
1 Pck. Gala Bourbon-Vanille-Pudding-Pulver
80 g Zucker
2 Eigelb (Größe M)
375 ml (3/8 l) Milch
1/2 Pck. Dr. Oetker Bourbon-Vanille-Zucker
250 g Crème double
250 g Brombeeren

Zum Verzieren und Garnieren:

125 g Crème double
1/2 Pck. Dr. Oetker Bourbon-Vanille-Zucker
einige vorbereitete Brombeeren
etwas Zitronenmelisse
etwas Puderzucker

Zubereitungszeit: 40 Minuten,
ohne Auftau-, Ruhe-, Abkühl- und Kühlzeit
Backzeit: etwa 10 Minuten je Boden

1. Den Backofen vorheizen.
Ober-/Unterhitze: etwa 200 °C
Heißluft: etwa 180 °C

2. Für die Böden die Blätterteigplatten nebeneinander zugedeckt nach Packungsanleitung auftauen lassen. Nacheinander je 2 Blätterteigplatten aufeinanderlegen, jeweils auf dem Boden einer Springform (Ø 26 cm, dünn gefettet) rund ausrollen. Die Teigböden mehrmals mit einer Gabel einstechen. Den Teig etwa 20 Minuten ruhen lassen.

3. Die einzelnen Teigböden mit Mandeln und Zucker bestreuen. Jeweils den Springformrand darumlegen. Die Formen nacheinander (bei Heißluft zusammen) auf dem Rost in den vorgeheizten Backofen schieben. Die Böden **etwa 10 Minuten je Boden backen.**

4. Die Böden sofort nach dem Backen aus der Form lösen und auf je einem Kuchenrost erkalten lassen.

5. Für die Creme Gelatine in kaltem Wasser nach Packungsanleitung einweichen. Pudding-Pulver mit Zucker, Eigelb und etwas Milch anrühren. Restliche Milch in einem Topf zum Kochen bringen. Angerührtes Pudding-Pulver in die von der Kochstelle genommene Milch rühren und unter Rühren aufkochen lassen. Den Topf von der Kochstelle nehmen. Ausgedrückte Gelatine in dem heißen Pudding unter Rühren auflösen. Pudding erkalten lassen, dabei gelegentlich umrühren.

6. Unter den erkalteten Pudding Vanille-Zucker und Crème double rühren. Die Creme kalt stellen, bis sie anfängt etwas fest zu werden.

7. Brombeeeren verlesen, abspülen und gut abtropfen lassen.

8. Die etwas fest gewordene Creme nochmals kurz durchrühren und 4 der Gebäckböden mit je einem Viertel der Creme bestreichen. Die Brombeeren (große Beeren evtl. halbieren) darauf verteilen. Die einzelnen Böden zu einer Torte zusammensetzen. Zuletzt den unbestrichenen fünften Boden darauflegen. Die Torte etwa 30 Minuten kalt stellen.

9. Zum Verzieren und Garnieren Crème double mit Vanille-Zucker glatt rühren, mithilfe eines Teelöffels kleine Häufchen auf die Tortenoberfläche geben. Mit einigen Brombeeren und abgespülten und trocken getupften Zitronenmelisseblättchen garnieren. Die Blätterteig-Schichttorte mit Puderzucker bestäuben und sofort servieren.

Tipps: Die Böden erst etwa 60 Minuten vor dem Servieren zusammensetzen, sonst werden sie weich. Torte mit einem elektrischen Messer schneiden. Die Crème double durch Mascarpone ersetzen.

Blau-weiße Streifentorte

Raffiniert – fruchtig

Insgesamt:
E: 101 g, F: 398 g, Kh: 409 g, kJ: 23722, kcal: 5665

Für den Rührteig:
150 g weiche Butter oder Margarine
150 g Zucker
1 Pck. Dr. Oetker Vanillin-Zucker
3 Eier (Größe M)
100 g Weizenmehl
3 gestr. TL Dr. Oetker Backin
100 g abgezogene, gemahlene Mandeln

Für die Füllung:
8 Blatt weiße Gelatine
500 g Kefir
100 g Zucker
Saft von
1 Zitrone
2 Blatt weiße Gelatine
150 g Heidelbeeren
400 g Schlagsahne

Zum Verzieren und Garnieren:
200 g Schlagsahne
1 Pck. Dr. Oetker Vanillin-Zucker
150 g Heidelbeeren

Zubereitungszeit: 60 Minuten, ohne Abkühl- und Kühlzeit
Backzeit: etwa 35 Minuten

1. Den Backofen vorheizen.
Ober-/Unterhitze: etwa 180 °C
Heißluft: etwa 160 °C

2. Für den Teig Butter oder Margarine mit Handrührgerät mit Rührbesen auf höchster Stufe geschmeidig rühren. Nach und nach Zucker und Vanillin-Zucker unterrühren. So lange rühren, bis eine gebundene Masse entstanden ist.

3. Die Eier nach und nach unterrühren (jedes Ei etwa ½ Minute). Mehl mit Backpulver mischen, in 2 Portionen abwechselnd mit den Mandeln kurz auf mittlerer Stufe unterrühren. Teig in eine Springform (Ø 26 cm, Boden gefettet, mit Backpapier belegt) füllen und glatt streichen. Die Form auf dem Rost in den vorgeheizten Backofen schieben. Den Gebäckboden **etwa 35 Minuten backen.**

4. Den Boden auf einen mit Backpapier belegten Kuchenrost stürzen und erkalten lassen. Mitgebackenes Backpapier abziehen. Den Gebäckboden einmal waagerecht durchschneiden.

5. Für die Füllung Gelatine in kaltem Wasser nach Packungsanleitung einweichen. Kefir mit Zucker und Zitronensaft verrühren. Gelatine leicht ausdrücken, in einem kleinen Topf bei schwacher Hitze unter Rühren erwärmen (nicht kochen), bis sie völlig gelöst ist. Die Gelatine mit 2–3 Esslöffeln der Kefirmasse verrühren, dann unter die restliche Kefirmasse rühren und kalt stellen.

6. Restliche 2 Blatt Gelatine einweichen. Heidelbeeren verlesen, abspülen, trocken tupfen und pürieren. Die Gelatine wie zuvor beschrieben auflösen und mit dem Heidelbeerpüree verrühren.

7. Sahne steif schlagen. Sobald die Kefirmasse anfängt zu gelieren, Sahne unterheben. Knapp die Hälfte der Creme in eine andere Schüssel geben und das Heidelbeerpüree unterheben.

8. Den unteren Gebäckboden auf eine Tortenplatte legen. Die Cremes getrennt in je einen Spritzbeutel mit großer Lochtülle füllen. Mit der weißen Creme beginnend abwechselnd helle und dunkle Ringe auf den unteren Boden spritzen, bis die Cremes verbraucht sind. Den oberen Gebäckboden darauflegen und leicht andrücken. Die Torte 2–3 Stunden kalt stellen.

9. Zum Verzieren und Garnieren Sahne mit Vanillin-Zucker steif schlagen. Tortenrand und -oberfläche damit bestreichen. Heidelbeeren verlesen, abspülen und trocken tupfen. Knapp die Hälfte der Heidelbeeren pürieren, in einen Gefrierbeutel geben und eine kleine Ecke abschneiden. Die Torte mit dem Heidelbeerpüree verzieren und mit den restlichen Heidelbeeren garnieren.

Brandteigtorte | Zum Verschenken

Insgesamt:
E: 108 g, F: 337 g, Kh: 661 g, kJ: 25650, kcal: 6122

Für den Knetteig:
200 g Weizenmehl
50 g Zucker
1 Msp. gemahlener Zimt
125 g Butter oder Margarine
50 g gehobelte Mandeln

Für den Brandteig:
200 ml Wasser
40 g Butter oder Margarine
100 g Weizenmehl
30 g Speisestärke
4–5 Eier (Größe M)

Für den Belag:
1 Dose Aprikosenhälften (Abtropfgewicht 480 g)
4 Blatt weiße Gelatine
400 ml Milch
1 Pck. Dr. Oetker Pudding-Pulver Vanille-Geschmack
40 g Zucker
400 g Schlagsahne
1 Pck. Dr. Oetker Bourbon-Vanille-Zucker

100 g Aprikosenkonfitüre
100 g verlesene, gemischte Beeren, z. B. Himbeeren, Johannisbeeren, Heidelbeeren
100 g Zucker

Zubereitungszeit: 90 Minuten, ohne Abkühl- und Kühlzeit
Backzeit: 45–65 Minuten

1. Den Backofen vorheizen.
Ober-/Unterhitze: etwa 200 °C
Heißluft: etwa 180 °C

2. Für den Knetteig Mehl in eine Rührschüssel geben. Restliche Zutaten hinzufügen und mit Handrührgerät mit Knethaken zunächst kurz auf niedrigster, dann auf höchster Stufe gut durcharbeiten. Anschließend auf einer leicht bemehlten Arbeitsfläche zu einem glatten Teig verkneten. Den Teig auf einem Backblech (gefettet, mit Backpapier belegt) zu einem Rechteck (etwa 20 x 30 cm) ausrollen. Den Teigboden mehrmals mit einer Gabel einstechen. Das Backblech in den vorgeheizten Backofen schieben. Den Knetteigboden **etwa 15 Minuten backen**.

3. Die Gebäckplatte mit dem Backpapier vom Backblech auf einen Kuchenrost ziehen, erkalten lassen.

4. Für den Brandteig Wasser mit Butter oder Margarine in einem Stieltopf zum Kochen bringen. Das Mehl mit Speisestärke mischen, auf einmal in die von der Kochstelle genommene Flüssigkeit schütten, zu einem glatten Kloß rühren und unter Rühren etwa 1 Minute erhitzen. Dann den heißen Kloß sofort in eine Schüssel geben. Nach und nach Eier mit Handrührgerät mit Knethaken auf höchster Stufe unterarbeiten. Der Teig muss stark glänzen und so vom Löffel abreißen, dass lange Spitzen hängen bleiben.

5. Gut die Hälfte des Brandteiges in einen Spritzbeutel mit großer Sterntülle füllen. 2 Rahmen (je etwa 20 x 30 cm) auf Backbleche (gefettet, mit Backpapier belegt) spritzen. Die Backbleche nacheinander (bei Heißluft zusammen) in den heißen Backofen schieben. Die Brandteigrahmen **bei gleicher Backofeneinstellung etwa 20 Minuten je Backblech backen.** Das Gebäck vorsichtig mit dem Backpapier von den Backblechen auf Kuchenroste ziehen, erkalten lassen. Den restlichen Brandteig in einen Spritzbeutel mit kleiner Lochtülle füllen und knapp haselnussgroße Kugeln auf ein Backblech (mit Backpapier belegt) spritzen. Die Brandteigkugeln ebenfalls **bei gleicher Backofeneinstellung etwa 10 Minuten backen.** Brandteigkugeln mit dem Backpapier vom Backblech auf einen Kuchenrost ziehen, erkalten lassen.

6. Für den Belag die Aprikosenhälften in einem Sieb abtropfen lassen. Die Gelatine in kaltem Wasser nach Packungsanleitung einweichen. Aus Milch, Pudding-Pulver und Zucker einen Pudding nach Packungsanleitung zubereiten. Die Gelatine ausdrücken, in dem heißen Pudding unter Rühren auflösen. Pudding unter

Brombeer-Makronen-Torte I

Dauert länger

Insgesamt:
E: 104 g, F: 202 g, Kh: 239 g, kJ: 13389, kcal: 3198

Für die Baisermasse:

2 Eiweiß (Größe M)
150 g gesiebter Puderzucker
250 g abgezogene, gemahlene Mandeln

Für die Füllung:

4 Blatt weiße Gelatine
250 g Brombeeren
250 g Speisequark (Magerstufe)
100 ml Buttermilch Zitronen-Geschmack
30 g Zucker
1 Pck. Dr. Oetker Bourbon-Vanille-Zucker
200 g Schlagsahne

2 EL Puderzucker

Zubereitungszeit: 70 Minuten, ohne Kühlzeit
Backzeit: etwa 70 Minuten je Boden

1. Den Backofen vorheizen.
Ober-/Unterhitze: etwa 120 °C
Heißluft: etwa 100 °C

2. Für die Baisermasse Eiweiß mit Handrührgerät mit Rührbesen auf höchster Stufe so steif schlagen, dass ein Messerschnitt sichtbar bleibt. Puderzucker kurz unterschlagen. Mandeln unterheben.

3. Aus der Baisermasse 3 Böden backen. Dazu auf drei Stück Backpapier mithilfe eines Springformrandes jeweils einen Kreis (Ø 26 cm) aufzeichnen. Jeweils ein Drittel der Baisermasse innerhalb des Kreises verstreichen. Das Backpapier mit der Baisermasse jeweils auf ein Backblech ziehen. Die Baiserböden nacheinander (bei Heißluft zusammen) in den vorgeheizten Backofen schieben. Die Baiserböden **etwa 70 Minuten je Boden backen.**

4. Baiserböden mit dem Backpapier von den Backblechen auf Kuchenroste ziehen, erkalten lassen.

5. Für die Füllung die Gelatine in kaltem Wasser nach Packungsanleitung einweichen. Brombeeren verlesen, abspülen und trocken tupfen. Größere Beeren klein schneiden. Gelatine leicht ausdrücken und in einem kleinen Topf bei schwacher Hitze unter Rühren erwärmen (nicht kochen), bis sie völlig gelöst ist.

6. Quark mit Buttermilch, Zucker und Vanille-Zucker verrühren. Die Gelatine mit 2–3 Esslöffeln der Quarkmasse verrühren, danach unter die restliche Quarkmasse rühren. Die Sahne steif schlagen und mit den Brombeeren unter die Quarkmasse heben. Die Quark-Sahne-Creme so lange kalt stellen, bis sie anfängt zu gelieren.

7. Zwei Baiserböden mit jeweils der Hälfte der Quark-Sahne-Creme bestreichen und mit dem dritten Baiserboden zu einer Torte zusammensetzen. Anschließend die Torte 1–2 Stunden kalt stellen.

8. Die Torte mit Puderzucker bestäuben und sofort servieren. Evtl. die Torte mit einem elektrischen Messer in Stücke schneiden.

Tipps: Baiserböden können schon einige Tage vor der Tortenzubereitung gebacken werden. Die Böden gut abgekühlt in Alufolie verpackt aufbewahren.

Brombeer-Mascarpone-Torte

Für Gäste – mit Alkohol

Insgesamt:
E: 125 g, F: 452 g, Kh: 525 g, kJ: 29395, kcal: 7023

500 g TK-Brombeeren

Für den Biskuitteig:
4 Eier (Größe M)
100 g Zucker
1 Pck. Dr. Oetker Bourbon-Vanille-Zucker
70 g Weizenmehl
2 gestr. TL Dr. Oetker Backin
100 g gehackte Mandeln
100 g abgezogene, gemahlene Mandeln
2 EL Amaretto (Mandellikör)

Zum Bestreichen:
5 EL Brombeerkonfitüre

Für die Füllung:
2 Eigelb (Größe M)
100 g Zucker
1 Pck. Dr. Oetker Bourbon-Vanille-Zucker
500 g Mascarpone (ital. Frischkäse)
etwas gemahlener Zimt
250 g Schlagsahne
2 Pck. Dr. Oetker Sahnesteif

Zum Bestreuen und Garnieren:
30 g Vollmilch-Raspelschokolade
einige Minzeblättchen
Vollmilch-Raspelschokolade

Zubereitungszeit: 45 Minuten, ohne Auftau- und Abkühlzeit
Backzeit: etwa 25 Minuten

1. Die Brombeeren nach Packungsanleitung auftauen lassen.

2. Den Backofen vorheizen.
Ober-/Unterhitze: etwa 180 °C
Heißluft: etwa 160 °C

3. Für den Teig Eier mit Handrührgerät mit Rührbesen auf höchster Stufe in etwa 1 Minute schaumig schlagen. Den Zucker und Vanille-Zucker mischen, in etwa 1 Minute einstreuen, etwa 2 Minuten weiterschlagen.

4. Mehl mit Backpulver mischen, auf die Eiercreme geben und kurz auf niedrigster Stufe unterrühren. Mandeln und Amaretto unterheben. Den Teig in eine Springform (Ø 26 cm, Boden gefettet, mit Backpapier belegt) füllen und glatt streichen. Die Form auf dem Rost in den vorgeheizten Backofen schieben. Den Biskuitboden **etwa 25 Minuten backen.**

5. Den Boden aus der Form lösen, auf einen mit Backpapier belegten Kuchenrost stürzen und erkalten lassen. Mitgebackenes Backpapier entfernen. Biskuitboden zweimal waagerecht durchschneiden.

6. Zum Bestreichen Konfitüre auf den unteren und mittleren Biskuitboden geben und verstreichen.

7. Für die Füllung aufgetaute Brombeeren in einem Sieb abtropfen lassen.

8. Das Eigelb mit Zucker und Vanille-Zucker in einer Schüssel im heißen Wasserbad mit Handrührgerät mit Rührbesen bei schwacher Hitze etwa 5 Minuten aufschlagen. Die Schüssel aus dem Wasserbad nehmen. Mascarpone verrühren und portionsweise unter die Eigelbcreme rühren. Die Creme mit etwas Zimt abschmecken und erkalten lassen. Sahne mit Sahnesteif steif schlagen und unterheben.

9. Ein Drittel der Mascarpone-Creme zum Bestreichen und Verzieren abnehmen und beiseitestellen. Unter die restliche Creme zwei Drittel der Brombeeren heben, auf dem unteren und mittleren Biskuitboden verteilen. Die einzelnen Böden zu einer Torte zusammensetzen. Tortenrand und -oberfläche dünn mit der Hälfte der beiseitegestellten Creme bestreichen.

10. Den Tortenrand mit Raspelschokolade bestreuen. Restliche Creme in einen Spritzbeutel mit großer Lochtülle füllen. Die Torte damit verzieren, mit den restlichen Brombeeren, abgespülten und trocken getupften Minzeblättchen und Raspelschokolade garnieren. Torte bis zum Verzehr kalt stellen.

Brownie-Torte | Beliebt

Insgesamt:
E: 101 g, F: 526 g, Kh: 631 g, kJ: 31855, kcal: 7616

Zum Vorbereiten für die Creme:
175 g weiße Schokolade
150 g Crème fraîche

Für den All-in-Teig:
150 g Walnusskerne
100 g Zartbitter-Schokolade
225 g Weizenmehl
20 g Kakaopulver
2 gestr. TL Dr. Oetker Backin
100 g Zucker
100 g brauner Zucker
1 Pck. Dr. Oetker Bourbon-Vanille-Zucker
½ gestr. TL Salz
225 ml Speiseöl, z. B. Sonnenblumenöl
3 Eier (Größe M)
2 EL Milch

Zum Verzieren und Garnieren:
100 g Zartbitter-Schokolade
6 Walnusskerne

Zubereitungszeit: 45 Minuten, ohne Kühl- und Abkühlzeit
Backzeit: etwa 60 Minuten

1. Zum Vorbereiten für die Creme am Vortag Schokolade in Stücke brechen, mit Crème fraîche in einen Topf geben und im heißen Wasserbad bei schwacher Hitze unter Rühren schmelzen. Schokoladen-Crème-fraîche-Masse in eine Rührschüssel oder einen Rührbecher geben und zugedeckt über Nacht kalt stellen.

2. Den Backofen vorheizen.
Ober-/Unterhitze: etwa 180 °C
Heißluft: etwa 160 °C

3. Für den Teig Walnusskerne und Schokolade grob hacken. Mehl mit Kakao und Backpulver mischen, in eine Rührschüssel geben. Restliche Zutaten außer Nusskernen und Schokolade hinzufügen und mit Handrührgerät mit Rührbesen zunächst kurz auf niedrigster, dann auf höchster Stufe in etwa 2 Minuten zu einem glatten Teig verarbeiten. Die Nusskerne und Schokolade unterheben.

4. Den Teig in eine Springform (Ø 20 cm, Boden gefettet) geben und glatt streichen. Die Form auf dem Rost in den vorgeheizten Backofen schieben. Den Boden **etwa 60 Minuten backen.**

5. Die Form auf einen Kuchenrost stellen. Den Tortenboden erkalten lassen und aus der Form lösen.

6. Für die Creme die Schokoladen-Crème-fraîche-Masse auf höchster Stufe mit Handrührgerät mit Rührbesen cremig aufschlagen. Den Tortenboden rundherum damit bestreichen.

7. Zum Verzieren und Garnieren Schokolade in Stücke brechen, in einem kleinen Topf im heißen Wasserbad bei schwacher Hitze unter Rühren schmelzen. Dann Schokolade in ein Pergamentpapiertütchen oder einen kleinen Gefrierbeutel geben und eine kleine Ecke abschneiden. Die Torte damit verzieren. Walnusskerne in die noch feuchte Schokolade legen. Schokolade fest werden lassen.

Tipps: Der Boden lässt sich gut einige Tage vorher backen und in Alufolie verpackt lagern; er schmeckt gut durchgezogen besonders gut. Der Boden ist gefriergeeignet. 2–3 Tropfen Rum unterrühren, sodass die Schokolade dicklich wird. So lange weiterrühren, bis die Schokolade wieder glatt ist. So wird die Schokolade etwas dicklicher und lässt sich gut spritzen.

Buchweizentorte mit Karamellcreme | Raffiniert – fruchtig

Insgesamt:
E: 95 g, F: 283 g, Kh: 556 g, kJ: 22232, kcal: 5311

Für den Schüttelteig:
125 g Butter oder Margarine
150 g Weizenmehl
3 gestr. TL Dr. Oetker Backin
100 g Zucker
4 Eier (Größe M)
100 g Buchweizengrütze

Für den Belag:
6 Blatt weiße Gelatine
150 g Zucker
10 g Butter
1 Pck. Dr. Oetker Pudding-Pulver Vanille-Geschmack
500 ml (1/2 l) Milch
250 g frische Johannisbeeren oder TK-Johannisbeeren
400 g Schlagsahne

einige Johannisbeerrispen
einige Minzezweige

Zubereitungszeit: 70 Minuten, ohne Abkühl- und Kühlzeit
Backzeit: etwa 30 Minuten

1. Den Backofen vorheizen.
Ober-/Unterhitze: etwa 180 °C
Heißluft: etwa 160 °C

2. Für den Teig Butter oder Margarine zerlassen und abkühlen lassen. Mehl mit Backpulver mischen, in eine verschließbare Schüssel (3-Liter-Inhalt) geben, mit Zucker mischen. Eier, Butter oder Margarine und Buchweizengrütze hinzufügen. Die Schüssel mit dem Deckel fest verschließen. Schüssel mehrmals (insgesamt 15–30 Sekunden) kräftig schütteln, sodass alle Zutaten gut vermischt sind. Den Teig mit einem Schneebesen oder Rührlöffel nochmals sorgfältig durchrühren, damit trockene Zutaten vom Rand mit untergerührt werden.

3. Den Teig in eine Springform (Ø 26 cm, Boden gefettet, mit Backpapier belegt) geben und glatt streichen. Die Form auf dem Rost in den vorgeheizten Backofen schieben. Den Gebäckboden **etwa 30 Minuten backen.**

4. Den Boden aus der Form lösen, auf einen mit Backpapier belegten Kuchenrost stürzen und erkalten lassen. Mitgebackenes Backpapier abziehen. Boden einmal waagerecht durchschneiden.

5. Für den Belag die Gelatine in kaltem Wasser nach Packungsanleitung einweichen. Den Zucker in einem kleinen Topf unter Rühren karamellisieren (bräunen). Butter hinzufügen und zerlassen. Pudding-Pulver mit etwas von der Milch anrühren. Restliche Milch zu der Karamellmasse geben und bei schwacher Hitze unter Rühren in der Milch auflösen.

6. Karamellmilch zum Kochen bringen. Angerührtes Pudding-Pulver in die von der Kochstelle genommene Karamellmilch rühren und unter Rühren nochmals kurz aufkochen lassen.

7. Topf von der Kochstelle nehmen. Die Gelatine leicht ausdrücken und unter Rühren in dem heißen Karamellpudding auflösen. Pudding erkalten lassen, dabei ab und zu umrühren.

8. Johannisbeeren waschen, abtropfen lassen und entstielen (TK-Johannisbeeren auftauen und abtropfen lassen). Die Sahne steif schlagen. Die Johannisbeeren und Schlagsahne vorsichtig unter den durchgerührten Karamellpudding heben.

9. Den unteren Gebäckboden auf eine Platte legen. Einen Tortenring darumlegen. Die Hälfte der Karamell-Pudding-Creme darauf verteilen. Den oberen Gebäckboden darauflegen und leicht andrücken. Die restliche Karamell-Pudding-Creme daraufgeben und glatt streichen. Torte 2–3 Stunden kalt stellen.

10. Anschließend Johannisbeerrispen waschen und abtropfen lassen. Minze abspülen und trocken tupfen. Tortenring vorsichtig lösen und entfernen. Die Torte vor dem Servieren mit Johannisbeerrispen und Minze garnieren.

Buttercremetorte

Klassisch – gefriergeeignet

Insgesamt:
E: 64 g, F: 336 g, Kh: 512 g, kJ: 22832, kcal: 5456

Für den Biskuitteig:
4 Eier (Größe M)
125 g Zucker
1 Pck. Dr. Oetker Vanillin-Zucker
100 g Weizenmehl
1 gestr. TL Dr. Oetker Backin
50 g Speisestärke

Für die Schokobuttercreme:
100 g Edelbitter-Schokolade (etwa 72 % Kakaoanteil)
1 Pck. Gala Schokoladen-Pudding-Pulver
80 g Zucker
500 ml (1/2 l) Milch
300 g weiche Butter
oder
Für die helle Buttercreme:
1 Pck. Dr. Oetker Pudding-Pulver Vanille-, Mandel-, Sahne- oder Karamell-Geschmack
80 g Zucker
500 ml (1/2 l) Milch
250 g weiche Butter
oder
Für die Mokkabuttercreme:
1 Pck. Dr. Oetker Pudding-Pulver Schokoladen-Geschmack
80 g Zucker
2 EL Instant-Espresso-Pulver
500 ml (1/2 l) Milch
250 g weiche Butter

Zum Bestreichen und Garnieren:
etwa 3 EL Aprikosenkonfitüre
einige Zuckerperlen
etwa 30 g geschabte Schokoladenlocken oder geraspelte Schokolade

Zubereitungszeit: 70 Minuten, ohne Abkühlzeit
Backzeit: etwa 25 Minuten

1. Den Backofen vorheizen.
Ober-/Unterhitze: etwa 180 °C
Heißluft: etwa 160 °C

2. Für den Teig Eier in einer Rührschüssel mit Handrührgerät mit Rührbesen auf höchster Stufe in etwa 1 Minute schaumig schlagen. Den Zucker und Vanillin-Zucker mischen, in etwa 1 Minute einstreuen und weitere etwa 2 Minuten schlagen.

3. Mehl mit Backpulver und Speisestärke mischen, die Hälfte davon auf die Eiercreme geben und unterrühren. Restliches Mehlgemisch auf die gleiche Weise unterarbeiten. Den Teig in eine Springform (Ø 26 cm, gefettet, mit Backpapier belegt) geben und glatt streichen. Die Form auf dem Rost in den vorgeheizten Backofen (unteres Drittel) schieben. Den Biskuitboden **etwa 25 Minuten backen.**

4. Den Biskuitboden aus der Form lösen, auf einen mit Backpapier belegten Kuchenrost stürzen und erkalten lassen. Mitgebackenes Backpapier abziehen. Biskuitboden zweimal waagerecht durchschneiden.

5. Für die Schokobuttercreme Schokolade in Stücke brechen. Einen Pudding aus Pudding-Pulver, Zucker und Milch nach Packungsanleitung, aber mit 80 g Zucker, zubereiten. Schokoladenstückchen unter den heißen Pudding rühren und schmelzen lassen. Den Pudding erkalten lassen (nicht kalt stellen), dabei gelegentlich umrühren.
Oder für die helle Buttercreme einen Pudding aus Pudding-Pulver, Zucker und Milch nach Packungsanleitung, aber mit 80 g Zucker, zubereiten. Den Pudding erkalten lassen (nicht kalt stellen), dabei gelegentlich umrühren.
Oder für die Mokkabuttercreme einen Pudding aus Pudding-Pulver, Zucker, Instant-Espresso-Pulver und Milch nach Packungsanleitung, aber mit 80 g Zucker, zubereiten. Den Pudding erkalten lassen (nicht kalt stellen), dabei gelegentlich umrühren.

6. Die jeweils angegebene Menge Butter mit Handrührgerät mit Rührbesen geschmeidig rühren. Den erkalteten Pudding esslöffelweise unterrühren. Dabei darauf achten, dass Butter und Pudding Zimmertemperatur haben, da die Buttercreme sonst gerinnt.

7. Den unteren Biskuitboden auf eine Tortenplatte legen und mit Konfitüre bestreichen. Dann gut ein Viertel der Buttercreme daraufstreichen. Den mittleren Biskuitboden darauflegen und leicht andrücken. Mit knapp der Hälfte der restlichen Buttercreme bestreichen. Mit dem oberen Biskuitboden belegen und leicht andrücken.

8. Tortenrand und -oberfläche dünn mit einem Teil der restlichen Buttercreme bestreichen. Restliche Buttercreme in einen Spritzbeutel mit Sterntülle füllen. Die Torte damit verzieren, mit Zuckerperlen und Schokolade garnieren.

Tipps: Legen Sie zum Abkühlen des Puddings Frischhaltefolie direkt auf die Oberfläche. So bildet sich keine Haut und der Pudding muss zwischendurch nicht umgerührt werden. Den Tortenrand mit gebräunten, gehobelten Mandeln garnieren. Wenn Sie die helle Buttercreme mit Karamellpudding zubereiten, können Sie statt weißem Zucker braunen Zucker verwenden.

Cappuccino-Paradies-Torte I

Dauert länger – mit Alkohol

Insgesamt:
E: 91 g, F: 325 g, Kh: 496 g, kJ: 22185, kcal: 5290

Für den Teig:
50 g Amarettini (ital. Mandelmakronen)
50 g Butter
75 g Weizenmehl
1 Msp. Dr. Oetker Backin
50 g Haselnusskrokant
50 g Instant-Cappuccino-Pulver
4 Eiweiß (Größe M)
150 g Zucker
50 g Marzipan-Rohmasse
4 Eigelb (Größe M)
1 Pck. Dr. Oetker Vanillin-Zucker
1 Prise Salz

Für die Füllung:
100 g zweifarbige Cappuccino-Schokolade (keine gefüllte Schokolade verwenden)
1 Pck. Paradiescreme Sahne-Karamell-Geschmack (Dessertpulver)
100 ml Milch
100 g Schlagsahne
2 EL Kaffeelikör oder kalter Kaffee

Zum Verzieren und Garnieren:
400 g Schlagsahne
1 Pck. Dr. Oetker Sahnesteif
1 Pck. Dr. Oetker Vanillin-Zucker
50 g gehobelte Mandeln
etwas Kakaopulver

Zubereitungszeit: 80 Minuten, ohne Abkühl- und Kühlzeit
Backzeit: etwa 12 Minuten je Boden

1. Für den Teig Amarettini in einen Gefrierbeutel geben. Beutel verschließen. Amarettini mit einer Teigrolle zerbröseln. Butter in einem Topf zerlassen und abkühlen lassen. Mehl mit Backpulver mischen, mit Bröseln, Krokant und Cappuccino-Pulver vermischen. Eiweiß so steif schlagen, dass ein Messerschnitt sichtbar bleibt. 100 g von dem Zucker nach und nach kurz auf höchster Stufe unterschlagen.

2. Den Backofen vorheizen.
Ober-/Unterhitze: etwa 180 °C
Heißluft: etwa 160 °C

3. Marzipan sehr klein schneiden und in eine Rührschüssel geben. Nach und nach mit Eigelb, restlichem Zucker, Vanillin-Zucker und Salz mit Handrührgerät mit Rührbesen schaumig schlagen. Eischnee unter die schaumige Eigelbmasse heben. Das Mehl-Brösel-Gemisch kurz unterheben. Zuletzt die zerlassene Butter kurz unterrühren.

4. Jeweils einen Kreis (Ø etwa 26 cm) auf 3 Bögen Backpapier zeichnen und je einen Bogen auf ein Backblech legen. Jeweils ein Drittel des Teiges so auf der vorgezeichneten runden Fläche verstreichen, dass am Rand etwa 1 cm frei bleibt. Die Backbleche nacheinander (bei Heißluft zusammen) in den vorgeheizten Backofen schieben und die Böden **etwa 12 Minuten je Boden backen.**

5. Die Böden mit dem Backpapier von den Backblechen auf Kuchenroste ziehen und erkalten lassen.

6. Für die Füllung Cappuccino-Schokolade mit einem Sparschäler von der schmalen Seite aus so abschaben, dass die Schokolocken hell und dunkel sind. Das Dessertpulver nach Packungsanleitung, aber nur mit 100 ml Milch und 100 g Sahne, zubereiten. Kaffeelikör oder Kaffee kurz unterrühren.

7. Einen Tortenring um einen Gebäckboden legen. Boden mit einem Drittel der Creme bestreichen und mit einem Drittel der Schokolocken bestreuen. Den zweiten Gebäckboden darauflegen und leicht andrücken. Wieder ein Drittel der Creme und ein weiteres Drittel der Schokolocken daraufgeben. Mit dem dritten Gebäckboden belegen und leicht andrücken. Restliche Creme darauf verstreichen. Torte kurz kalt stellen.

8. Zum Verzieren Sahne mit Sahnesteif und Vanillin-Zucker steif schlagen. Den Tortenring vorsichtig lösen und entfernen. Den Tortenrand mit etwa der Hälfte

der Sahne bestreichen. Die restliche Sahne in einen Spritzbeutel mit großer Sterntülle füllen. Tortenoberfläche in 16 Stücke einteilen, mit der Sahne verzieren.

9. Zum Garnieren Mandeln in einer Pfanne ohne Fett leicht bräunen, herausnehmen und auf einem Teller erkalten lassen. Die restlichen Schokolocken auf den oberen Tortenrand streuen. Den Tortenrand mit den gerösteten Mandeln garnieren.

10. Für eine Schablone ein Herz (etwa 7 cm) aus Pappe ausschneiden. Kurz vor dem Servieren die Herzumrandung vorsichtig auflegen. Torte mit etwas Kakao bestäuben und wieder vorsichtig entfernen.

Cappuccino-Torte | Beliebt

Insgesamt:
E: 157 g, F: 684 g, Kh: 575 g, kJ: 38282, kcal: 9146

Für den Biskuitteig:
200 g Edelbitter-Schokolade (70–72 % Kakaoanteil)
175 g Butter
4 Eier (Größe M)
125 g feinster Zucker
1 Pck. Dr. Oetker Bourbon-Vanille-Zucker
1 Prise Salz
125 g Weizenmehl
1 gestr. TL Dr. Oetker Backin
25 g Instant-Cappuccino-Pulver

Für die Füllung:
10 g Instant-Cappuccino-Pulver
150 ml heißes Wasser
200 g Edelbitter-Schokolade (70–72 % Kakaoanteil)

Für den Belag:
500 g Mascarpone (ital. Frischkäse)
70 g Zucker
250 g Speisequark (Magerstufe)

Für den Guss:
200 g Schlagsahne
200 g Zartbitter-Kuvertüre

Zubereitungszeit: 40 Minuten, ohne Abkühl- und Kühlzeit
Backzeit: 30–35 Minuten

1. Für den Teig die Schokolade in Stücke brechen, mit Butter in einem Topf im heißen Wasserbad bei schwacher Hitze unter Rühren schmelzen, abkühlen lassen.

2. Den Backofen vorheizen.
Ober-/Unterhitze: etwa 180 °C
Heißluft: etwa 160 °C

3. Eier mit Handrührgerät mit Rührbesen auf höchster Stufe in etwa 1 Minute schaumig schlagen. Zucker mit Vanille-Zucker und Salz mischen, in etwa 1 Minute einstreuen, noch etwa 2 Minuten weiterschlagen.

4. Das Mehl mit Backpulver und Cappuccino-Pulver mischen, die Hälfte davon auf die Eiercreme geben und kurz auf niedrigster Stufe unterrühren. Restliches Mehlgemisch auf die gleiche Weise unterarbeiten. Die Schokoladenbutter kurz und vorsichtig unterrühren. Den Teig in eine Springform (Ø 26 cm, Boden gefettet, mit Backpapier belegt) geben und glatt streichen. Die Form auf dem Rost in den vorgeheizten Backofen schieben. Den Tortenboden **30–35 Minuten backen.**

5. Den Tortenboden aus der Form lösen, auf einen mit Backpapier belegten Kuchenrost stürzen und erkalten lassen. Mitgebackenes Backpapier abziehen. Den Boden wieder umdrehen und einmal waagerecht durchschneiden.

6. Für die Füllung das Cappuccino-Pulver mit heißem Wasser in einem kleinen Topf verrühren. Schokolade grob hacken, hinzugeben und unter Rühren schmelzen, bis eine geschmeidige Masse entstanden ist, evtl. etwas erwärmen. Den unteren Boden auf eine Tortenplatte legen. Die Schokocreme daraufgeben, glatt streichen und den oberen Boden darauflegen.

7. Für den Belag Mascarpone mit dem Zucker in eine Schüssel geben und mit Handrührgerät mit Rührbesen glatt rühren. Quark kurz unterrühren. Tortenrand und -oberfläche mit der Creme bestreichen. Die Torte etwa 60 Minuten kalt stellen.

8. Für den Guss in der Zwischenzeit Sahne in einem Topf erwärmen. Den Topf von der Kochstelle nehmen. Kuvertüre hacken und unter Rühren in der warmen Schlagsahne schmelzen. So lange rühren, bis eine geschmeidige Masse entstanden ist. Den Guss abkühlen lassen (nicht kalt stellen).

9. Den Guss auf die gekühlte Tortenoberfläche geben und mit einem Löffel leicht verteilen, sodass der Guss am Rand etwas herunterläuft. Guss fest werden lassen.

Tipp: Der untere Tortenboden kann zusätzlich mit 4 Esslöffeln Kaffeelikör getränkt werden.

Cappuccino-Wickeltorte

Etwas aufwendiger

Insgesamt:
E: 101 g, F: 404 g, Kh: 639 g, kJ: 27643, kcal: 6604

Für den Biskuitteig:
4 Eier (Größe M)
1 Eigelb (Größe M)
3 EL heißes Wasser
125 g Zucker
1 Pck. Dr. Oetker Vanillin-Zucker
100 g Weizenmehl
20 g gesiebtes Kakaopulver
1 Msp. Dr. Oetker Backin

Für den Knetteig:
150 g Weizenmehl
50 g Zucker
100 g Butter oder Margarine

Für die Füllung:
3 Blatt weiße Gelatine
400 g Schlagsahne
75 g Zucker
1 Pck. Dr. Oetker Vanillin-Zucker
20 g Instant-Cappuccino-Pulver
1 Dose Aprikosenhälften (Abtropfgewicht 240 g)

1 EL Aprikosenkonfitüre

Zum Garnieren und Verzieren:
100 g Zartbitter-Kuvertüre
1 EL Speiseöl
300 g Schlagsahne
1 Pck. Dr. Oetker Sahnesteif
1 Pck. Dr. Oetker Vanillin-Zucker
50 g Zartbitter-Raspelschokolade

Zubereitungszeit: 75 Minuten, ohne Abkühl- und Kühlzeit
Backzeit: etwa 27 Minuten

1. Backofen vorheizen.
Ober-/Unterhitze: etwa 200 °C
Heißluft: etwa 180 °C

2. Für den Biskuitteig die Eier, Eigelb und Wasser mit Handrührgerät mit Rührbesen auf höchster Stufe in etwa 1 Minute schaumig schlagen. Zucker und Vanillin-Zucker mischen, in etwa 1 Minute einstreuen, noch etwa 2 Minuten weiterschlagen. Mehl mit Kakao und Backpulver mischen, die Hälfte davon auf die Eiercreme geben, kurz auf niedrigster Stufe unterrühren. Restliches Mehlgemisch auf die gleiche Weise unterarbeiten. Den Teig auf ein Backblech (30 x 40 cm, gefettet, mit Backpapier belegt) geben und glatt streichen. Das Backblech in den vorgeheizten Backofen schieben. Biskuitplatte **etwa 12 Minuten backen.**

3. Die Biskuitplatte sofort vom Backblechrand lösen, auf mit Zucker betreutes Backpapier stürzen und mit dem Backpapier erkalten lassen.

4. Für den Knetteig Mehl in eine Rührschüssel geben. Restliche Zutaten hinzufügen und mit Handrührgerät mit Knethaken zunächst kurz auf niedrigster, dann auf höchster Stufe gut durcharbeiten. Anschließend auf einer leicht bemehlten Arbeitsfläche zu einem glatten Teig verkneten. Den Teig auf einem Springformboden (Ø 26 cm, gefettet) ausrollen. Teigboden mehrmals mit einer Gabel einstechen, Springformrand darumlegen. Den Knetteigboden **bei gleicher Backofeneinstellung etwa 15 Minuten backen.**

5. Den Knetteigboden vom Springformboden lösen, aber darauf auf einem Kuchenrost erkalten lassen.

6. Für die Füllung Gelatine in kaltem Wasser nach Packungsanleitung einweichen. Gelatine leicht ausdrücken, in einem kleinen Topf bei schwacher Hitze unter Rühren erwärmen (nicht kochen), bis sie völlig gelöst ist. Sahne mit Zucker und Vanillin-Zucker fast steif schlagen. 2–3 Esslöffel der Sahne unter die aufgelöste Gelatine rühren und zu der Sahne geben. Die Sahne steif schlagen. Cappuccino-Pulver unterrühren.

7. Aprikosenhälften in einem Sieb abtropfen lassen und in kleine Würfel schneiden.

8. Von der Biskuitplatte das mitgebackene Backpapier vorsichtig abziehen. Die Biskuitplatte mit der Cappuccinosahne bestreichen und von der langen Seite aus in etwa 4 ½ cm breite Streifen schneiden. Aprikosen-

würfel auf der Cappuccinosahne verteilen und leicht andrücken. Cappuccinosahne evtl. eine Zeit lang im Kühlschrank etwas dicklich werden lassen.

9. Den Knetteigboden auf eine Tortenplatte legen und mit der Konfitüre bestreichen. Einen Biskuitstreifen zur Schnecke aufrollen und in die Mitte des Knetteigbodens stellen. Restliche Streifen anlegen und darumwickeln. Die Tortenoberfläche glatt streichen. Die Torte etwa 2 Stunden kalt stellen.

10. Zum Garnieren und Verzieren Kuvertüre grob hacken, mit Speiseöl in einem kleinen Topf im heißen Wasserbad bei schwacher Hitze unter Rühren schmelzen. Die Kuvertüremasse geschmeidig rühren, in ein Pergamentpapiertütchen oder einen kleinen Gefrierbeutel füllen und eine kleine Ecke abschneiden. Kleine Ovale auf Backpapier spritzen, diese mit feineren Schokofäden durchziehen. Ornamente fest werden lassen.

11. Sahne mit Sahnesteif und Vanillin-Zucker steif schlagen. 4 Esslöffel der Sahne abnehmen und in einen Spritzbeutel mit kleiner Lochtülle füllen. Tortenoberfläche und -rand mit der restlichen Schlagsahne bestreichen. Den Tortenrand mit Raspelschokolade bestreuen. Tortenoberfläche mit der Sahne aus dem Spritzbeutel verzieren. Ornamente anlegen.

Champagnercreme-Trüffeltorte

Raffiniert – für Gäste – mit Alkohol

Insgesamt:
E: 92 g, F: 585 g, Kh: 627 g, kJ: 34418, kcal: 8228

Zum Vorbereiten für die Trüffelcreme:
450 g Schlagsahne
180 g Butter
300 g weiße Schokolade
100 g abgezogene, gemahlene Mandeln

Für den Knetteig:
100 g Weizenmehl
40 g Zucker
60 g Butter

Für den Biskuitteig:
2 Eier (Größe M)
2 EL heißes Wasser
100 g Zucker
1 Pck. Dr. Oetker Bourbon-Vanille-Zucker
75 g Weizenmehl
25 g Speisestärke
1 gestr. TL Dr. Oetker Backin

Für die Champagnercreme:
20 g Zucker
10 g Speisestärke
1 Eigelb (Größe M)
125 ml (1/8 l) Champagner oder Sekt

Zum Verzieren:
150 g weiße Kuvertüre
25 g Butter
1 TL Zucker

Zubereitungszeit: 60 Minuten, ohne Kühl- und Abkühlzeit
Backzeit: 30–35 Minuten

1. Zum Vorbereiten für die Trüffelcreme Schlagsahne in einem Topf unter Rühren zum Kochen bringen. Topf von der Kochstelle nehmen, die Butter darin zerlassen. Schokolade in Stücke brechen, in die Sahne geben und unter Rühren schmelzen lassen, bis eine gebundene Masse entstanden ist. Die Trüffelcreme in eine Rührschüssel füllen, zugedeckt mindestens 4 Stunden (am besten über Nacht) kalt stellen. Mandeln in einer Pfanne ohne Fett leicht bräunen, herausnehmen und auf einem Teller erkalten lassen.

2. Den Backofen vorheizen.
Ober-/Unterhitze: etwa 180 °C
Heißluft: etwa 160 °C

3. Für den Knetteig Mehl in eine Rührschüssel geben. Restliche Zutaten hinzufügen und mit Handrührgerät mit Knethaken zunächst kurz auf niedrigster, dann auf höchster Stufe zu einem glatten Teig verarbeiten. Teig auf einer leicht bemehlten Arbeitsfläche kurz durchkneten und auf einem Springformboden (Ø 24 cm, gefettet) ausrollen. Den Teigboden mehrmals mit einer Gabel einstechen, Springformrand darumlegen. Die Form auf dem Rost in den vorgeheizten Backofen schieben. Den Knetteigboden **etwa 12 Minuten backen.**

4. Den Knetteigboden sofort vom Springformboden lösen, aber darauf erkalten lassen.

5. Für den Biskuitteig Eier und Wasser mit Handrührgerät mit Rührbesen auf höchster Stufe in etwa 1 Minute schaumig schlagen. Zucker und Vanille-Zucker mischen, in etwa 1 Minute einstreuen, dann noch etwa 2 Minuten weiterschlagen. Das Mehl mit Speisestärke und Backpulver mischen, auf die Eiercreme geben und kurz auf niedrigster Stufe unterrühren. Zuletzt 50 g der gerösteten Mandeln unterheben. Den Biskuitteig in die gesäuberte Springform (Ø 24 cm, Boden gefettet, mit Backpapier belegt) füllen und glatt streichen. Die Form auf dem Rost in den heißen Backofen schieben. Biskuitboden **bei gleicher Backofeneinstellung 20–25 Minuten backen.**

6. Den Biskuitboden aus der Form lösen, auf einen mit Backpapier belegten Kuchenrost stürzen und erkalten lassen. Das mitgebackene Backpapier entfernen. Biskuitboden einmal waagerecht durchschneiden.

7. Für die Champagnercreme Zucker mit Speisestärke in einem kleinen Topf vermischen, mit dem Eigelb und etwas Champagner oder Sekt anrühren. Restlichen Champagner oder Sekt hinzugießen und danach un-

ter Rühren kurz aufkochen. Die Creme kalt rühren. Den Knetteigboden auf eine Tortenplatte legen und mit der Champagnercreme bestreichen. Den unteren Biskuitboden darauflegen.

8. Die kalt gestellte Trüffelcreme mit Handrührgerät mit Rührbesen cremig aufschlagen. Mithilfe von zwei Teelöffeln 14–16 kleine Pralinen abstechen, auf Backpapier setzen und kalt stellen. Dann die Pralinen in den restlichen Mandeln wälzen.

9. Gut die Hälfte der restlichen Trüffelcreme kuppelartig auf den unteren Biskuitboden streichen, mit dem oberen Biskuitboden belegen und etwas andrücken. Tortenoberfläche und -rand mit der restlichen Trüffelcreme bestreichen.

10. Zum Verzieren Kuvertüre in Stücke hacken und in einem kleinen Topf im heißen Wasserbad bei schwacher Hitze unter Rühren schmelzen, die Butter unterrühren. Die Kuvertüre abkühlen lassen, in eine Pergamentpapierspritztüte füllen und eine kleine Spitze abschneiden. Die Torte mit einem Bandmuster verzieren.

11. Tortenoberfläche mit Zucker bestreuen. Die Torte mit den Pralinen garnieren und kalt stellen.

Cocktail-Torte

Fettarm – fruchtig – mit Alkohol

Insgesamt:
E: 113 g, F: 18 g, Kh: 417 g, kJ: 10467, kcal: 2500

Zum Vorbereiten:

1 Dose	*Fruchtcocktail (Abtropfgewicht 500 g)*

Für den Biskuitteig:

2	*Eier (Größe M)*
1–2 EL	*heißes Wasser*
50 g	*Zucker*
1 Pck.	*Dr. Oetker Vanillin-Zucker*
75 g	*Weizenmehl*
1 gestr. TL	*Dr. Oetker Backin*

Für die Füllung:

500 g	*Speisequark (Magerstufe)*
150 g	*Joghurt*
175 g	*Zucker*
1 Pck.	*Dr. Oetker Vanillin-Zucker*
200 ml	*trockener Sekt*
	1 Beutel aus
1 Pck.	*Götterspeise Zitronen-Geschmack*
75 ml (6 EL)	*Wasser*
2 Blatt	*weiße Gelatine*

Für den Belag:

1 Pck.	*Tortenguss, rot, ungezuckert*
2 gestr. EL	*Zucker*
125 ml (1/8 l)	*Fruchtsaft (aus der Dose)*
125 ml (1/8 l)	*Wasser*

Zubereitungszeit: 50 Minuten, ohne Abkühl- und Kühlzeit
Backzeit: etwa 20 Minuten

1. Den Backofen vorheizen.
Ober-/Unterhitze: etwa 180 °C
Heißluft: etwa 160 °C

2. Zum Vorbereiten Fruchtcocktail in einem Sieb abtropfen lassen, den Saft auffangen und 125 ml (1/8 l) abmessen.

3. Für den Teig Eier und Wasser mit Handrührgerät mit Rührbesen auf höchster Stufe in etwa 1 Minute schaumig schlagen. Den Zucker mit Vanillin-Zucker mischen, in etwa 1 Minute einstreuen, dann noch etwa 2 Minuten weiterschlagen.

4. Mehl mit Backpulver mischen, auf die Eiercreme geben und kurz auf niedrigster Stufe unterrühren. Den Teig in eine Springform (Ø 26 cm, Boden gefettet, mit Backpapier belegt) geben und glatt streichen.

5. Die Form auf dem Rost in den vorgeheizten Backofen (untere Schiene) schieben. Den Biskuitboden **etwa 20 Minuten backen.**

6. Biskuitboden aus der Form lösen, auf einen mit Backpapier belegten Kuchenrost stürzen und erkalten lassen. Mitgebackenes Backpapier abziehen. Den Biskuitboden auf eine Tortenplatte legen und einen Tortenring darumlegen.

7. Für die Füllung Quark mit Joghurt, Zucker, Vanillin-Zucker und Sekt glatt rühren. Die Götterspeise mit nur 75 ml kaltem Wasser (ohne Zucker) nach Packungsanleitung zubereiten.

8. Zuerst 4 Esslöffel der Quarkmasse unter die Götterspeise rühren, dann mit der restlichen Quarkmasse verrühren.

9. Gelatine in kaltem Wasser nach Packungsanleitung einweichen, leicht ausdrücken. Gelatine in einem kleinen Topf bei schwacher Hitze unter Rühren erwärmen (nicht kochen), bis sie völlig gelöst ist.

10. Die Gelatine unter die etwas dicklich gewordene Quarkmasse rühren. Die Quarkmasse auf den Biskuitboden geben, glatt streichen. Die Torte etwa 2 Stunden kalt stellen.

11. Für den Belag Fruchtcocktail auf der Quarkmasse verteilen. Aus Tortengusspulver, Zucker, Saft und Wasser einen Guss nach Packungsanleitung zubereiten. Den Guss auf dem Fruchtcocktail verteilen.

12. Die Torte nochmals etwa 2 Stunden kalt stellen. Tortenring mit einem Messer lösen und entfernen.

Cognac-Karamell-Torte

Fettarm – mit Alkohol

Insgesamt:
E: 59 g, F: 64 g, Kh: 435 g, kJ: 11349, kcal: 2710

Zum Vorbereiten:
1 Dose Birnenhälften (Abtropfgewicht 470 g)

Für den All-in-Teig:
125 g Weizenmehl
25 g Speisestärke
1 EL gesiebtes Kakaopulver
2 gestr. TL Dr. Oetker Backin
75 g Zucker
1 Pck. Dr. Oetker Vanillin-Zucker
3 Eier (Größe M)
20 g weiche Joghurtbutter
2 EL Cognac
50 g Birnenpüree (von den abgetropften Birnenhälften)

Für den Belag:
3 Blatt weiße Gelatine
450 ml Milch
2 Pck. Paradiescreme Sahne-Karamell-Geschmack (Dessertpulver)
1–2 TL Cognac

Außerdem:
2 EL Karamellsauce

Zubereitungszeit: 40 Minuten, ohne Abkühl- und Kühlzeit
Backzeit: etwa 20 Minuten

1. Zum Vorbereiten Birnenhälften in einem Sieb gut abtropfen lassen. Für den Teig 50 g der Birnenhälften mit einem Stabmixer pürieren. Restliche Birnenhälften für den Belag beiseitelegen.

2. Den Backofen vorheizen.
Ober-/Unterhitze: etwa 180 °C
Heißluft: etwa 160 °C

3. Für den Teig das Mehl mit Speisestärke, Kakao und Backpulver mischen, in eine Rührschüssel geben. Zucker, Vanillin-Zucker, Eier, Butter, Cognac und Birnenpüree hinzufügen. Die Zutaten mit Handrührgerät mit Rührbesen zunächst kurz auf niedrigster, dann auf höchster Stufe in etwa 2 Minuten zu einem glatten Teig verarbeiten.

4. Den Teig in eine Springform (Ø 26 cm, Boden gefettet, mit Backpapier belegt) geben und glatt streichen. Die Form auf dem Rost in den vorgeheizten Backofen schieben und den Gebäckboden **etwa 20 Minuten backen.**

5. Den Boden aus der Form lösen und auf einen mit Backpapier belegten Kuchenrost stürzen. Den Gebäckboden erkalten lassen. Mitgebackenes Backpapier abziehen. Gebäckboden auf eine Tortenplatte legen, einen Tortenring darumlegen.

6. Für den Belag Gelatine in kaltem Wasser nach Packungsanleitung einweichen. Beiseitegelegte Birnenhälften jeweils in 4 Spalten schneiden. Den Gebäckboden damit belegen, dabei einen 2–3 cm breiten Rand frei lassen.

7. Milch in eine Rührschüssel geben, beide Päckchen Paradiescreme hinzufügen und etwa 3 Minuten mit Handrührgerät mit Rührbesen aufschlagen. Zuletzt Cognac unterrühren.

8. Gelatine leicht ausdrücken und in einem kleinen Topf bei schwacher Hitze unter Rühren erwärmen (nicht kochen), bis sie völlig gelöst ist. Gelatine mit etwa 2 Esslöffeln von der Karamellcreme verrühren und anschließend mit der restlichen Karamellcreme verrühren.

9. Die Karamellcreme auf den Birnenspalten verteilen und mit einem Teigschaber gleichmäßig verstreichen. Kleine Vertiefungen mithilfe eines Teelöffels in die Tortenoberfläche drücken. Die Torte 2–3 Stunden kalt stellen.

10. Den Tortenring vorsichtig lösen und entfernen. Die Tortenoberfläche mit der Karamellsauce besprenkeln und servieren.

Creolen-Torte | Raffiniert – einfach

Insgesamt:
E: 69 g, F: 232 g, Kh: 225 g, kJ: 14817, kcal: 3539

Für den Boden und zum Einschichten:
etwa 200 g Löffelbiskuits
40 g Butter

Für die Creme I:
100 g weiche Butter
50 g feine Erdnusscreme oder Nuss-Nougat-Creme
3 EL Ahornsirup

Für die Creme II:
2 Blatt weiße Gelatine
250 g Speisequark oder 200 g Frischkäse
2 EL flüssiger Honig
200 g Schlagsahne

Für den Belag:
1 Dose Ananasscheiben (Abtropfgewicht 340 g)
1 Pck. Tortenguss, klar, ungezuckert
1 EL Zucker
180 ml Ananassaft (aus der Dose)
70 ml Wasser

fein gehackte Pistazienkerne

Zubereitungszeit: 45 Minuten, ohne Kühlzeit

1. Von den Löffelbiskuits 70 g (etwa 10 Stück) in einen Gefrierbeutel geben. Beutel fest verschließen. Löffelbiskuits mit einer Teigrolle fein zerbröseln und in eine Rührschüssel geben. Die Butter zerlassen, zu den Biskuitbröseln geben und gut vermengen. Einen Springformrand (Ø 18 cm) auf eine mit Tortenspitze oder Backpapier belegte Tortenplatte stellen. Dann die Bröselmasse darin verteilen und gut andrücken. Den Bröselboden kalt stellen.

2. Für die Creme I Butter mit der Erdnusscreme oder Nuss-Nougat-Creme und Ahornsirup schaumig rühren. Den Bröselboden dünn mit der Creme bestreichen und mit einer Schicht Löffelbiskuits belegen. Den Vorgang so oft wiederholen, bis Creme und Löffelbiskuits aufgebraucht sind. Die oberste Schicht sollte aus Löffelbiskuits bestehen (ergibt 2–3 Schichten).

3. Für die Creme II Gelatine in kaltem Wasser nach Packungsanleitung einweichen. Quark oder Frischkäse mit Honig gut verrühren. Gelatine leicht ausdrücken, in einem kleinen Topf bei schwacher Hitze unter Rühren erwärmen (nicht kochen), bis sie völlig gelöst ist. Die Gelatine mit 2–3 Esslöffeln von der Quarkmasse verrühren, dann unter die restliche Quarkmasse rühren. Sahne steif schlagen und unter die Quarkmasse heben. Die Quarkcreme vorsichtig auf den Löffelbiskuits verstreichen. Die Torte kurz kalt stellen.

4. Für den Belag Ananasscheiben in einem Sieb gut abtropfen lassen, den Saft auffangen und 180 ml abmessen. Ananasscheiben evtl. halbieren. Die Ananasscheiben auf die Quarkcreme legen.

5. Aus dem Tortengusspulver, Zucker, Ananassaft und Wasser einen Guss nach Packungsanleitung zubereiten. Den Guss vorsichtig auf den Ananasscheiben verteilen, dabei evtl. nicht den ganzen Guss verwenden. Die Torte 1–2 Stunden kalt stellen.

6. Den Springformrand mithilfe eines Messers lösen und entfernen. Torte mit Pistazienkernen bestreuen.

Tipp: Am besten schmeckt die Torte, wenn sie am Vortag zubereitet wurde.

Dachziegeltorte | Für Kinder

Insgesamt:
E: 83 g, F: 314 g, Kh: 596 g, kJ: 24695, kcal: 5897

Für den All-in-Teig:
150 g Weizenmehl
3 gestr. TL Dr. Oetker Backin
150 g Zucker
1 Pck. Dr. Oetker Vanillin-Zucker
3 Eier (Größe M)
150 g weiche Butter oder Margarine

Für die Füllung:
500 g frische Sauerkirschen
1 Beutel aus
1 Pck. Götterspeise Kirsch-Geschmack
200 ml Kirschsaft
75 g Zucker
300 g saure Sahne
400 g Schlagsahne

300 g Griesson Soft Cake Kirsch

Zubereitungszeit: 35 Minuten, ohne Abkühl- und Kühlzeit
Backzeit: etwa 25 Minuten

1. Den Backofen vorheizen.
Ober-/Unterhitze: etwa 180 °C
Heißluft: etwa 160 °C

2. Für den Teig Mehl mit Backpulver mischen und in eine Rührschüssel geben. Restliche Zutaten hinzufügen und mit Handrührgerät mit Rührbesen zunächst kurz auf niedrigster, dann auf höchster Stufe in etwa 2 Minuten zu einem glatten Teig verarbeiten. Einen Backrahmen (etwa 22 x 24 cm) auf ein Backblech (mit Backpapier belegt) stellen. Den Teig in den Backrahmen geben und glatt streichen. Das Backblech in den vorgeheizten Backofen schieben. Den Gebäckboden **etwa 25 Minuten backen.**

3. Den Boden vom Backrahmen lösen und auf einen mit Backpapier belegten Kuchenrost stürzen. Boden erkalten lassen. Mitgebackenes Backpapier abziehen. Gebäckboden einmal waagerecht durchschneiden.

4. Für die Füllung Kirschen waschen, gut abtropfen lassen (einige Kirschen mit Stiel zum Garnieren beiseitelegen), entstielen und entsteinen. Götterspeise mit Kirschsaft und Zucker nach Packungsanleitung zubereiten. Götterspeise etwas abkühlen lassen. Die saure Sahne in eine Schüssel geben. Die Götterspeiseflüssigkeit unterrühren und kalt stellen.

5. Sahne steif schlagen. Sobald die Masse anfängt zu gelieren, Sahne unterheben.

6. Den unteren Gebäckboden auf eine Tortenplatte legen und den gesäuberten Backrahmen darumstellen. Kirschen auf dem Boden verteilen, dabei einen etwa 1 cm breiten Rand frei lassen. Zwei Drittel der Saure-Sahne-Creme darauf verteilen. Den oberen Gebäckboden darauflegen. Restliche Saure-Sahne-Creme darauf verstreichen.

7. Die Soft Cakes halbieren und auf die noch weiche Saure-Sahne-Creme legen. Die Dachziegeltorte mit den beiseitegelegten Kirschen garnieren (evtl. halbieren) und 2–3 Stunden kalt stellen.

Tipp: Den Boden können Sie auch in einer Springform (Ø 26 cm, gefettet, mit Backpapier belegt) backen.

Dreifarbige Schokoladentorte I

Beliebt – mit Alkohol

Insgesamt:
E: 93 g, F: 551 g, Kh: 583 g, kJ: 32292, kcal: 7717

Zum Vorbereiten für die dunkle Canache:

300 g Vollmilch-Schokolade
300 g Schlagsahne
50 g weiche Butter
2 EL Weinbrand

Zum Vorbereiten für die helle Canache:

150 g weiße Schokolade
150 g Schlagsahne
50 g weiche Butter

Für den Rührteig:

100 g weiche Butter oder Margarine
100 g Zucker
1 Pck. Dr. Oetker Vanillin-Zucker
2 Eier (Größe M)
75 g Weizenmehl
2 gestr. EL gesiebtes Kakaopulver
1 gestr. TL Dr. Oetker Backin
50 g Zartbitter-Raspelschokolade

Zum Garnieren:

je 75 g weiße, Vollmilch- und Zartbitter-Schokolade
etwas Kakaopulver

Zubereitungszeit: 90 Minuten, ohne Kühl- und Abkühlzeit
Backzeit: etwa 20 Minuten

1. Zum Vorbereiten für die dunkle Canache am Vortag Schokolade in Stücke brechen. Sahne in einem Topf aufkochen lassen. Topf von der Kochstelle nehmen. Die Schokolade darin unter Rühren schmelzen. Butter und Weinbrand unterrühren. Canache in eine Rührschüssel füllen und zugedeckt über Nacht kalt stellen. Die helle Canache ebenso zubereiten und kalt stellen.

2. Den Backofen vorheizen.
Ober-/Unterhitze: etwa 180 °C
Heißluft: etwa 160 °C

3. Für den Teig Butter oder Margarine mit Handrührgerät mit Rührbesen auf höchster Stufe geschmeidig rühren. Nach und nach Zucker und Vanillin-Zucker unterrühren. So lange rühren, bis eine gebundene Masse entstanden ist. Eier nach und nach unterrühren (jedes Ei etwa 1/2 Minute).

4. Mehl mit Kakao und Backpulver mischen, in 2 Portionen kurz auf mittlerer Stufe unterrühren. Die Raspelschokolade kurz unterheben. Den Teig in eine Springform (Ø 26 cm, Boden gefettet, mit Backpapier belegt) geben und glatt streichen. Die Form auf dem Rost in den vorgeheizten Backofen schieben und den Tortenboden **etwa 20 Minuten backen.**

5. Den Boden aus der Form lösen und auf einen Kuchenrost stürzen. Mitgebackenes Backpapier abziehen. Den Tortenboden erkalten lassen und auf eine Tortenplatte legen. Einen Tortenring darumlegen.

6. Die helle Canache mit Handrührgerät mit Rührbesen cremig aufschlagen, in einen Spritzbeutel mit Lochtülle (Ø etwa 12 mm) füllen. Creme in 3 Kreisen im Abstand von etwa 1 1/2 cm auf den Tortenboden spritzen.

7. Die dunkle Canache ebenfalls cremig aufschlagen. Gut die Hälfte davon mithilfe eines Spritzbeutels mit Lochtülle (Ø etwa 12 mm) in die Zwischenräume spritzen. Die Torte einige Minuten in den Gefrierschrank stellen, damit die Ringe etwas fester werden. Die restliche dunkle Canache mithilfe einer Teigkarte auf der Tortenoberfläche glatt verstreichen, sodass die hellen Ringe bedeckt sind. Die Torte etwa 3 Stunden kalt stellen. Tortenring lösen und entfernen.

8. Zum Garnieren Schokolade in Stücke brechen und getrennt in je einem kleinen Topf im heißen Wasserbad bei schwacher Hitze unter Rühren schmelzen. Die einzelnen Schokoladensorten nebeneinander dünn auf eine Marmorplatte streichen. Nach Belieben mit einem Teigschaber leicht miteinander vermischen. Schokolade fest werden lassen (nicht kalt stellen).

9. Mit einem breiten Spachtel Schokolocken abschaben und mithilfe von Gabeln auf die Tortenoberfläche legen. Die dunklen Locken leicht an den Tortenrand drücken.

Eiskaffee-Sahnetorte

Schnell – mit Alkohol

Insgesamt:
E: 77 g, F: 325 g, Kh: 431 g, kJ: 20821, kcal: 4969

Für den Biskuitteig:
4 Eier (Größe M)
4 EL heißes Wasser
150 g Zucker
1 Pck. Dr. Oetker Vanillin-Zucker
1 EL Amaretto (Mandellikör)
120 g Weizenmehl
2 gestr. TL Dr. Oetker Backin
1 Pck. Dr. Oetker Pudding-Pulver Mandel-Geschmack
50 g abgezogene, gemahlene Mandeln
100 g Vollmilch-Raspelschokolade

Für die Füllung:
750 g Schlagsahne
2 Pck. Dr. Oetker Sahnesteif
40 g Eiskaffeepulver

Zum Bestreuen und Garnieren:
etwas Kakaopulver
einige Konfektkugeln

Zubereitungszeit: 30 Minuten, ohne Abkühlzeit
Backzeit: etwa 30 Minuten

1. Den Backofen vorheizen.
Ober-/Unterhitze: etwa 180 °C
Heißluft: etwa 160 °C

2. Für den Teig Eier und Wasser mit Handrührgerät mit Rührbesen auf höchster Stufe in etwa 1 Minute schaumig schlagen. Zucker und Vanillin-Zucker mischen, in etwa 1 Minute einstreuen, dann noch etwa 2 Minuten weiterschlagen. Likör kurz unterrühren.

3. Mehl mit Backpulver und Pudding-Pulver mischen, die Hälfte davon auf die Eiercreme geben und kurz auf niedrigster Stufe unterrühren. Restliches Mehlgemisch auf die gleiche Weise unterarbeiten. Die Mandeln und Raspelschokolade unterheben. Den Teig in eine Springform (Ø 26 cm, Boden gefettet, mit Backpapier belegt) füllen und glatt streichen. Die Form auf dem Rost in den vorgeheizten Backofen schieben. Den Biskuitboden **etwa 30 Minuten backen.**

4. Boden aus der Form lösen, auf einen Kuchenrost stürzen, erkalten lassen. Mitgebackenes Backpapier abziehen. Boden einmal waagerecht durchschneiden.

5. Für die Füllung Sahne mit Sahnesteif und Eiskaffeepulver steif schlagen. 2–3 Esslöffel der Eiskaffeesahne in einen Spritzbeutel mit Lochtülle füllen.

6. Den unteren Biskuitboden auf eine Platte legen. Gut die Hälfte der Eiskaffeesahne darauf verteilen. Den oberen Biskuitboden darauflegen und leicht andrücken. Tortenoberfläche und -rand mit der restlichen Eiskaffeesahne bestreichen.

7. Die Tortenoberfläche gitterförmig mit der Eiskaffeesahne aus dem Spritzbeutel verzieren. Die Torte bis zum Servieren kalt stellen. Die Tortenoberfläche kurz vor dem Servieren mit Kakao bestäuben. Nach Belieben mit einigen Konfektkugeln garnieren.

Tipps: Anstatt Pudding-Pulver Mandel-Geschmack können Sie auch Pudding-Pulver Vanille-Geschmack verwenden. Die Torte kann am Vortag zubereitet werden. Für eine Fruchtige Eiskaffee-Torte den unteren Boden mit etwa 350 g Aprikosen- oder Pfirsichwürfeln belegen und dann die Creme daraufstreichen.

Eisschokoladentorte | Gut vorzubereiten

Insgesamt:
E: 51 g, F: 302 g, Kh: 290 g, kJ: 17118, kcal: 4089

Für den Biskuitteig:
2 Eier (Größe M)
60 g Zucker
50 g Weizenmehl
½ gestr. TL Dr. Oetker Backin

50 g Zartbitter-Kuvertüre

Für den Belag:
250 g Schlagsahne
10 g Instant-Cappuccino-Pulver
15 g Kakaogetränkepulver
1 TL gesiebtes Kakaopulver
50 g Baiser
50 g Schoko-Waffelröllchen
250 g Schlagsahne
1 Pck. Dr. Oetker Bourbon-Vanille-Zucker

Zum Verzieren und Garnieren:
250 g Schlagsahne
1 Pck. Dr. Oetker Sahnesteif
1 Pck. Dr. Oetker Vanillin-Zucker
50 g Schoko-Waffelröllchen
etwas Baiser
evtl. etwas Kakaopulver

Zubereitungszeit: 45 Minuten, ohne Abkühl- und Gefrierzeit
Backzeit: etwa 15 Minuten

1. Den Backofen vorheizen.
Ober-/Unterhitze: etwa 180 °C
Heißluft: etwa 160 °C

2. Für den Teig Eier in eine Rührschüssel geben und mit Handrührgerät mit Rührbesen auf höchster Stufe in etwa 1 Minute schaumig schlagen. Zucker in etwa 1 Minute einstreuen und noch etwa 2 Minuten weiterschlagen. Mehl mit Backpulver mischen, auf die Eiercreme geben und kurz auf niedrigster Stufe unterrühren. Den Teig in eine Springform (Ø 26 cm, Boden gefettet, mit Backpapier belegt) füllen. Die Form auf dem Rost in den vorgeheizten Backofen schieben. Den Biskuitboden **etwa 15 Minuten backen.**

3. Den Boden aus der Form lösen und auf einem Kuchenrost erkalten lassen. Mitgebackenes Backpapier abziehen.

4. Kuvertüre grob hacken, in einem kleinen Topf im heißen Wasserbad bei schwacher Hitze unter Rühren schmelzen. Den Boden auf eine Tortenplatte legen, mit der Kuvertüre bestreichen. Einen Tortenring darumlegen.

5. Für den Belag Sahne steif schlagen. Cappuccinopulver, Kakaogetränkepulver und Kakao unterrühren. Die Sahnemasse auf den bestrichenen Biskuitboden geben und glatt streichen. Baiser und Waffelröllchen etwas zerbröseln und auf der Sahnemasse verteilen. Die Sahne und Vanille-Zucker steif schlagen und vorsichtig auf den Bröseln glatt streichen. Die Torte über Nacht in den Gefrierschrank stellen.

6. Die Torte aus dem Gefrierschrank nehmen. Den Tortenring mit einem heißen Messer lösen und entfernen. Sahne mit Sahnesteif und Vanillin-Zucker steif schlagen. Den Tortenrand mit der Hälfte der Sahne dünn bestreichen. Restliche Sahne in einen Spritzbeutel mit Sterntülle füllen. Die Tortenoberfläche damit verzieren. Die Torte mit Waffelröllchen und Baiserstückchen garnieren, evtl. mit etwas Kakao bestäuben.

Engadiner Nusstorte | Gut vorzubereiten

Insgesamt:
E: 84 g, F: 360 g, Kh: 600 g, kJ: 25116, kcal: 6000

Für den Knetteig:

275 g Weizenmehl
1 gestr. TL Dr. Oetker Backin
100 g Zucker
1 Pck. Dr. Oetker Vanillin-Zucker
1 Prise Salz
1 Ei (Größe M)
150 g Butter oder Margarine

Für die Füllung:

250 g Walnusskerne
225 g Zucker
200 g Schlagsahne
1–2 EL flüssiger Honig
1 Eiweiß (Größe M)

Zum Bestreichen:

1 Eigelb (Größe M)
1 EL Wasser

Zum Bestäuben:

etwas Puderzucker

Zubereitungszeit: 55 Minuten, ohne Kühl-, Abkühl- und Durchziehzeit
Backzeit: etwa 45 Minuten

1. Für den Teig Mehl mit Backpulver in einer Rührschüssel mischen. Restliche Zutaten hinzufügen und mit Handrührgerät mit Knethaken zunächst kurz auf niedrigster, dann auf höchster Stufe zu einem glatten Teig verarbeiten. Den Teig zu einer Kugel formen, in Frischhaltefolie gewickelt bis zur weiteren Verarbeitung kalt stellen.

2. Den Backofen vorheizen.
Ober-/Unterhitze: etwa 180 °C
Heißluft: etwa 160 °C

3. Für die Füllung Walnusskerne grob hacken. Zucker in einer Pfanne bei mittlerer Hitze karamellisieren (erst mit einem Holz- oder Metalllöffel umrühren, wenn der Zucker beginnt sich aufzulösen). So lange rühren, bis der Zucker hellbraun ist. Nusskerne und Sahne nacheinander unterrühren und aufkochen lassen. Honig hinzugeben. Die Masse etwas abkühlen lassen. Dann Eiweiß unterrühren.

4. Die Hälfte des Teiges auf dem Boden einer Springform (Ø 26 cm, gefettet) ausrollen. Springformrand darumlegen.

5. Zwei Drittel des restlichen Teiges zwischen einem aufgeschnittenen Gefrierbeutel oder Frischhaltefolie rund ausrollen. Den Boden der Springform als Schablone für die Teigdecke auf den ausgerollten Teig legen und mit einem Teigrädchen oder einem Messer ausschneiden.

6. Restlichen Teig zu einer langen Rolle formen, als Rand auf den Teigboden legen und so an die Form drücken, dass ein etwa 2 cm hoher Rand entsteht.

7. Die Karamell-Nuss-Masse gleichmäßig auf den Teigboden streichen. Die obere Folie von der Teigplatte abziehen. Die Teigplatte mit der unteren Folie auf die Karamell-Nuss-Masse stürzen. Folie abziehen. Die Teigplatte am Rand etwas andrücken und mit einer Gabel mehrmals einstechen.

8. Zum Bestreichen Eigelb mit Wasser verschlagen. Die Teigplatte damit bestreichen. Die Form auf dem Rost in den vorgeheizten Backofen (unteres Drittel) schieben. Die Torte **etwa 45 Minuten backen.**

9. Den Springformrand lösen und entfernen. Die Torte vom Springformboden lösen, aber darauf auf einem Kuchenrost erkalten lassen.

10. Die Torte mindestens 1 Tag durchziehen lassen. Springformboden entfernen.

11. Die Torte vor dem Servieren mit Puderzucker bestäuben (nach Belieben mit einer Papierschablone ein Muster aufstäuben).

Tipps: Die Torte hält sich gut verpackt 1 Woche frisch. Walnusskerne können durch Pekannusskerne ausgetauscht werden.

Erdbeer-Erfrischungstorte | Beliebt

Insgesamt:
E: 122 g, F: 354 g, Kh: 634 g, kJ: 26256, kcal: 6266

Für den Biskuitteig:
3 Eier (Größe M)
1 Eigelb (Größe M)
125 g Zucker
1 Pck. Dr. Oetker Vanillin-Zucker
70 g Weizenmehl
1 Pck. Dr. Oetker Pudding-Pulver Sahne-Geschmack
½ gestr. TL Dr. Oetker Backin
25 g gemahlene Pistazienkerne

Für den Boden:
150 g Löffelbiskuits
20 g gemahlene Pistazienkerne
60 g Butter

Für die Füllung:
10 Blatt weiße Gelatine
500 g Dickmilch
250 g Zitronenjoghurt
75 g Zucker
1 Pck. Dr. Oetker Finesse Geriebene Zitronenschale
250 g Schlagsahne
100 g Erfrischungsstäbchen
250 g Erdbeeren

Zum Bestreichen und Garnieren:
350 g Schlagsahne
2 Pck. Dr. Oetker Sahnesteif
2 EL gehackte Pistazienkerne
100 g vorbereitete Erdbeerhälften
50 g Erfrischungsstäbchen

Zubereitungszeit: 60 Minuten, ohne Abkühl- und Kühlzeit
Backzeit: 10–12 Minuten

1. Den Backofen vorheizen.
Ober-/Unterhitze: etwa 200 °C
Heißluft: etwa 180 °C

2. Für den Teig Eier und Eigelb mit Handrührgerät mit Rührbesen auf höchster Stufe in etwa 1 Minute schaumig schlagen. Den Zucker und Vanillin-Zucker mischen, in etwa 1 Minute einstreuen, dann noch etwa 2 Minuten weiterschlagen.

3. Mehl mit Pudding-Pulver und Backpulver mischen, auf die Eiercreme geben, kurz auf niedrigster Stufe unterrühren. Pistazienkerne kurz unterrühren. Den Teig auf ein Backblech (30 x 40 cm, gefettet, mit Backpapier belegt) geben und glatt streichen. Das Backblech in den vorgeheizten Backofen schieben. Die Biskuitplatte **10–12 Minuten backen.**

4. Die Biskuitplatte sofort vom Backblechrand lösen und auf mit Zucker bestreutes Backpapier stürzen. Biskuitplatte erkalten lassen. Mitgebackenes Backpapier vorsichtig abziehen.

5. Für den Boden Löffelbiskuits in einen Gefrierbeutel geben. Beutel verschließen. Löffelbiskuits mit einer Teigrolle fein zerbröseln und mit den Pistazienkernen in eine Schüssel geben. Butter zerlassen, zu den Bröseln geben und gut vermengen. Einen Springformrand (Ø 26 cm) auf eine mit Tortenspitze oder Backpapier belegte Tortenplatte stellen. Die Bröselmasse darin verteilen und mit einem Löffel gut zu einem Boden andrücken. Bröselboden kalt stellen.

6. Für die Füllung die Gelatine in kaltem Wasser nach Packungsanleitung einweichen. Dickmilch mit Joghurt, Zucker und Zitronenschale verrühren. Gelatine leicht ausdrücken und in einem kleinen Topf bei schwacher Hitze unter Rühren erwärmen (nicht kochen), bis sie völlig gelöst ist. 2–3 Esslöffel von der Dickmilchmasse mit der Gelatine verrühren, danach mit der restlichen Dickmilchmasse verrühren. Kalt stellen.

7. Sahne steif schlagen. Wenn die Masse anfängt zu gelieren, die Sahne unterheben. Die Erfrischungsstäbchen grob hacken und mit der Flüssigkeit unterheben. Die Creme auf die Biskuitplatte streichen und etwas anziehen lassen. Die Biskuitplatte von der langen Seite aus in 6 Streifen (je gut 6 cm breit) schneiden. Erdbeeren putzen, waschen, abtropfen lassen, entstielen und vierteln oder würfeln. Die Erdbeerstücke auf der Creme verteilen und leicht eindrücken.

8. Den Springformrand vom Bröselboden lösen und entfernen. 1 Gebäckstreifen zur Schnecke aufrollen, in die Mitte des Bröselbodens setzen und die anderen Streifen darumwickeln. Den Springformrand wieder darumlegen. Die Erdbeer-Erfrischungstorte anschließend 2–3 Stunden kalt stellen. Springformrand lösen und entfernen.

9. Zum Bestreichen und Garnieren die Sahne mit Sahnesteif steif schlagen. Tortenoberfläche und -rand damit bestreichen. Die Torte mit Pistazienkernen, Erdbeerhälften und Erfrischungsstäbchen garnieren.

Tipp: Statt der Erfrischungsstäbchen können Sie gehackte Erdbeer-Joghurt-Schokolade verwenden.

Erdbeer-Pudding-Torte I

Gut vorzubereiten

Insgesamt:
E: 72 g, F: 255 g, Kh: 411 g, kJ: 17697, kcal: 4228

Für den All-in-Teig:
175 g Weizenmehl
1 leicht geh. EL Speisestärke
2 gestr. TL Dr. Oetker Backin
125 g Zucker
1 Pck. Dr. Oetker Vanillin-Zucker
3 Eier (Größe M)
125 ml (1/8 l) Speiseöl
1 EL Milch

Für die Füllung:
2 Blatt weiße Gelatine
500 g Vanille-Pudding (aus dem Kühlregal)

Für den Belag:
500 g Erdbeeren
250 g Schlagsahne
1 Pck. Dr. Oetker Vanillin-Zucker
1 Pck. Dr. Oetker Sahnesteif

15 g gehackte Pistazienkerne

Zubereitungszeit: 45 Minuten, ohne Abkühl- und Kühlzeit
Backzeit: etwa 20 Minuten

1. Den Backofen vorheizen.
Ober-/Unterhitze: etwa 180 °C
Heißluft: etwa 160 °C

2. Für den Teig Mehl mit Speisestärke, Backpulver, Zucker und Vanillin-Zucker in einer Rührschüssel mischen. Eier, Speiseöl und Milch hinzufügen. Die Zutaten mit Handrührgerät mit Rührbesen zunächst kurz auf niedrigster, dann auf höchster Stufe in etwa 1 Minute zu einem glatten Teig verarbeiten.

3. Teig in eine Springform (Ø 26 cm, Boden gefettet, mit Backpapier belegt) geben und glatt streichen.

Die Form auf dem Rost in den vorgeheizten Backofen schieben. Den Gebäckboden **etwa 20 Minuten backen.**

4. Den Boden aus der Form lösen und auf einen Kuchenrost stürzen. Gebäckboden erkalten lassen. Mitgebackenes Backpapier abziehen. Den Gebäckboden einmal waagerecht durchschneiden.

5. Für die Füllung Gelatine in kaltem Wasser nach Packungsanleitung einweichen. Den Pudding in eine Schüssel geben und kurz verrühren. Gelatine leicht ausdrücken und in einem kleinen Topf unter Rühren erwärmen (nicht kochen), bis sie völlig gelöst ist. Die Gelatine mit 2–3 Esslöffeln des Puddings verrühren, dann unter den restlichen Pudding rühren. Pudding kurz kalt stellen, bis er etwas fester ist.

6. Den unteren Gebäckboden auf eine Platte legen. Den Pudding darauf verteilen. Den oberen Gebäckboden darauflegen und leicht andrücken. Torte etwa 60 Minuten kalt stellen.

7. Für den Belag Erdbeeren putzen, waschen, abtropfen lassen, entstielen und halbieren oder in Scheiben schneiden. Sahne mit Vanillin-Zucker und Sahnesteif steif schlagen. Die Tortenoberfläche damit bestreichen. Erdbeerhälften oder -scheiben darauf verteilen. Die Torte mit Pistazienkernen bestreuen.

Erdbeer-Quarkcreme-Torte | Einfach

Insgesamt:
E: 51 g, F: 294 g, Kh: 394 g, kJ: 19161, kcal: 4577

Für den Schüttelteig:
125 g Weizenmehl
2 gestr. TL Dr. Oetker Backin
100 g Zucker
1 Pck. Dr. Oetker Vanillin-Zucker
2 Eier (Größe M)
6 EL Speiseöl

Für den Belag:
500 g Erdbeeren
25 g Zucker
500 g Schlagsahne
1 Pck. Quarkfein Erdbeer-Geschmack (Dessertpulver)

Zum Verzieren und Garnieren:
200 g Schlagsahne
1 Pck. Dr. Oetker Sahnesteif
250 g Erdbeeren
evtl. etwas Vollmilch-Raspelschokolade

Zubereitungszeit: 40 Minuten, ohne Kühlzeit
Backzeit: etwa 20 Minuten

1. Den Backofen vorheizen.
Ober-/Unterhitze: etwa 180 °C
Heißluft: etwa 160 °C

2. Für den Teig Mehl mit Backpulver mischen, in eine verschließbare Schüssel (3-Liter-Inhalt) geben und mit Zucker und Vanillin-Zucker mischen. Eier und Speiseöl hinzufügen.

3. Schüssel mit dem Deckel fest verschließen und mehrmals (insgesamt 15–30 Sekunden) kräftig schütteln, sodass alle Zutaten gut vermischt sind. Den Teig mit einem Schneebesen oder Rührlöffel nochmals sorgfältig durchrühren, damit trockene Zutaten vom Rand mit untergerührt werden.

4. Den Teig in eine Springform (Ø 26 cm, Boden gefettet, mit Backpapier belegt) geben und glatt streichen. Die Form auf dem Rost in den vorgeheizten Backofen schieben. Den Gebäckboden **etwa 20 Minuten backen.**

5. Den Boden aus der Form lösen, auf einen mit Backpapier belegten Kuchenrost stürzen, erkalten lassen. Mitgebackenes Backpapier abziehen. Den Gebäckboden auf eine Tortenplatte legen. Einen Tortenring darumlegen.

6. Für den Belag Erdbeeren putzen, waschen, abtropfen lassen, entstielen und in Stücke schneiden. Erdbeerstücke mit Zucker mischen.

7. Die Sahne mit Handrührgerät mit Rührbesen etwa 1/2 Minute schlagen, dann das Dessertpulver unter Rühren hinzufügen. Sahne ganz steif schlagen. Die Hälfte der Quark-Sahne-Creme auf den Gebäckboden streichen. Erdbeerstücke darauflegen. Die restliche Quark-Sahne-Creme darauf verteilen. Die Torte etwa 2 Stunden kalt stellen.

8. Zum Verzieren und Garnieren Sahne mit Sahnesteif steif schlagen. Die Tortenoberfläche mit der Sahne verzieren. Erdbeeren putzen, waschen und gut abtropfen lassen. Die Torte mit den Erdbeeren mit Grün garnieren. Den Tortenring lösen und entfernen. Die Tortenoberfläche evtl. mit Raspelschokolade bestreuen.

Erdbeer-Sekt-Torte | Mit Alkohol

Insgesamt:
E: 64 g, F: 256 g, Kh: 416 g, kJ: 18928, kcal: 4528

Für den Rührteig:
100 g weiche Butter oder Margarine
75 g Zucker
1 Pck. Dr. Oetker Vanillin-Zucker
2 Eier (Größe M)
100 g Weizenmehl
1/2 gestr. TL Dr. Oetker Backin

Für den Belag:
3 EL Erdbeerkonfitüre
500 g Erdbeeren

Für die Füllung:
9 Blatt weiße Gelatine
300 g Joghurt (3,5 % Fett)
100 g Zucker
1 Pck. Dr. Oetker Finesse Geriebene Zitronenschale
100 ml trockener Sekt
500 g Schlagsahne

Für den Guss:
1 Pck. Tortenguss mit Erdbeer-Geschmack, gezuckert
3 gestr. EL Zucker
100 ml trockener Sekt
150 ml Wasser

Zubereitungszeit: 35 Minuten, ohne Abkühlzeit
Backzeit: etwa 20 Minuten

1. Den Backofen vorheizen.
Ober-/Unterhitze: etwa 180 °C
Heißluft: etwa 160 °C

2. Für den Teig Butter oder Margarine in einer Rührschüssel mit Handrührgerät mit Rührbesen auf höchster Stufe geschmeidig rühren. Nach und nach Zucker und Vanillin-Zucker unterrühren. So lange rühren, bis eine gebundene Masse entstanden ist. Eier nach und nach unterrühren (jedes Ei etwa 1/2 Minute). Mehl mit Backpulver mischen und kurz auf mittlerer Stufe unterrühren. Teig in eine Springform (Ø 26 cm, gefettet, mit Backpapier belegt) geben und glatt streichen.

3. Die Form auf dem Rost in den vorgeheizten Backofen schieben. Den Tortenboden **etwa 20 Minuten backen.**

4. Den Tortenboden aus der Form lösen, auf einen mit Backpapier belegten Kuchenrost stürzen und erkalten lassen. Mitgebackenes Backpapier abziehen. Tortenboden auf eine Tortenplatte setzen. Einen Tortenring darumlegen.

5. Für den Belag den Tortenboden mit Konfitüre bestreichen. Erdbeeren waschen, gut abtropfen lassen und entstielen.

6. Etwa 125 g große Erdbeeren in dünne Scheiben schneiden und mit dem Stängelansatz nach unten rundherum an den inneren Tortenring stellen.

7. Etwa 250 g Erdbeeren vierteln und auf dem Tortenboden verteilen. Die restlichen Erdbeeren in kleine Würfel schneiden.

8. Für die Füllung Gelatine in kaltem Wasser nach Packungsanleitung einweichen. Joghurt mit Zucker, Zitronenschale und Sekt verrühren. Gelatine leicht ausdrücken und in einem kleinen Topf bei schwacher Hitze unter Rühren erwärmen (nicht kochen), bis sie völlig gelöst ist.

9. Zuerst etwa 4 Esslöffel der Joghurtmasse mit der Gelatine verrühren, dann unter die restliche Joghurtmasse rühren. Sahne steif schlagen.

10. Wenn die Joghurtmasse anfängt zu gelieren, die Sahne und Erdbeerwürfel unterheben. Die Creme auf dem Tortenboden verteilen.

11. Für den Guss aus Tortengusspulver, Zucker, Sekt und Wasser einen Guss nach Packungsanleitung zubereiten. Den Guss vorsichtig auf die Creme gießen, sodass ein Marmormuster entsteht. Die Torte mindestens 3 Stunden in den Kühlschrank stellen.

12. Den Tortenring vorsichtig lösen und entfernen.

Erdbeer-Überraschungs-Torte I

Etwas aufwendiger

Insgesamt:
E: 94 g, F: 610 g, Kh: 411 g, kJ: 31712, kcal: 7571

Für den Rührteig:
- *150 g weiche Butter oder Margarine*
- *125 g Zucker*
- *1 Pck. Dr. Oetker Vanillin-Zucker*
- *3 Eier (Größe M)*
- *150 g Weizenmehl*
- *2 gestr. TL Dr. Oetker Backin*

Für die Erdbeercreme:
- *3 Blatt rote Gelatine*
- *150 g pürierte Erdbeeren*
- *1–2 TL Zitronensaft*
- *200 g Mascarpone (ital. Frischkäse)*
- *30 g Zucker*
- *100 g Schlagsahne*

Für die Mascarponecreme:
- *3 Blatt weiße Gelatine*
- *300 g Mascarpone (ital. Frischkäse)*
- *400 g Schlagsahne*
- *50 g Zucker*

Für das Erdbeerpüree:
- *2 Blatt weiße Gelatine*
- *150 g pürierte Erdbeeren*

- *300 g Schlagsahne*
- *20 g Zucker*
- *75 g pürierte Erdbeeren*
- *einige vorbereitete Erdbeeren mit Grün*

Zubereitungszeit: 90 Minuten, ohne Abkühl- und Kühlzeit
Backzeit: etwa 30 Minuten

1. Den Backofen vorheizen.
Ober-/Unterhitze: etwa 180 °C
Heißluft: etwa 160 °C

2. Für den Teig Butter oder Margarine mit Handrührgerät mit Rührbesen auf höchster Stufe geschmeidig rühren. Nach und nach Zucker und Vanillin-Zucker unterrühren. So lange rühren, bis eine gebundene Masse entstanden ist. Eier nach und nach unterrühren (jedes Ei etwa ½ Minute).

3. Mehl mit Backpulver mischen und in 2 Portionen kurz auf mittlerer Stufe unterrühren. Den Teig in eine Springform (Ø 26 cm, Boden gefettet, mit Backpapier belegt) füllen und glatt streichen. Die Form auf dem Rost in den vorgeheizten Backofen schieben. Den Gebäckboden **etwa 30 Minuten backen.**

4. Den Boden aus der Form lösen, auf einen mit Backpapier belegten Kuchenrost stürzen und erkalten lassen. Mitgebackenes Backpapier abziehen. Gebäckboden einmal waagerecht durchschneiden.

5. Für die Erdbeercreme Gelatine in kaltem Wasser nach Packungsanleitung einweichen. Gelatine leicht ausdrücken und in einem kleinen Topf unter Rühren erwärmen (nicht kochen), bis sie völlig gelöst ist. Pürierte Erdbeeren und Zitronensaft unterrühren. Knapp die Hälfte der Püreemasse abnehmen und beiseitestellen. Mascarpone und Zucker unter die restliche Püreemasse rühren.

6. Sahne steif schlagen und unter die Masse heben. Eine kleine Schüssel (etwa 500 ml [½ l] Inhalt) mit Frischhaltefolie auslegen. Die Creme hineingeben. Beiseitegestelltes Erdbeerpüree durchrühren, in einen Gefrierbeutel geben und eine Ecke abschneiden. Das Erdbeerpüree in die Mitte der Creme spritzen. Die Schüssel mit der Creme etwa 60 Minuten kalt stellen.

7. Für die Mascarponecreme Gelatine wie unter Punkt 5 beschrieben einweichen und auflösen. Gelatine mit 2–3 Esslöffeln Mascarpone verrühren, dann restlichen Mascarpone unterrühren. Die Sahne mit Zucker steif schlagen und unterheben.

8. Für das Erdbeerpüree Gelatine einweichen, ausdrücken und auflösen. Pürierte Erdbeeren nach und nach unter die Gelatine rühren.

9. Den unteren Gebäckboden auf eine Platte legen. Die Erdbeercreme aus der Schüssel in die Mitte des Bodens stürzen. Schüssel und Frischhaltefolie ent-

fernen. Einen Tortenring um den Boden legen. Eine dünne Schicht Erdbeerpüree auf den Boden um die Kuppel streichen. Ein Drittel der Mascarponecreme waagerecht aufstreichen, wieder etwas Erdbeerpüree aufstreichen und die Hälfte der restlichen Creme aufstreichen. Restliches Püree und dann restliche Creme aufstreichen. Den oberen Gebäckboden darauflegen und andrücken. Die Torte etwa 2 Stunden kalt stellen. Tortenring vorsichtig lösen und entfernen.

10. Zum Garnieren und Verzieren Sahne mit Zucker steif schlagen. Tortenoberfläche und -rand dünn mit einem Teil der Sahne bestreichen. Restliche Sahne in einen Spritzbeutel mit kleiner Lochtülle füllen. An den Rand der Tortenoberfläche einen Ring spritzen und etwa 3 cm weiter innen einen zweiten Ring spritzen. Den Zwischenraum der Ringe vor dem Servieren mit pürierten Erdbeeren ausfüllen und die weiße Oberfläche mit Erdbeerhälften garnieren.

Erdnuss-Schichttorte mit Preiselbeeren | Gut vorzubereiten

Insgesamt:
E: 177 g, F: 436 g, Kh: 696 g, kJ: 31365, kcal: 7489

Für den Rührteig:

1 Glas Erdnussmus (etwa 350 g, erhältlich im Reformhaus)
175 g brauner Zucker
1 Pck. Dr. Oetker Bourbon-Vanille-Zucker
1 Pck. Dr. Oetker Finesse Natürliches Orangenschalen-Aroma
4 Eier (Größe M)
200 g Weizenmehl
50 g Speisestärke
2 gestr. TL Dr. Oetker Backin
5 EL Orangensaft
100 g ungesalzene Erdnusskerne

Für die Füllung:

600 g Schlagsahne
1 Pck. Galetta Vanille-Geschmack (Pudding-Pulver ohne Kochen)
400 g Wild-Preiselbeeren (aus dem Glas)

Zubereitungszeit: 60 Minuten, ohne Abkühlzeit
Backzeit: etwa 15 Minuten je Boden

1. Den Backofen vorheizen.
Ober-/Unterhitze: etwa 180 °C
Heißluft: etwa 160 °C

2. Für den Teig Erdnussmus mit Handrührgerät mit Rührbesen auf höchster Stufe geschmeidig rühren. Nach und nach Zucker, Vanille-Zucker und Orangenschalen-Aroma unterrühren. So lange rühren, bis eine gebundene Masse entstanden ist. Eier nach und nach unterrühren (jedes Ei etwa 1/2 Minute). Das Mehl mit Speisestärke und Backpulver mischen, mit Orangensaft in 2 Portionen kurz auf mittlerer Stufe unterrühren.

3. Den Teig in 5 Portionen teilen. Jeweils eine Teigportion in eine Springform (Ø 26 cm, mit Backpapier belegt) geben, glatt streichen und mit Erdnusskernen bestreuen. Die Formen nacheinander (bei Heißluft zusammen) auf dem Rost in den vorgeheizten Backofen schieben. Die Gebäckböden **etwa 15 Minuten je Boden backen.**

4. Die Böden aus den Formen lösen, auf mit Backpapier belegte Kuchenroste stürzen und erkalten lassen. Mitgebackenes Backpapier abziehen.

5. Für die Füllung die Sahne und Pudding-Pulver mit Handrührgerät mit Rührbesen nach Packungsanleitung, aber mit den hier angegebenen Zutaten, aufschlagen.

6. Einen Gebäckboden auf eine Tortenplatte legen und mit der Hälfte der Preiselbeeren bestreichen. Den zweiten Gebäckboden darauflegen und mit gut einem Drittel der Vanillecreme bestreichen. Dann den dritten Gebäckboden darauflegen. Restliche Preiselbeeren (einige Preiselbeeren beiseitelegen) darauf verteilen. Vierten Gebäckboden darauflegen und gut die Hälfte der restlichen Vanillecreme daraufstreichen. Mit dem letzten Gebäckboden belegen und leicht andrücken.

7. Restliche Vanillecreme in einen Spritzbeutel mit Sterntülle füllen. Den Tortenoberflächenrand mit der Creme verzieren und mit den beiseitegelegten Preiselbeeren garnieren. Torte kalt gestellt 1–2 Tage durchziehen lassen.

Espresso-Torte mit Baisersahne

Raffiniert – mit Alkohol

Insgesamt:
E: 67 g, F: 293 g, Kh: 472 g, kJ: 20321, kcal: 4851

Für den Schüttelteig:
125 g Butter oder Margarine
200 g Weizenmehl
50 g Speisestärke
3 gestr. TL Dr. Oetker Backin
150 g Zucker
1 Pck. Dr. Oetker Bourbon-Vanille-Zucker
2 gestr. EL Instant-Espresso-Pulver
3 Eier (Größe M)
125 ml (1/8 l) Milch

Für die Baisersahne:
6 Schoko-Baiser-Törtchen (etwa 75 g)
2–3 EL Orangenlikör
500 g Schlagsahne
1 EL gesiebter Puderzucker
2 Pck. Dr. Oetker Sahnesteif

Zum Bestäuben:
1 EL Kakaopulver
1 EL Instant-Espresso-Pulver

Zubereitungszeit: 50 Minuten, ohne Abkühlzeit
Backzeit: 35–40 Minuten

1. Den Backofen vorheizen.
Ober-/Unterhitze: etwa 180 °C
Heißluft: etwa 160 °C

2. Für den Teig die Butter oder Margarine zerlassen und abkühlen lassen. Das Mehl mit Speisestärke und Backpulver mischen, in eine verschließbare Schüssel (3-Liter-Inhalt) geben, mit Zucker, Vanille-Zucker und Espresso-Pulver mischen. Eier, Butter oder Margarine und Milch hinzufügen. Schüssel mit dem Deckel fest verschließen.

3. Die Schüssel mehrmals (insgesamt 15–30 Sekunden) kräftig schütteln, sodass alle Zutaten gut vermischt sind. Den Teig mit einem Schneebesen oder Rührlöffel nochmals sorgfältig durchrühren, damit trockene Zutaten vom Rand mit untergerührt werden.

4. Den Teig in eine Springform (Ø 26 cm, Boden gefettet) füllen und glatt streichen. Die Form auf dem Rost in den vorgeheizten Backofen schieben. Den Gebäckboden **35–40 Minuten backen.**

5. Die Form auf einen Kuchenrost stellen. Den Gebäckboden in der Form erkalten lassen.

6. Für die Baisersahne die Baiser-Törtchen mit einem Messer fein hacken und mit Orangenlikör beträufeln. Sahne mit Puderzucker und Sahnesteif steif schlagen, Baiserstückchen unterheben.

7. Den Gebäckboden aus der Form lösen und auf eine Tortenplatte legen. Die Baisersahne kuppelartig auf den Gebäckboden streichen.

8. Zum Bestäuben den Kakao mit Espresso-Pulver mischen. Die Torte damit bestäuben und etwa 2 Stunden kalt stellen.

Exotik-Torte | Für Gäste – fruchtig

Insgesamt:
E: 62 g, F: 309 g, Kh: 604 g, kJ: 23020, kcal: 5496

Für den All-in-Teig:
100 g Weizenmehl
2 gestr. TL Dr. Oetker Backin
100 g Zucker
1 Pck. Dr. Oetker Vanillin-Zucker
3 Eier (Größe M)
100 g weiche Butter oder Margarine

Für die Buttercreme:
200 g weiche Butter
375 g Vanille-Sahne-Pudding (aus dem Kühlregal, Zimmertemperatur)

Für den Belag:
1 Mango
10 Litschis
1 Karambole (Sternfrucht)
1 reife Tamarillo (Baumtomate)
2 kleine Bananen
etwas Zitronensaft
100 g Physalis (Kapstachelbeeren)
1 Clementine
5 Datteln
2 Baby-Ananas
1 Papaya
2 Feigen
½ Granatapfel
2 Pck. Tortenguss, klar, ungezuckert
500 ml (½ l) heller Traubensaft

Zubereitungszeit: 60 Minuten, ohne Abkühl- und Kühlzeit
Backzeit: 20–25 Minuten

1. Den Backofen vorheizen.
Ober-/Unterhitze: etwa 180 °C
Heißluft: etwa 160 °C

2. Für den Teig Mehl mit Backpulver mischen und in eine Rührschüssel geben. Restliche Zutaten hinzufügen und mit Handrührgerät mit Rührbesen zunächst kurz auf niedrigster, dann auf höchster Stufe in etwa 2 Minuten zu einem glatten Teig verarbeiten. Den Teig in eine Springform (Ø 26 cm, Boden gefettet, mit Backpapier belegt) füllen und glatt streichen. Die Form auf dem Rost in den vorgeheizten Backofen schieben. Den Gebäckboden **20–25 Minuten backen.**

3. Gebäckboden aus der Form lösen, auf einen mit Backpapier belegten Kuchenrost stürzen und erkalten lassen. Mitgebackenes Backpapier abziehen.

4. Für die Buttercreme Butter mit Handrührgerät mit Rührbesen geschmeidig rühren. Den Pudding esslöffelweise unterrühren. Dabei darauf achten, dass Butter und Pudding Zimmertemperatur haben, da die Creme sonst gerinnt. Die Buttercreme auf den Gebäckboden geben, glatt streichen und kalt stellen.

5. Für den Belag Mango halbieren und den Stein herauslösen. Mangohälften schälen und das Fruchtfleisch in dünne Scheiben schneiden. Litschis aus den Schalen lösen und entkernen. Karambole und Tamarillo waschen, trocken tupfen und in Scheiben schneiden. Bananen schälen, in Scheiben schneiden und sofort mit Zitronensaft beträufeln. Physalis aus ihren Pergamenthäutchen lösen und halbieren.

6. Clementine schälen und in Scheiben schneiden. Datteln halbieren und entsteinen. Von den Ananas Blatt- und Strunkende entfernen. Ananas schälen, vierteln und den mittleren Stunk herausschneiden. Ananasviertel in kleine Stücke schneiden. Papaya längs halbieren, die Kerne entfernen. Papayahälften schälen und der Länge nach in Scheiben schneiden.

7. Feigen waschen und halbieren. Granatapfelhälfte durchschneiden und die Schale nach hinten biegen, bis alle Kerne herausfallen oder die Kerne herauslösen.

8. Einen Tortenring um den Gebäckboden stellen. Die vorbereiteten Früchte mischen und kuppelartig auf die Buttercreme geben.

9. Aus Tortengusspulver und Saft einen Guss nach Packungsanleitung, aber ohne Zucker, zubereiten. Den Guss gleichmäßig auf den Früchten verteilen. Guss fest werden lassen. Tortenring lösen und entfernen.

Flickentorte mit Marzipan

Zum Verschenken

Insgesamt:
E: 107 g, F: 327 g, Kh: 812 g, kJ: 27812, kcal: 6642

Für den Biskuitteig:
100 g Marzipan-Rohmasse
4 Eier (Größe M)
4 EL heißes Wasser
150 g Zucker
1 Pck. Dr. Oetker Vanillin-Zucker
1 Prise Salz
100 g Weizenmehl
50 g Speisestärke
2 gestr. TL Dr. Oetker Backin

Für die Füllung:
300 g Schokoladen-Sahne-Pudding (aus dem Kühlregal)
250 g Mascarpone (ital. Frischkäse)
3 EL gesiebter Puderzucker
1 gestr. EL gesiebtes Kakaopulver
250 g Blätterteiggebäck (Schweineöhrchen)
220 g Wild-Preiselbeeren (aus dem Glas)

3 EL Aprikosenkonfitüre

Zum Garnieren:
150 g Marzipan-Rohmasse
50 g gesiebter Puderzucker
evtl. Speisefarbe
etwas aufgelöste Zartbitter-Schokolade

Zubereitungszeit: 80 Minuten, ohne Abkühl- und Kühlzeit
Backzeit: 30–35 Minuten

1. Den Backofen vorheizen.
Ober-/Unterhitze: etwa 180 °C
Heißluft: etwa 160 °C

2. Für den Teig das Marzipan auf einer Haushaltsreibe grob raspeln. Eier und Wasser mit Handrührgerät mit Rührbesen auf höchster Stufe in etwa 1 Minute schaumig schlagen. Zucker, Vanillin-Zucker und das Salz mischen, mit den Marzipanraspeln in etwa 1 Minute einstreuen, dann noch etwa 2 Minuten weiterschlagen.

3. Das Mehl mit Speisestärke und Backpulver mischen, die Hälfte davon auf die Eiercreme geben und kurz auf niedrigster Stufe unterrühren. Restliches Mehlgemisch auf die gleiche Weise unterarbeiten. Den Teig in eine Springform (Ø 26 cm, Boden gefettet, mit Backpapier belegt) geben und glatt streichen. Form auf dem Rost in den vorgeheizten Backofen schieben. Den Biskuitboden **30–35 Minuten backen.**

4. Den Biskuitboden aus der Form lösen, auf einen mit Backpapier belegten Kuchenrost stürzen und erkalten lassen. Mitgebackenes Backpapier vorsichtig abziehen. Biskuitboden zweimal waagrecht durchschneiden.

5. Für die Füllung Pudding mit Mascarpone verrühren. Puderzucker mit Kakao mischen, hinzufügen und mit Handrührgerät mit Rührbesen auf höchster Stufe zu einer dicklichen Creme aufschlagen. Ein Viertel von der Schokocreme für den Rand abnehmen und kalt stellen.

6. Den unteren Biskuitboden auf eine Tortenplatte legen, einen Tortenring darumlegen. Die Hälfte der restlichen Schokocreme auf den Biskuitboden geben und glatt streichen. Die Hälfte des Blätterteiggebäcks darauflegen und mit der Hälfte der Wild-Preiselbeeren bestreichen. Den mittleren Biskuitboden darauflegen und leicht andrücken. Restliche Schokocreme darauf verteilen. Restliches Blätterteiggebäck daraufgeben und mit den restlichen Preiselbeeren bestreichen. Mit dem oberen Biskuitboden belegen. Konfitüre daraufstreichen. Die Torte etwa 2 Stunden kalt stellen.

7. Zum Garnieren Marzipan mit Puderzucker verkneten. Nach Belieben Marzipan in mehreren Portionen mit Speisefarbe bunt einfärben. Die Marzipanmasse auf einer mit Puderzucker bestäubten Arbeitsfläche oder zwischen zwei Lagen Frischhaltefolie dünn ausrollen. Mit einem Teigrädchen unterschiedlich große Flicken ausschneiden.

8. Tortenring lösen und entfernen. Den Tortenrand mit der kalt gestellten Schokoladencreme bestreichen. Marzipanflicken auf die Tortenoberfläche legen, dabei

sollten die Flicken einander leicht überlappen und über den Rand ragen.

9. Gegenüberliegende Flicken am Rand mit einem Holzstäbchen mehrfach einstechen (wie Nadelstiche beim Nähen). Aufgelöste Zartbitter-Schokolade in einen kleinen Gefrierbeutel geben und eine kleine Ecke abschneiden. Die Löcher der Flicken mit der Zartbitter-Schokolade verbinden, als wären die Flicken zusammengenäht.

Florentiner Torte | Beliebt – mit Alkohol

Insgesamt:
E: 110 g, F: 462 g, Kh: 550 g, kJ: 28683, kcal: 6862

Zum Vorbereiten für die Füllung:
250 g Schlagsahne
50 g Butter
400 g Zartbitter-Kuvertüre
3 EL Mandellikör

Für die Florentinermasse:
25 g Butter
50 g Zucker
20 g flüssiger Honig
75 g Schlagsahne
100 g gehobelte Mandeln
4 rote Belegkirschen
20 g Orangeat
1 Msp. Dr. Oetker Finesse Geriebene Zitronenschale

Für den Biskuitteig:
100 g gemahlene Haselnusskerne
4 Eier (Größe M)
100 g Zucker
1 Pck. Dr. Oetker Vanillin-Zucker
100 g Weizenmehl
40 g Speisestärke
15 g gesiebtes Kakaopulver
1 gestr. TL Dr. Oetker Backin

Zum Bestreichen:
50 g Zartbitter-Schokolade oder -Kuvertüre

Zubereitungszeit: 90 Minuten, ohne Abkühl- und Kühlzeit
Backzeit: etwa 40 Minuten

1. Zum Vorbereiten für die Füllung die Sahne mit der Butter in einen Topf geben und bei schwacher Hitze auflösen. Kuvertüre grob hacken, hinzugeben und bei schwacher Hitze so lange mit einem Schneebesen verrühren, bis eine geschmeidige Masse entstanden ist. Die Kuvertüre-Sahne-Masse in eine Schüssel geben, erkalten lassen, Likör unterrühren. Die Masse zugedeckt mindestens 4 Stunden (am besten über Nacht) kalt stellen.

2. Den Backofen vorheizen.
Ober-/Unterhitze: etwa 180 °C
Heißluft: etwa 160 °C

3. Für die Florentinermasse Butter mit Zucker und Honig in einem Topf so lange unter Rühren erhitzen, bis die Masse leicht gebräunt ist. Sahne hinzugießen, so lange rühren, bis der Zucker wieder gelöst ist. Die Mandeln, in Stücke geschnittene Belegkirschen, Orangeat und Zitronenschale hinzugeben, unter Rühren kurz aufkochen lassen, bis die Masse gebunden ist. 3 Esslöffel von der Florentinermasse für den Teig beiseitelegen.

4. Die restliche Florentinermasse in einer Springform (Ø 20 cm, Boden gefettet, mit Backpapier belegt) verteilen und gleichmäßig dünn verstreichen. Die Form auf dem Rost in den vorgeheizten Backofen schieben und die Florentinermasse **8–10 Minuten goldgelb backen.**

5. Die Form auf einen Kuchenrost stellen. Den Florentinerboden in der Form erkalten lassen.

6. Für den Teig Haselnusskerne in einer Pfanne leicht bräunen, herausnehmen und erkalten lassen. Die Eier mit Handrührgerät mit Rührbesen auf höchster Stufe in etwa 1 Minute schaumig schlagen. Den Zucker und Vanillin-Zucker mischen, in etwa 1 Minute einstreuen, dann noch etwa 2 Minuten weiterschlagen. Das Mehl mit Speisestärke, Kakao und Backpulver mischen, die Hälfte davon auf die Eiercreme geben und kurz auf niedrigster Stufe unterrühren. Restliches Mehlgemisch auf die gleiche Weise unterarbeiten. Nusskerne und beiseitegelegte Florentinermasse kurz unterarbeiten.

7. Den Teig in eine Springform (Ø 26 cm, Boden gefettet, mit Backpapier belegt) geben und glatt streichen. Die Form auf dem Rost in den heißen Backofen schieben. Den Biskuitboden **bei gleicher Backofeneinstellung etwa 30 Minuten backen.**

8. Den Biskuitboden aus der Form lösen, auf einen mit Backpapier belegten Kuchenrost stürzen und

erkalten lassen. Mitgebackenes Backpapier entfernen. Biskuitboden zweimal waagerecht durchschneiden. Den unteren Boden auf eine Tortenplatte legen.

9. Für die Füllung die Kuvertüre-Sahne-Masse mit Handrührgerät mit Rührbesen cremig schlagen. Ein Drittel davon auf den unteren Boden streichen. Den zweiten Boden darauflegen. Die Hälfte der restlichen Kuvertüre-Sahne-Creme darauf verteilen und mit dem letzten Boden belegen. 2 Esslöffel von der restlichen Creme in einen Spritzbeutel mit kleiner Sterntülle füllen. Tortenoberfläche und -rand mit der restlichen Kuvertüre-Sahne-Creme bestreichen.

10. Den Florentinerboden aus der Form lösen und auf Backpapier stürzen. Mitgebackenes Backpapier entfernen. Die Unterseite mit der im Wasserbad aufgelösten Schokolade oder Kuvertüre bestreichen, evtl. mit einem Tortengarnierkamm Wellen aufstreichen. Kuvertüre fest werden lassen. Den Boden auf die Schokoladenseite legen und in 16 Tortenstücke schneiden.

11. Die Torte in 16 Stücke einteilen. Auf jedes Stück am Rand einen Tupfen mit der Creme aus dem Spritzbeutel spritzen. Je ein Florentinerstück an die Creme legen. Die Torte etwa 2 Stunden kalt stellen.

Fruchtige Buttercremetorte

Für Gäste

Insgesamt:
E: 70 g, F: 398 g, Kh: 478 g, kJ: 24203, kcal: 5779

Für den All-in-Teig:

150 g Zartbitter-Schokolade
100 g Weizenmehl
3 gestr. TL Dr. Oetker Backin
25 g Speisestärke
100 g Zucker
1 Pck. Dr. Oetker Vanillin-Zucker
100 g weiche Butter oder Margarine
3 Eier (Größe M)

Für die Füllung:

1 Dose Aprikosenhälften (Abtropfgewicht 240 g)
100 g weiße Schokolade
1 Pck. Vanilla Tortencreme (Tortencremepulver)
100 ml Orangensaft
200 ml Milch
200 g weiche Butter

Zubereitungszeit: 60 Minuten, ohne Abkühl- und Kühlzeit
Backzeit: etwa 30 Minuten

1. Den Backofen vorheizen.
Ober-/Unterhitze: etwa 180 °C
Heißluft: etwa 160 °C

2. Für den Teig die Schokolade in Stücke brechen, in einem kleinen Topf im heißen Wasserbad bei schwacher Hitze unter Rühren schmelzen. Mehl mit Backpulver und Speisestärke mischen, in eine Rührschüssel geben. Restliche Zutaten und die geschmolzene Schokolade hinzufügen.

3. Die Zutaten mit Handrührgerät mit Rührbesen zunächst kurz auf niedrigster, dann auf höchster Stufe in etwa 2 Minuten zu einem glatten Teig verarbeiten.

4. Den Teig in eine Springform (Ø 26 cm, Boden gefettet, mit Backpapier belegt) geben und glatt streichen. Die Form auf dem Rost in den vorgeheizten Backofen schieben. Den Gebäckboden **etwa 30 Minuten backen.**

5. Den Gebäckboden aus der Form lösen und auf einen mit Backpapier belegten Kuchenrost stürzen. Boden erkalten lassen. Mitgebackenes Backpapier vorsichtig abziehen. Den Boden einmal waagerecht durchschneiden.

6. Für die Füllung Aprikosenhälften in einem Sieb gut abtropfen lassen. 8 Aprikosenhälften beiseitelegen. Restliche Aprikosenhälften in kleine Würfel schneiden. 75 g der weißen Schokolade mit einem Sparschäler in Raspel hobeln. Restliche Schokolade wie unter Punkt 1 beschrieben schmelzen. Die geschmolzene Schokolade mithilfe eines Teelöffels auf die Aprikosenhälften sprenkeln.

7. Vanilla Tortencreme nach Packungsanleitung, aber mit 100 ml Orangensaft, 200 ml Milch und 200 g Butter, zubereiten. Knapp die Hälfte der Buttercreme auf den unteren Gebäckboden streichen. Die Aprikosenwürfel darauf verteilen und den oberen Gebäckboden darauflegen. Tortenoberfläche und -rand mit der restlichen Buttercreme bestreichen. Auf der Tortenoberfläche mit einem Teelöffel Spitzen ziehen. Die Torte etwa 2 Stunden kalt stellen.

8. Tortenrand und -oberfläche mit der geraspelten Schokolade bestreuen. Die besprenkelten Aprikosenhälften dekorativ auf die Torte legen.

Tipps: Sie können in der Buttercreme 100 ml Orangensaft durch 100 ml Sekt ersetzen. Statt die weiße Schokolade selbst zu hobeln, können Sie 100 g weiße Raspelschokolade zum Bestreuen verwenden.

Fruchtkleckstorte | Für Kinder

Insgesamt:
E: 128 g, F: 397 g, Kh: 634 g, kJ: 27823, kcal: 6642

Für den Biskuitteig:
100 g Butter
4 Eier (Größe M)
3 EL heißes Wasser
150 g Zucker
1 Pck. Dr. Oetker Vanillin-Zucker
100 g Weizenmehl
50 g Speisestärke
3 gestr. TL Dr. Oetker Backin
100 g abgezogene, gemahlene Mandeln

Für den Knetteig:
150 g Weizenmehl
50 g Zucker
3 Tropfen Bittermandel-Aroma (aus dem Röhrchen)
100 g Butter oder Margarine

Für die Fruchtmassen:
6 Blatt weiße Gelatine
1 Dose Pfirsichhälften (Abtropfgewicht 340 g)
300 g Erdbeeren
evtl. Zucker

Für die Füllung:
6 Blatt weiße Gelatine
500 g Joghurt
1 Pck. Dr. Oetker Finesse Geriebene Zitronenschale
75 g Zucker
1 Pck. Dr. Oetker Vanillin-Zucker
400 g Schlagsahne

einige Zitronenmelisseblättchen

Zubereitungszeit: 90 Minuten, ohne Kühlzeit
Backzeit: etwa 50 Minuten

1. Den Backofen vorheizen.
Ober-/Unterhitze: etwa 180 °C
Heißluft: etwa 160 °C

2. Für den Biskuitteig Butter zerlassen und abkühlen lassen. Eier und Wasser mit Handrührgerät mit Rührbesen auf höchster Stufe in etwa 1 Minute schaumig schlagen. Zucker und Vanillin-Zucker mischen, in etwa 1 Minute einstreuen, dann noch etwa 2 Minuten weiterschlagen. Mehl mit Speisestärke und Backpulver mischen, die Hälfte davon auf die Eiercreme geben und kurz auf niedrigster Stufe unterrühren. Restliches Mehlgemisch auf die gleiche Weise unterarbeiten. Die Mandeln und flüssige Butter kurz unterrühren.

3. Den Teig in eine Springform (Ø 26 cm, Boden gefettet, mit Backpapier belegt) füllen und glatt streichen. Die Form auf dem Rost in den vorgeheizten Backofen schieben. Biskuitboden **etwa 30 Minuten backen.**

4. Den Boden aus der Form lösen und auf einem Kuchenrost erkalten lassen. Mitgebackenes Backpapier entfernen. Biskuitboden einmal waagerecht durchschneiden.

5. Für den Knetteig Mehl in eine Rührschüssel geben. Restliche Zutaten hinzufügen und mit Handrührgerät mit Knethaken zunächst kurz auf niedrigster, dann auf höchster Stufe zu einem glatten Teig verarbeiten.

6. Den Teig auf dem Boden einer Springform (Ø 26 cm, Boden gefettet) ausrollen. Teigboden mehrmals mit einer Gabel einstechen, den Springformrand darumlegen. Den Knetteigboden **bei gleicher Backofeneinstellung etwa 20 Minuten backen.** Den Boden vom Springformboden lösen, aber darauf auf einem Kuchenrost erkalten lassen.

7. Für die Fruchtmassen Gelatine in kaltem Wasser nach Packungsanleitung einweichen. Pfirsichhälften in einem Sieb gut abtropfen lassen. Die Erdbeeren putzen, waschen, abtropfen lassen und entstielen. Pfirsichhälften und Erdbeeren getrennt voneinander pürieren. Gelatine leicht ausdrücken, in einem kleinen Topf unter Rühren erwärmen (nicht kochen), bis sie völlig gelöst ist. Jeweils die Hälfte der Gelatine mit einem Fruchtpüree verrühren. Erdbeerpüree evtl. mit etwas Zucker abschmecken.

8. Für die Füllung die Gelatine wie zuvor beschrieben einweichen und auflösen. Joghurt mit Zitronenschale,

Zucker und Vanillin-Zucker verrühren. Die Gelatine zunächst mit 2–3 Esslöffeln der Joghurtmasse verrühren, dann unter die restliche Joghurtmasse rühren, kalt stellen.

9. Sahne steif schlagen. Sobald die Masse anfängt zu gelieren, Sahne unterheben.

10. Den Knetteigboden auf eine Tortenplatte legen und mit etwas von dem Pfirsichpüree bestreichen. Den unteren Biskuitboden darauflegen. Tortenring darumlegen. Gut zwei Drittel der Joghurtmasse auf den Biskuitboden streichen. Fruchtpürees nochmals durchrühren und jeweils gut die Hälfte davon getrennt in je einen Gefrierbeutel füllen. Je eine Ecke abschneiden. Viele Püreenester in die Joghurtcreme spritzen.

11. Den oberen Biskuitboden darauflegen, andrücken und mit der restlichen Joghurtcreme bestreichen. Mit gut der Hälfte der restlichen Pürees die Oberfläche mit runden Püreeflächen verzieren, dazu mit runden Ausstechformen Kreise markieren und diese mit den Fruchtpürees ausfüllen. Die Torte 2–3 Stunden kalt stellen.

12. Tortenring lösen und entfernen. Restliches Püree durchrühren. Den Tortenrand damit besprenkeln. Die Tortenoberfläche mit abgespülten und trocken getupften Zitronenmelisseblättchen garnieren. Torte bis zum Servieren kalt stellen.

Tipp: Für die Fruchtpürees eignen sich auch andere Fruchtsorten.

Fürst-Pückler-Torte, fruchtig

Klassisch

Insgesamt:
E: 171 g, F: 386 g, Kh: 609 g, kJ: 27761, kcal: 6628

Für den Rührteig:

125 g weiche Butter oder Margarine
125 g Zucker
1 Pck. Dr. Oetker Vanillin-Zucker
1 Pck. Dr. Oetker Finesse Natürliches Orangenschalen-Aroma
3 Eier (Größe M)
200 g Weizenmehl
1 gestr. TL Dr. Oetker Backin

1 geh. TL Kakaopulver
1 TL Zucker
1 EL Milch

Für die Füllungen:

1 kleine Dose Mandarinen (Abtropfgewicht 235 g)
1 EL Zitronensaft
400 g Erdbeeren
50 g Zucker
1 EL Zitronensaft
12 Blatt weiße Gelatine
500 g Ricotta (ital. Frischkäse)
250 g Speisequark (20 % Fett)
50 g Zucker
2 Pck. Dr. Oetker Vanillin-Zucker
400 g Schlagsahne

Für den Belag:

125 g Marzipan-Rohmasse
25 g gesiebter Puderzucker

Zum Bestreichen:

2 EL rotes Johannisbeergelee
evtl. etwas geschmolzene Zartbitter-Schokolade

Zubereitungszeit: 60 Minuten, ohne Abkühl- und Kühlzeit
Backzeit: etwa 50 Minuten

1. Den Backofen vorheizen.
Ober-/Unterhitze: etwa 180 °C
Heißluft: etwa 160 °C

2. Für den Teig Butter oder Margarine mit Handrührgerät mit Rührbesen auf höchster Stufe geschmeidig rühren. Nach und nach Zucker, Vanillin-Zucker und Orangenschalen-Aroma unterrühren. So lange rühren, bis eine gebundene Masse entstanden ist. Eier nach und nach unterrühren (jedes Ei etwa ½ Minute). Mehl mit Backpulver mischen, in 2 Portionen kurz auf mittlerer Stufe unterrühren. Den Teig halbieren. Eine Teighälfte in eine Springform (Ø 26 cm, Boden gefettet, mit Backpapier belegt) geben und glatt streichen. Die Form auf dem Rost in den vorgeheizten Backofen schieben. Gebäckboden **etwa 25 Minuten backen.**

3. Den Boden aus der Form lösen, auf einen mit Backpapier belegten Kuchenrost stürzen und erkalten lassen. Mitgebackenes Backpapier abziehen.

4. In der Zwischenzeit die zweite Teighälfte mit Kakao, Zucker und Milch verrühren. Die Springform säubern, Boden fetten und mit Backpapier belegen. Den dunklen Teig einfüllen und glatt streichen. Die Form auf dem Rost in den heißen Backofen schieben und den Boden **bei gleicher Backofeneinstellung ebenfalls etwa 25 Minuten backen.** Den dunklen Boden ebenfalls auf einen mit Backpapier belegten Kuchenrost stürzen und erkalten lassen. Mitgebackenes Backpapier abziehen.

5. Für die Füllungen Mandarinen abtropfen lassen, etwas Saft dabei auffangen und 12 schöne Mandarinen darin bis zum Servieren kalt stellen. Restliche Mandarinen mit Zitronensaft fein pürieren. 6 kleine Erdbeeren zum Garnieren beiseitelegen. Restliche Erdbeeren putzen, waschen, abtropfen lassen, entstielen, pürieren und durch ein Sieb streichen. Erdbeerpüree mit Zucker und Zitronensaft verrühren.

6. Gelatine in kaltem Wasser nach Packungsanleitung einweichen. Ricotta mit Quark, Zucker und Vanillin-Zucker verrühren. Gelatine leicht ausdrücken und in einem kleinen Topf unter Rühren erwärmen (nicht kochen), bis sie völlig gelöst ist. Gelatine mit 2–3 Esslöffeln von der Ricottamasse verrühren, dann unter die

restliche Ricottamasse rühren. Sahne steif schlagen und unterheben. Die Creme halbieren. Unter eine Hälfte das Mandarinenpüree, unter die andere Hälfte das Erdbeerpüree heben.

7. Den dunklen Gebäckboden auf eine Tortenplatte legen. Einen Tortenring darumlegen. Die Mandarinencreme daraufgeben und glatt streichen, etwa 30 Minuten kalt stellen. Anschließend die Erdbeercreme vorsichtig daraufstreichen. Den hellen Gebäckboden darauflegen und andrücken. Die Torte bis zum Servieren kalt stellen.

8. Für den Belag Marzipan mit Puderzucker verkneten, auf der mit Puderzucker bestäubten Arbeitsfläche zu einer Platte (Ø etwa 24 cm) ausrollen, mit einem Teigrädchen in 12 Stücke teilen.

9. Den Tortenring lösen und entfernen. Die Tortenoberfläche mit glatt gerührtem Gelee bestreichen und mit den Marzipanstücken belegen.

10. Die kalt gestellten Mandarinenspalten abtropfen lassen, nach Belieben zur Hälfte in aufgelöste Schokolade tauchen, auf Backpapier legen, Schokolade fest werden lassen. Beiseitegestellte Erdbeeren putzen, waschen, abtropfen lassen, entstielen und halbieren.

11. Die Tortenstücke mit den Mandarinenspalten und den Erdbeerhälften garnieren.

Geleeblüte | Einfach

Insgesamt:
E: 60 g, F: 329 g, Kh: 318 g, kJ: 19521, kcal: 4665

Für den Schüttelteig:
150 g Butter oder Margarine
50 g Weizenmehl
3 gestr. TL Dr. Oetker Backin
125 g Zucker
½ TL gemahlener Zimt
1 Ei (Größe M)
125 g abgezogene, gemahlene Mandeln

Für den Belag:
50 g Zartbitter-Raspelschokolade
400 g Schlagsahne
2 Pck. Dr. Oetker Sahnesteif
7 halbierte Ananasscheiben (aus der Dose)

Zum Garnieren:
100 g Geleefrüchte

Zubereitungszeit: 40 Minuten, ohne Abkühlzeit
Backzeit: 25–30 Minuten

1. Den Backofen vorheizen.
Ober-/Unterhitze: etwa 180 °C
Heißluft: etwa 160 °C

2. Für den Teig Butter oder Margarine zerlassen und abkühlen lassen. Das Mehl mit Backpulver mischen, in eine verschließbare Schüssel (3-Liter-Inhalt) geben, mit Zucker und Zimt vermischen. Ei, Butter oder Margarine und Mandeln hinzufügen. Die Schüssel mit dem Deckel fest verschließen.

3. Schüssel mehrmals (insgesamt 15–30 Sekunden) kräftig schütteln, sodass alle Zutaten gut vermischt sind. Den Teig mit einem Schneebesen oder Rührlöffel nochmals sorgfältig durchrühren, damit trockene Zutaten vom Rand mit untergerührt werden.

4. Den Teig in eine Springform (Ø 28 cm, Boden gefettet) füllen und glatt streichen. Die Form auf dem Rost in den vorgeheizten Backofen schieben. Den Gebäckboden **25–30 Minuten backen.**

5. Den Gebäckboden aus der Form lösen und auf einem mit Backpapier belegten Kuchenrost erkalten lassen. Evtl. zugedeckt über Nacht stehen lassen, damit er sich besser schneiden lässt.

6. Den Gebäckboden rundherum so ausschneiden, dass eine Blüte entsteht. Die abgeschnittenen Gebäckreste fein zerbröseln.

7. Für den Belag drei Viertel der Gebäckbrösel mit drei Vierteln der Raspelschokolade vermischen. Die Sahne mit Sahnesteif steif schlagen und unterheben. Halbierte Ananasscheiben als Begrenzung der Blütenblätter auf die Gebäckblüte legen. Die Schokoladen-Sahne-Brösel-Mischung gleichmäßig auf dem Blütenboden verteilen.

8. Die Torte wie eine Blüte mit Geleefrüchten, restlichen Teigbröseln und restlicher Raspelschokolade garnieren.

Gewürz-Mandel-Torte | Einfach

Insgesamt:
E: 88 g, F: 151 g, Kh: 557 g, kJ: 17237, kcal: 4118

Für den Biskuitteig:
4 Eiweiß (Größe M)
4 Eigelb (Größe M)
1 Ei (Größe M)
200 g Zucker
1 Msp. gemahlene Nelken
½ gestr. TL gemahlener Zimt
1 Pck. Dr. Oetker Finesse Geriebene Zitronenschale
150 g abgezogene, gemahlene Mandeln
250 g Weizenmehl
50 g fein gehacktes Orangeat
50 g fein gehacktes Zitronat (Sukkade)

Zum Bestreichen:
100 g Vollmilch- oder Zartbitter-Kuvertüre

Zum Garnieren:
je 25 g Orangeat und Zitronat (Sukkade)

Zubereitungszeit: 40 Minuten, ohne Abkühlzeit
Backzeit: etwa 45 Minuten

1. Den Backofen vorheizen.
Ober-/Unterhitze: etwa 180 °C
Heißluft: etwa 160 °C

2. Für den Teig Eiweiß mit Handrührgerät mit Rührbesen so steif schlagen, dass ein Messerschnitt sichtbar bleibt. In einer anderen Rührschüssel Eigelb und Ei auf höchster Stufe in etwa 1 Minute schaumig schlagen, Zucker in etwa 1 Minute einstreuen, dann noch etwa 2 Minuten weiterschlagen. Nelken, Zimt und Zitronenschale hinzufügen.

3. Mandeln und Mehl mischen, in 2 Portionen kurz auf niedrigster Stufe unterrühren. Eiweiß vorsichtig mit Orangeat und Zitronat unterheben. Den Teig in eine Rosetten- oder Blütenbackform (Ø 26 cm, gefettet, gemehlt) geben und glatt streichen. Die Form auf dem Rost in den vorgeheizten Backofen schieben. Die Torte **etwa 45 Minuten backen.**

4. Die Torte aus der Form lösen, auf einen mit Backpapier belegten Kuchenrost stürzen und erkalten lassen.

5. Zum Bestreichen die Kuvertüre in Stücke hacken, in einem Topf im heißen Wasserbad bei schwacher Hitze unter Rühren schmelzen. Die Torte damit bestreichen.

6. Zum Garnieren die Tortenoberfläche mit Orangeat und Zitronat bestreuen. Den Guss fest werden lassen.

Götter-Ufo | Für Kinder

Insgesamt:
E: 90 g, F: 270 g, Kh: 468 g, kJ: 19608, kcal: 4676

Für den All-in-Teig:
125 g Weizenmehl
3 gestr. TL Dr. Oetker Backin
125 g Zucker
1 Pck. Dr. Oetker Vanillin-Zucker
3 Eier (Größe M)
125 g weiche Butter oder Margarine

Für die Creme:
9 Blatt weiße Gelatine
300 g Himbeeren
500 ml (1/2 l) Joghurt-Drink Himbeer-Geschmack (aus dem Kühlregal)
75 g Zucker
200 g Schlagsahne

200 g Schlagsahne
1 Pck. Dr. Oetker Vanillin-Zucker
450 g Götterspeise Himbeer-Geschmack (aus dem Kühlregal)

Zubereitungszeit: 45 Minuten, ohne Abkühl- und Kühlzeit
Backzeit: etwa 20 Minuten

1. Den Backofen vorheizen.
Ober-/Unterhitze: etwa 180 °C
Heißluft: etwa 160 °C

2. Für den Teig Mehl mit Backpulver mischen und in eine Rührschüssel geben. Restliche Zutaten hinzufügen und mit Handrührgerät mit Rührbesen zunächst kurz auf niedrigster, dann auf höchster Stufe in etwa 2 Minuten zu einem glatten Teig verarbeiten. Den Teig in eine Obstbodenform (Ø 26 cm, gefettet, bemehlt) füllen und glatt streichen. Die Form auf dem Rost in den vorgeheizten Backofen schieben. Den Gebäckboden **etwa 20 Minuten backen.**

3. Den Boden auf einen mit Backpapier belegten Kuchenrost stürzen und erkalten lassen. Gebäckboden auf eine Tortenplatte legen.

4. Für die Creme Gelatine in kaltem Wasser nach Packungsanleitung einweichen. Himbeeren verlesen, waschen, trocken tupfen. Die Hälfte der Himbeeren pürieren, Joghurt-Drink und Zucker unterrühren. Die Gelatine leicht ausdrücken und in einem kleinen Topf unter Rühren erwärmen (nicht kochen), bis sie völlig gelöst ist. Gelatine zunächst mit 2–3 Esslöffeln von der Püree-Drink-Mischung verrühren, dann unter die restliche Püree-Drink-Mischung rühren.

5. Sahne steif schlagen. Sobald die Masse anfängt zu gelieren, Sahne unterheben. Restliche Himbeeren ebenfalls kurz unterheben. Die Himbeercreme evtl. kurz kalt stellen, dann leicht kuppelartig auf dem Boden verstreichen. Torte etwa 2 Stunden kalt stellen.

6. Sahne und Vanillin-Zucker steif schlagen. Die Kuppel rundherum damit bestreichen. Die Götterspeise in kleine Würfel schneiden und auf der Kuppel verteilen, dabei die Würfel leicht andrücken. Die Torte bis zum Servieren kalt stellen.

Tipps: Das Ufo kann gut am Vortag zubereitet werden. Die Kuppel jedoch erst am Serviertag mit Sahne bestreichen und mit der Götterspeise garnieren. Das Ufo schmeckt auch mit einem Zitronen-Drink und Zitronen-Götterspeise, dann zusätzlich etwas klein geschnittene Zitronenmelisse in die Creme geben.

Grasshopper-Torte I

Für Gäste – mit Alkohol

Insgesamt:
E: 85 g, F: 328 g, Kh: 589 g, kJ: 25903, kcal: 6187

Für den All-in-Teig:

100 g Butter oder Margarine
200 g Weizenmehl
20 g gesiebtes Kakaopulver
3 gestr. TL Dr. Oetker Backin
125 g Zucker
1 Pck. Dr. Oetker Vanillin-Zucker
4 Eier (Größe M)
100 ml Milch

Für die Füllung:

2 Blatt weiße Gelatine
300 g Schlagsahne
30 g Zucker
150 g After Eight® (Minztäfelchen)

4 Blatt weiße Gelatine
125 ml (1/8 l) Pfefferminzlikör
30 g Zucker
300 g Schlagsahne
50 g After Eight®

Zubereitungszeit: 70 Minuten, ohne Abkühlzeit
Backzeit: etwa 25 Minuten

1. Den Backofen vorheizen.
Ober-/Unterhitze: etwa 180 °C
Heißluft: etwa 160 °C

2. Für den Teig Butter oder Margarine zerlassen und abkühlen lassen. Mehl mit Kakao und Backpulver mischen, in eine Rührschüssel geben. Restliche Zutaten hinzufügen und mit Handrührgerät mit Rührbesen zunächst kurz auf niedrigster, dann auf höchster Stufe in etwa 2 Minuten zu einem glatten Teig verarbeiten. Den Teig in eine Springform (Ø 26 cm, Boden gefettet, mit Backpapier belegt) füllen und glatt streichen. Die Form auf dem Rost in den vorgeheizten Backofen schieben und den Gebäckboden **etwa 25 Minuten backen.**

3. Boden aus der Form lösen, auf einem Kuchenrost erkalten lassen. Mitgebackenes Backpapier entfernen. Gebäckboden einmal waagerecht durchschneiden.

4. Für die Füllung die Gelatine in kaltem Wasser nach Packungsanleitung einweichen, leicht ausdrücken. Die Gelatine in einem kleinen Topf unter Rühren erwärmen (nicht kochen), bis sie völlig gelöst ist. Leicht abkühlen lassen. Sahne mit Zucker fast steif schlagen. Die lauwarme Gelatineflüssigkeit unterrühren. Die Sahne vollständig steif schlagen. Die Minztäfelchen fein hacken und unterheben.

5. Den unteren Gebäckboden auf eine Tortenplatte legen. Die Sahnemasse daraufstreichen. Den oberen Gebäckboden darauflegen.

6. Gelatine wie unter Punkt 4 beschrieben einweichen und auflösen. Die Gelatine mit Likör und Zucker verrühren. Sahne steif schlagen. Etwa 2 Esslöffel der Sahne in einen Spritzbeutel mit Sterntülle füllen. Die restliche Sahne unter die Likör-Gelatine-Mischung heben. Tortenoberfläche und -rand damit bestreichen. Mit der Sahne aus dem Spritzbeutel Tuffs auf die Tortenoberfläche spritzen. Diagonal halbierte Minztäfelchen anlegen. Die Torte 2 Stunden kalt stellen.

Tipp: Die Torte kann einen Tag vorher zubereitet werden und schmeckt am besten gut gekühlt.

Guaven-Joghurt-Torte | Exotisch

Insgesamt:
E: 96 g, F: 418 g, Kh: 513 g, kJ: 26648, kcal: 6370

Für den Rührteig:
125 g weiche Butter oder Margarine
110 g Zucker
1 Pck. Dr. Oetker Vanillin-Zucker
1 Prise Salz
3 Eier (Größe M)
150 g Weizenmehl
2 gestr. TL Dr. Oetker Backin
40 g abgezogene, gemahlene Mandeln
4 EL Vollmilch-Raspelschokolade

Für die Füllung:
10 Blatt weiße Gelatine
500 g Joghurt
500 ml (1/2 l) Guaven-Fruchtsaftgetränk
110 g Zucker
250 g Schlagsahne

Für den Guss:
5 EL Guaven-Fruchtsaftgetränk
1 TL Speisestärke

Zum Verzieren und Bestreuen:
500 g Schlagsahne
2 Pck. Dr. Oetker Sahnesteif
2 EL Vollmilch-Raspelschokolade

Zubereitungszeit: 60 Minuten, ohne Abkühl- und Kühlzeit
Backzeit: etwa 30 Minuten

1. Den Backofen vorheizen.
Ober-/Unterhitze: etwa 180 °C
Heißluft: etwa 160 °C

2. Für den Teig Butter oder Margarine mit Handrührgerät mit Rührbesen auf höchster Stufe geschmeidig rühren. Nach und nach Zucker, Vanillin-Zucker und Salz unterrühren. So lange rühren, bis eine gebundene Masse entstanden ist. Eier nach und nach unterrühren (jedes Ei etwa 1/2 Minute).

3. Mehl mit Backpulver mischen, in 2 Portionen kurz auf mittlerer Stufe unterrühren. Mandeln und Raspelschokolade unterheben. Den Teig in eine Springform (Ø 26 cm, Boden gefettet, mit Backpapier belegt) geben und glatt streichen. Die Form auf dem Rost in den vorgeheizten Backofen schieben. Den Gebäckboden **etwa 30 Minuten backen.**

4. Den Boden in der Form etwas abkühlen lassen. Den Boden aus der Form lösen und auf einem mit Backpapier belegten Kuchenrost erkalten lassen. Das mitgebackene Backpapier entfernen. Gebäckboden einmal waagerecht durchschneiden.

5. Für die Füllung die Gelatine in kaltem Wasser nach Packungsanleitung einweichen. Den Joghurt mit dem Fruchtsaftgetränk und Zucker gut verrühren. Gelatine leicht ausdrücken, in einem kleinen Topf unter Rühren erwärmen (nicht kochen), bis sie völlig gelöst ist.

6. Die Gelatine zunächst mit 3 Esslöffeln der Joghurtmasse verrühren, dann unter die restliche Joghurtmasse rühren, kurz kalt stellen.

7. Die Sahne steif schlagen. Wenn die Joghurtmasse anfängt zu gelieren, Sahne unterheben. Den unteren Gebäckboden auf eine Tortenplatte legen. Einen Tortenring darumlegen. Die Joghurtcreme auf den Gebäckboden geben und glatt streichen. Den oberen Gebäckboden darauflegen. Die Torte etwa 3 Stunden kalt stellen.

8. Für den Guss Fruchtsaftgetränk mit Speisestärke in einem kleinen Topf gut verrühren und unter Rühren kurz aufkochen lassen. Guss erkalten lassen, dabei ab und zu umrühren.

9. Zum Verzieren Sahne mit Sahnesteif steif schlagen. Die Sahne in einen Spritzbeutel mit großer Lochtülle füllen. Den Tortenring lösen und entfernen.

10. Die Tortenoberfläche mit der Sahne verzieren und mit dem Guss besprenkeln. Den Tortenrand mit Raspelschokolade bestreuen.

Tipp: Guaven-Fruchtsaftgetränk kann auch durch Maracujasaft ersetzt werden.

Viel Glück
Alles Gute

Gute-Wünsche-Torte | Zum Verschenken

Insgesamt:
E: 94 g, F: 386 g, Kh: 605 g, kJ: 26226, kcal: 6253

Für den Rührteig:
150 g kandierte Ananasstücke
200 g weiche Butter oder Margarine
100 g Zucker
1 Pck. Dr. Oetker Vanillin-Zucker
4 Eier (Größe M)
200 g Weizenmehl
2 gestr. TL Dr. Oetker Backin
75 g Schokotröpfchen

Für den Belag:
40 g Speisestärke
4 EL Milch
2 Eier (Größe M)
400 g Joghurt
120 g weiches Kokosfett
50 g gesiebter Puderzucker

Zum Verzieren und Garnieren:
etwas rote Zuckerschrift
etwa 28 hauchdünne Schokotäfelchen
einige kandierte Ananasstücke

Zubereitungszeit: 60 Minuten, ohne Abkühl- und Kühlzeit
Backzeit: 25–30 Minuten

1. Den Backofen vorheizen.
Ober-/Unterhitze: etwa 180 °C
Heißluft: etwa 160 °C

2. Für den Teig die Ananasstücke fein hacken. Butter oder Margarine mit Handrührgerät mit Rührbesen auf höchster Stufe geschmeidig rühren. Nach und nach Zucker und Vanillin-Zucker unterrühren. So lange rühren, bis eine gebundene Masse entstanden ist. Eier nach und nach unterrühren (jedes Ei etwa ½ Minute).

3. Mehl mit Backpulver mischen, in 2 Portionen kurz auf mittlerer Stufe unterrühren. Vorbereitete Ananasstücke und Schokotröpfchen ebenfalls kurz unterrühren. Den Teig in eine Springform (Ø 26 cm, Boden gefettet) füllen und glatt streichen. Die Form auf dem Rost in den vorgeheizten Backofen schieben. Den Gebäckboden **25–30 Minuten backen.**

4. Den Boden aus der Form lösen, auf einen mit Backpapier belegten Kuchenrost legen und erkalten lassen.

5. Für den Belag Speisestärke mit Milch und Eiern in einem Topf verschlagen. Joghurt unterrühren, unter Rühren aufkochen lassen. Den Topf von der Kochstelle nehmen. Frischhaltefolie direkt auf den Joghurtpudding legen, damit sich keine Haut bildet. Den Pudding erkalten lassen (nicht kalt stellen).

6. Kokosfett und Puderzucker mit Handrührgerät mit Rührbesen schaumig rühren. Den abgekühlten Pudding nach und nach unterrühren. Dabei darauf achten, dass Pudding und Kokosfett Zimmertemperatur haben, da die Creme sonst gerinnt.

7. Dann den Gebäckboden auf eine Tortenplatte legen. Tortenoberfläche und -rand mit der Puddingcreme einstreichen. In die Tortenoberfläche mit einem Tortenkamm oder einer Gabel ein spiralförmiges Muster ziehen. Die Torte kalt stellen, Puddingmasse fest werden lassen.

8. Zum Verzieren und Garnieren mit Zuckerschrift gute Wünsche auf etwa 18 Schokotäfelchen schreiben. Die Täfelchen rundherum an den Tortenrand drücken.

9. Ananasstücke in Scheiben schneiden. Restliche Schokotäfelchen in Stücke brechen. Die Tortenoberfläche mit Ananas- und Schokostücken garnieren.

Haselnuss-Schokoladen-Torte

Einfach – mit Alkohol

Insgesamt:
E: 74 g, F: 267 g, Kh: 392 g, kJ: 19132, kcal: 4570

Für den Schüttelteig:

100 g Butter oder Margarine
150 g Weizenmehl
3 gestr. TL Dr. Oetker Backin
100 g Zucker
3 Eier (Größe M)
5 EL Rum
100 g grob gehackte Haselnusskerne
100 g geriebene Vollmilch-Schokolade

Für die Füllung:

1 Pck. Dr. Oetker Pudding-Pulver Vanille-Geschmack
200 g Schlagsahne
200 ml Milch
50 g Zucker
150 g verlesene Himbeeren

1 EL Puderzucker
50 g verlesene Himbeeren
einige Zitronenmelisseblättchen

Zubereitungszeit: 40 Minuten, ohne Abkühl- und Kühlzeit
Backzeit: etwa 30 Minuten

1. Den Backofen vorheizen.
Ober-/Unterhitze: etwa 180 °C
Heißluft: etwa 160 °C

2. Für den Teig Butter oder Margarine zerlassen und abkühlen lassen. Das Mehl mit Backpulver mischen, in eine verschließbare Schüssel (3-Liter-Inhalt) geben, mit Zucker vermischen. Eier, Butter oder Margarine und Rum hinzufügen. Schüssel mit dem Deckel fest verschließen.

3. Die Schüssel mehrmals (insgesamt 15–30 Sekunden) kräftig schütteln, sodass alle Zutaten gut vermischt sind. Haselnusskerne und Schokolade hinzugeben. Alles mit einem Schneebesen oder Rührlöffel

nochmals sorgfältig durchrühren, damit trockene Zutaten vom Rand mit untergerührt werden.

4. Den Teig in eine Springform (Ø 26 cm, Boden gefettet) geben und glatt streichen. Die Form auf dem Rost in den vorgeheizten Backofen schieben. Den Gebäckboden **etwa 30 Minuten backen.**

5. Die Form auf einen Kuchenrost stellen. Den Gebäckboden etwa 10 Minuten in der Form stehen lassen, dann aus der Form lösen und auf dem mit Backpapier belegten Kuchenrost erkalten lassen. Gebäckboden einmal waagerecht durchschneiden. Den unteren Gebäckboden auf eine Tortenplatte legen. Den oberen Gebäckboden in 8–12 Stücke schneiden.

6. Für die Füllung aus Pudding-Pulver, Sahne, Milch und Zucker einen Pudding nach Packungsanleitung, aber mit den hier angegebenen Zutaten, zubereiten. Himbeeren unter den heißen Pudding heben.

7. Die noch warme Himbeer-Pudding-Creme auf den unteren Gebäckboden geben und glatt streichen. Die Tortenstücke fächerartig darauflegen. Torte 2–3 Stunden kalt stellen.

8. Die Torte vor dem Servieren mit Puderzucker bestäuben. Mit Himbeeren und abgespülten und trocken getupften Zitronenmelisseblättchen garnieren.

Heidelbeer-Käse-Torte

Einfach

Insgesamt:
E: 92 g, F: 169 g, Kh: 545 g, kJ: 17132, kcal: 4088

Zum Vorbereiten:
150 g Knuspermüsli

Für den All-in-Teig:
175 g Weizenmehl
2 gestr. TL Dr. Oetker Backin
125 g Zucker
100 g Butter oder Margarine
2 Eier (Größe M)

Für den Belag:
500 g Fruchtquarkzubereitung Heidelbeer
2 Eier (Größe M)
1 Pck. Käsekuchen-Hilfe
100 g Schlagsahne
50 g Zucker

Zum Bestäuben:
etwas Puderzucker

Zubereitungszeit: 30 Minuten, ohne Abkühlzeit
Backzeit: etwa 45 Minuten

1. Zum Vorbereiten das Müsli in einen Gefrierbeutel geben. Den Beutel fest verschließen. Müsli mit einer Teigrolle grob zerbröseln und beiseitestellen.

2. Den Backofen vorheizen.
Ober-/Unterhitze: etwa 180 °C
Heißluft: etwa 160 °C

3. Für den Teig Mehl mit Backpulver in einer Rührschüssel mischen. Zucker, Butter oder Margarine und Eier hinzufügen. Die Zutaten mit Handrührgerät mit Rührbesen zunächst kurz auf niedrigster, dann auf höchster Stufe in etwa 1 Minute zu einem glatten Teig verarbeiten. Die Hälfte der Müslibrösel unterrühren.

4. Den Teig in eine Springform (Ø 26 cm, Boden gefettet) geben und glatt streichen, dabei am Rand etwas hoch streichen.

5. Für den Belag Quark mit Eiern, Käsekuchen-Hilfe, Sahne und Zucker geschmeidig rühren. Die Quarkmasse auf den Teigboden geben, glatt streichen, mit den restlichen Müslibröseln bestreuen. Die Form auf dem Rost in den vorgeheizten Backofen (unteres Drittel) schieben. **Die Torte etwa 45 Minuten backen.**

6. Die Torte aus der Form lösen und auf einem Kuchenrost erkalten lassen. Die Torte mit etwas Puderzucker bestäuben.

Hellblaue Kuppeltorte | Mit Alkohol

Insgesamt:
E: 57 g, F: 227 g, Kh: 402 g, kJ: 17284, kcal: 4126

Für den Biskuitteig:
50 g zerlassene, abgekühlte Butter
2 Eier (Größe M)
2 EL heißes Wasser
70 g Zucker
1 Pck. Dr. Oetker Vanillin-Zucker
1 Prise Salz
100 g Weizenmehl
1 gestr. TL Dr. Oetker Backin

Für den Belag:
8 Blatt weiße Gelatine
200 g Schmand (Sauerrahm)
125 ml (1/8 l) Orangensaft
2 EL Zitronensaft
8–10 EL Blue Curaçao (Likör)
2 Dosen Mandarinen (Abtropfgewicht je 175 g)
400 g Schlagsahne
2 Pck. Dr. Oetker Sahnesteif
60 g gesiebter Puderzucker

blauer Regenbogenzucker, blaue Zuckerblumen oder bunte Zuckerstreusel

Zubereitungszeit: 40 Minuten, ohne Abkühl- und Kühlzeit
Backzeit: 15–20 Minuten

1. Den Backofen vorheizen.
Ober-/Unterhitze: etwa 180 °C
Heißluft: etwa 160 °C

2. Eier und Wasser mit Handrührgerät mit Rührbesen auf höchster Stufe in etwa 1 Minute schaumig schlagen. Zucker, Vanillin-Zucker und Salz in etwa 1 Minute einstreuen, dann noch etwa 2 Minuten weiterschlagen.

3. Mehl mit Backpulver mischen, auf die Eiercreme geben und kurz auf niedrigster Stufe unterrühren. Die flüssige Butter kurz unterrühren.

4. Den Teig in eine Obstkuchenform (Ø 30 cm, gefettet, gemehlt) geben und glatt streichen. Die Form auf dem Rost in den vorgeheizten Backofen schieben. Den Boden **15–20 Minuten backen.**

5. Den Biskuitboden auf einen mit Backpapier belegten Kuchenrost stürzen, erkalten lassen.

6. Für den Belag Gelatine in kaltem Wasser nach Packungsanleitung einweichen. Schmand mit Orangen-, Zitronensaft und 8 Esslöffeln Blue Curaçao verrühren. Gelatine leicht ausdrücken und in einem kleinen Topf unter Rühren erwärmen (nicht kochen), bis sie völlig gelöst ist. 3 Esslöffel von der Schmandmasse mit der Gelatine verrühren, dann mit der restlichen Schmandmasse verrühren. Mit dem restlichem Blue Curaçao abschmecken. Schmandmasse kalt stellen.

7. Mandarinen in einem Sieb gut abtropfen lassen und auf dem Biskuitboden verteilen. Die Sahne mit Sahnesteif und Puderzucker steif schlagen. Sobald die Schmandmasse anfängt zu gelieren, Sahne unterheben. Evtl. nochmals kurz kalt stellen, bis sie etwas fester geworden ist.

8. Die Schmandcreme kurz durchrühren und kuppelartig auf den Mandarinen verteilen. Creme mithilfe eines Esslöffels wellenförmig verstreichen. Die Torte mindestens 2 Stunden kalt stellen.

9. Die Torte vor dem Servieren mit blauem Regenbogenzucker, Zuckerblumen oder bunten Zuckerstreuseln garnieren.

Herbe Orangentorte | Raffiniert

Insgesamt:
E: 58 g, F: 250 g, Kh: 465 g, kJ: 18258, kcal: 4355

Für den Biskuitteig:
3 Eier (Größe M)
2 EL heißes Wasser
125 g Zucker
1 Pck. Dr. Oetker Vanillin-Zucker
75 g Weizenmehl
1 gestr. TL Dr. Oetker Backin
1 Pck. Dr. Oetker Pudding-Pulver Schokoladen-Geschmack

Für die Füllung:
4 EL Orangenmarmelade
100 g Orangen-Schokolade
600 g Schlagsahne
1 Pck. Dr. Oetker Vanillin-Zucker
2 Pck. Dr. Oetker Sahnesteif
1 Pck. Dr. Oetker Finesse Natürliches Orangenschalen-Aroma

Zum Verzieren und Garnieren:
2 EL Orangenmarmelade
1 Orange
25 g Zartbitter-Schokolade

Zubereitungszeit: 60 Minuten, ohne Abkühlzeit
Backzeit: etwa 25 Minuten

1. Den Backofen vorheizen.
Ober-/Unterhitze: etwa 180 °C
Heißluft: etwa 160 °C

2. Für den Teig Eier und Wasser in einer Rührschüssel mit Handrührgerät mit Rührbesen auf höchster Stufe in etwa 1 Minute schaumig schlagen. Den Zucker mit Vanillin-Zucker mischen, in etwa 1 Minute einstreuen, dann noch etwa 2 Minuten weiterschlagen.

3. Mehl mit Backpulver und Pudding-Pulver mischen, in 2 Portionen kurz auf niedrigster Stufe unterrühren. Den Teig in eine Springform (Ø 26 cm, Boden gefettet, mit Backpapier belegt) geben und glatt streichen. Die Form auf dem Rost in den vorgeheizten Backofen schieben. Den Biskuitboden **etwa 25 Minuten backen.**

4. Den Boden aus der Form lösen und auf einen mit Backpapier belegten Kuchenrost stürzen. Boden erkalten lassen. Mitgebackenes Backpapier vorsichtig abziehen. Boden einmal waagerecht durchschneiden.

5. Für die Füllung den unteren Boden auf eine Tortenplatte legen und mit Marmelade bestreichen. Orangen-Schokolade fein hacken oder raspeln. Die Hälfte der Sahne mit Vanillin-Zucker und 1 Päckchen Sahnesteif steif schlagen. Schokolade und Aroma unterheben. Die Orangensahne auf dem bestrichenen Boden verteilen. Den oberen Boden darauflegen und leicht andrücken. Restliche Sahne mit dem zweiten Päckchen Sahnesteif steif schlagen. Tortenoberfläche und -rand mit der Sahne bestreichen.

6. Zum Verzieren und Garnieren die Marmelade durch ein Sieb streichen und auf die Torte sprenkeln. Orange mit einem scharfen Messer so schälen, dass die weiße Haut mitentfernt wird. Orangenfilets herausschneiden und auf die Torte legen. Die Schokolade in Stücke brechen, in einem kleinen Topf im heißen Wasserbad bei schwacher Hitze unter Rühren schmelzen. Die Tortenoberfläche damit besprenkeln. Die Torte bis zum Servieren kalt stellen.

Herrentorte, fruchtig I

Raffiniert – dauert länger – mit Alkohol

Insgesamt:
E: 92 g, F: 245 g, Kh: 795 g, kJ: 25222, kcal: 6017

Für den Knetteig:
125 g Weizenmehl
1 Msp. Dr. Oetker Backin
50 g Zucker
50 g Butter oder Margarine
1 Ei (Größe M)

Für den Biskuitteig:
100 g Butter
6 Eiweiß (Größe M)
100 g Zucker
4 Eigelb (Größe M)
50 g Zucker
1 Pck. Dr. Oetker Pudding-Pulver Vanille-Geschmack
50 g gesiebte Speisestärke

Für die Füllung:
2 Pck. Dr. Oetker Pudding-Pulver Vanille-Geschmack
100 g Zucker
500 ml (1/2 l) Apfelsaft
300 ml Weißwein
2 Eigelb (Größe M)
100 g Marzipan-Rohmasse
1 Pck. Dr. Oetker Finesse Geriebene Zitronenschale
1 rotschaliger Apfel
1 grünschaliger Apfel

Zum Garnieren:
100 g Marzipan-Rohmasse
50 g gesiebter Puderzucker

Für den Guss:
1 Pck. Tortenguss, klar, ungezuckert
2 EL Zucker
125 ml (1/8 l) Weißwein oder klarer Apfelsaft
125 ml (1/8 l) Wasser

Zubereitungszeit: 70 Minuten, ohne Kühl- und Abkühlzeit
Backzeit Knetteig: 12–15 Minuten
Backzeit Biskuitteig: 5–8 Minuten je Boden

1. Den Backofen vorheizen.
Ober-/Unterhitze: etwa 180 °C
Heißluft: etwa 160 °C

2. Für den Knetteig das Mehl mit Backpulver mischen und in eine Rührschüssel geben. Die restlichen Zutaten hinzufügen und mit Handrührgerät mit Knethaken zunächst kurz auf niedrigster, dann auf höchster Stufe gut durcharbeiten. Anschließend auf einer bemehlten Arbeitsfläche zu einem glatten Teig verkneten. Den Teig in Frischhaltefolie gewickelt etwa 30 Minuten kalt stellen.

3. Den Teig auf dem Boden einer Springform (Ø 26 cm, gefettet) ausrollen. Teigboden mehrmals mit einer Gabel einstechen. Springformrand darumlegen. Die Form auf dem Rost in den vorgeheizten Backofen schieben. Den Knetteigboden **12–15 Minuten backen.**

4. Springformrand entfernen. Den Boden vom Springformboden lösen, aber darauf auf einem Kuchenrost erkalten lassen.

5. Für den Biskuitteig Butter zerlassen und abkühlen lassen. Auf 5 Bögen Backpapier je einen Kreis (Ø etwa 26 cm) zeichnen. Die Bögen jeweils auf ein Backblech legen. Eiweiß in einer Rührschüssel so steif schlagen, dass ein Messerschnitt sichtbar bleibt. 100 g Zucker nach und nach kurz unterschlagen.

6. Das Eigelb mit 50 g Zucker schaumig schlagen und mit einem Teigschaber unter den Eischnee heben. Pudding-Pulver mit Speisestärke mischen, ebenfalls unterheben. Zuletzt die flüssige Butter kurz unterrühren und aus dem Teig 5 Böden backen. Dazu je ein Fünftel des Teiges auf die aufgezeichnete Kreisfläche streichen, dabei am Rand etwa 1 cm frei lassen. Die Backbleche nacheinander (bei Heißluft 2 Backbleche zusammen) in den heißen Backofen schieben. Die Böden bei **gleicher Backofeneinstellung 5–8 Minuten je Backblech backen.**

7. Die Biskuitböden mit dem Backpapier von den Backblechen auf Kuchenroste ziehen. Böden erkalten lassen. Mitgebackenes Backpapier abziehen.

8. Für die Füllung aus Pudding-Pulver, Zucker, Apfelsaft, Wein und Eigelb einen Pudding nach Packungsanleitung, aber mit den hier angegebenen Zutaten, zubereiten. Marzipan klein schneiden, mit der Zitronenschale in eine Rührschüssel geben. Den heißen Apfelpudding mit Handrührgerät mit Rührbesen nach und nach mit dem Marzipan und der Zitronenschale verrühren. Die Creme in 5 Portionen teilen.

9. Äpfel waschen, halbieren und je 1 rote und grüne Hälfte in Frischhaltefolie verpackt zum Garnieren beiseitelegen. Restliche Hälften schälen, entkernen und in dünne Spalten schneiden. Den Knetteigboden auf eine Tortenplatte legen. Einen Tortenring darumlegen. Eine Portion der Creme auf dem Knetteigboden verstreichen. Einen Biskuitboden darauflegen und leicht andrücken. Eine Portion der Creme daraufstreichen und Apfelspalten darauf verteilen. Den nächsten Boden auflegen. Die Torte weiter so füllen. Torte etwa 2 Stunden kalt stellen.

10. Zum Garnieren Marzipan mit Puderzucker verkneten und zwischen Frischhaltefolie ausrollen. Daraus einen Streifen in Umfang und Höhe der Torte (+ etwa 1 cm höher) ausschneiden. Tortenring lösen und entfernen. Den Marzipanstreifen um die Torte legen und leicht andrücken. Beiseitegelegte Apfelhälften entkernen, in sehr dünne Spalten schneiden und auf die Torte legen.

11. Für den Guss aus Tortengusspulver, Zucker, Wein oder Saft und Wasser einen Guss nach Packungsanleitung zubereiten. Den Guss mithilfe eines Backpinsels auf den Apfelspalten verteilen. Guss fest werden lassen und die Herrentorte bis zum Servieren kalt stellen.

Himbeer-Blüten-Torte I

Für Gäste

Insgesamt:
E: 74 g, F: 283 g, Kh: 432 g, kJ: 19270, kcal: 4607

Für den Knetteig:

200 g Weizenmehl
1 Msp. Dr. Oetker Backin
125 g Zucker
100 g nicht abgezogene, gemahlene Mandeln
100 g Butter oder Margarine

Zum Bestreichen und Bestreuen:

1 EL Kondensmilch
1 EL Zucker

Für den Belag:

6 Blatt weiße Gelatine
400 g Himbeerjoghurt
50 g Zucker
300 g Schlagsahne

Zum Verzieren und Garnieren:

100 g Schlagsahne
250 g Himbeeren

Zum Bestäuben:

evtl. etwas Puderzucker

Zubereitungszeit: 60 Minuten, ohne Abkühl- und Kühlzeit
Backzeit: etwa 25 Minuten

1. Für den Teig Mehl mit Backpulver in einer Rührschüssel mischen. Restliche Zutaten hinzufügen und mit Handrührgerät mit Knethaken zunächst kurz auf niedrigster, dann auf höchster Stufe gut durcharbeiten. Anschließend auf einer leicht bemehlten Arbeitsfläche zu einem glatten Teig verkneten. Sollte er kleben, ihn in Frischhaltefolie gewickelt eine Zeit lang kalt stellen.

2. Den Backofen vorheizen.
Ober-/Unterhitze: etwa 200 °C
Heißluft: etwa 180 °C

3. Gut zwei Drittel des Teiges auf dem Boden einer Springform (Ø 26 cm, Boden gefettet) ausrollen. Springformrand darumlegen. Den Teigboden mehrmals mit einer Gabel einstechen. Die Form auf dem Rost in den vorgeheizten Backofen schieben. Den Knetteigboden **etwa 15 Minuten backen.**

4. Die Form auf einen Kuchenrost stellen. Springformrand entfernen. Den Tortenboden vom Springformboden lösen, aber darauf erkalten lassen.

5. Restlichen Teig auf der leicht bemehlten Arbeitsfläche dünn ausrollen. Blüten und Blätter ausstechen. Die Teigplätzchen auf ein Backblech (mit Backpapier belegt) legen, mit Kondensmilch bestreichen und mit Zucker bestreuen. Das Backblech in den heißen Backofen schieben. Die Plätzchen **bei gleicher Backofeneinstellung etwa 10 Minuten backen.**

6. Die Gebäckblüten und -blätter mit dem Backpapier von dem Backblech auf einen Kuchenrost ziehen und erkalten lassen.

7. Für den Belag die Gelatine in kaltem Wasser nach Packungsanleitung einweichen. Joghurt mit Zucker verrühren. Die Gelatine in einem kleinen Topf unter Rühren erwärmen (nicht kochen), bis sie völlig gelöst ist. Gelatine zunächst mit 2–3 Esslöffeln von dem Joghurt verrühren, dann unter den restlichen Joghurt rühren. Joghurtmasse kalt stellen. Sahne steif schlagen. Sobald die Joghurtmasse anfängt zu gelieren, Sahne unterheben.

8. Den Knetteigboden auf eine Platte legen, einen Tortenring darumlegen. Die Sahne-Joghurt-Creme auf den Knetteigboden geben und glatt streichen. Die Torte mindestens 2 Stunden kalt stellen.

9. Zum Verzieren und Garnieren Sahne steif schlagen und in einen Spritzbeutel mit Sterntülle füllen. Tortenring lösen und entfernen. Sahnetuffs auf die Tortenoberfläche spritzen. Himbeeren verlesen. Die Torte mit den Plätzchen und Himbeeren garnieren. Nach Belieben mit Puderzucker bestäuben.

Tipp: Die Torte kann bis auf die Garnierung am Vortag zubereitet werden.

Himbeer-Dickmilch-Torte | Mit Alkohol

Insgesamt:
E: 78 g, F: 291 g, Kh: 422 g, kJ: 20754, kcal: 4958

Für den Knetteig:
150 g Weizenmehl
1 Msp. Dr. Oetker Backin
50 g abgezogene, gemahlene Mandeln
50 g Zucker
100 g Butter oder Margarine

Für die Füllung:
9 Blatt weiße Gelatine
500 g Dickmilch
100 ml Cassis-Likör
75 g Zucker
1 Pck. Dr. Oetker Vanillin-Zucker
350 g Schlagsahne
250 g vorbereitete Himbeeren

Für den Guss und zum Verzieren:
3 Blatt weiße Gelatine
100 ml Himbeersirup
75 ml Wasser
75 ml Cassis-Likör
150 g Schlagsahne
1 TL Zucker

Zubereitungszeit: 50 Minuten, ohne Abkühl- und Kühlzeit
Backzeit: etwa 15 Minuten

1. Den Backofen vorheizen.
Ober-/Unterhitze: etwa 200 °C
Heißluft: etwa 180 °C

2. Für den Teig Mehl mit Backpulver mischen und in eine Rührschüssel geben. Restliche Zutaten hinzufügen und mit Handrührgerät mit Knethaken zunächst kurz auf niedrigster, dann auf höchster Stufe gut durcharbeiten. Anschließend auf einer leicht bemehlten Arbeitsfläche zu einem glatten Teig verkneten. Den Teig auf dem Boden einer Springform (Ø 26 cm, Boden gefettet) ausrollen. Teigboden mehrmals mit einer Gabel einstechen, Springformrand darumlegen.

3. Die Form auf dem Rost in den vorgeheizten Backofen schieben. Boden **etwa 15 Minuten backen.**

4. Den Boden sofort vom Springformboden lösen, aber darauf auf einem Kuchenrost erkalten lassen.

5. Für die Füllung Gelatine in kaltem Wasser nach Packungsanleitung einweichen. Dickmilch mit Likör, Zucker und Vanillin-Zucker verrühren. Gelatine leicht ausdrücken, in einem kleinen Topf bei schwacher Hitze unter Rühren erwärmen (nicht kochen), bis sie völlig gelöst ist. Gelatine mit 2–3 Esslöffeln der Dickmilchmasse verrühren, dann unter die restliche Dickmilchmasse rühren.

6. Sahne steif schlagen. Sobald die Masse anfängt zu gelieren, Sahne und Himbeeren unterheben. Den Knetteigboden auf eine Tortenplatte legen, einen Tortenring darumlegen. Die Dickmilchcreme auf den Boden geben und glatt streichen. Die Torte etwa 60 Minuten kalt stellen.

7. Für den Guss Gelatine wie unter Punkt 5 beschrieben einweichen und auflösen. Sirup mit Wasser und Likör vermischen. Aufgelöste Gelatine nach und nach unterrühren. Etwas abkühlen lassen, vorsichtig auf die Tortenoberfläche geben. Torte nochmals 1–2 Stunden kalt stellen. Tortenring lösen und entfernen.

8. Auf der Tortenoberfläche 12 Tortenstücke markieren. Sahne mit Zucker steif schlagen, in einen Spritzbeutel mit kleiner Lochtülle füllen. Auf jedes Tortenstück einen spitzen Feenhut mit Schleier aufspritzen.

Himbeer-Grieß-Torte

Raffiniert – fettarm

Insgesamt:
E: 66 g, F: 77 g, Kh: 459 g, kJ: 12307, kcal: 2929

Für den Rührteig:
40 g weiche Butter
75 g gesiebter Puderzucker
1 Pck. Dr. Oetker Vanillin-Zucker
2 Eier (Größe M)
100 g Weizenmehl
2 gestr. TL Dr. Oetker Backin
20 g gesiebtes Kakaopulver
3 EL Milch

2 EL Himbeerkonfitüre

Für den Belag:
2 Pck. Süße Mahlzeit Grießbrei nach klassischer Art
600 ml Milch
150 g Joghurt
500 g Himbeeren

Für den Guss:
1 Pck. Tortenguss, rot, ungezuckert
2 EL Zucker
100 ml Saft, z. B. heller Traubensaft
150 ml Wasser

Zubereitungszeit: 45 Minuten, ohne Abkühl- und Kühlzeit
Backzeit: etwa 20 Minuten

1. Den Backofen vorheizen.
Ober-/Unterhitze: etwa 180 °C
Heißluft: etwa 160 °C

2. Für den Teig die Butter mit Handrührgerät mit Rührbesen auf höchster Stufe geschmeidig rühren. Nach und nach den Puderzucker und Vanillin-Zucker unterrühren. So lange rühren, bis eine gebundene Masse entstanden ist. Die Eier nach und nach unterrühren (jedes Ei etwa ½ Minute). Mehl mit Backpulver und Kakao mischen, abwechselnd mit der Milch in 2 Portionen kurz auf mittlerer Stufe unterrühren.

3. Den Teig in eine Springform (Ø 26 cm, Boden gefettet, mit Backpapier belegt) geben und glatt streichen. Die Form auf dem Rost in den vorgeheizten Backofen schieben. Den Gebäckboden **etwa 20 Minuten backen.**

4. Den Boden aus der Form lösen, auf einen mit Backpapier belegten Kuchenrost stürzen und erkalten lassen. Mitgebackenes Backpapier abziehen.

5. Den Gebäckboden auf eine Tortenplatte legen, einen Tortenring darumlegen. Den Gebäckboden mit Konfitüre bestreichen.

6. Für den Belag 2 Päckchen Grießbrei nach Packungsanleitung, aber nur mit insgesamt 600 ml Milch, zubereiten. Grießbrei etwa 5 Minuten stehen lassen, dann Joghurt mit einem Schneebesen unterrühren. Die Grießmasse auf den Gebäckboden geben, glatt streichen und etwa 2 Stunden kalt stellen.

7. Himbeeren verlesen und auf der Grießmasse verteilen. Für den Guss aus Tortengusspulver, Zucker, Saft und Wasser einen Guss nach Packungsanleitung zubereiten. Den Guss mithilfe eines Esslöffels auf den Himbeeren verteilen. Die Torte etwa 60 MInuten kalt stellen. Tortenring lösen und entfernen.

Himbeer-Nektarinen-Torte | Fruchtig

Insgesamt:
E: 91 g, F: 325 g, Kh: 491 g, kJ: 22180, kcal: 5295

Für den Biskuitteig:
4 Eier (Größe M)
4 EL heißes Wasser
150 g Zucker
1 Pck. Dr. Oetker Vanillin-Zucker
75 g Weizenmehl
100 g Buchweizenmehl
½ gestr. TL Dr. Oetker Backin

Für die Füllung:
150 g Himbeeren
1 Nektarine
8 Blatt weiße Gelatine
600 g saure Sahne
100 g Zucker
1 Pck. Dr. Oetker Finesse Geriebene Zitronenschale
400 g Schlagsahne

Zum Bestreichen, Verzieren und Garnieren:
200 g Schlagsahne
1 Pck. Dr. Oetker Sahnesteif
1 Pck. Dr. Oetker Vanillin-Zucker
1 Nektarine
100 g Himbeeren

Zubereitungszeit: 60 Minuten, ohne Abkühl- und Kühlzeit
Backzeit: etwa 35 Minuten

1. Den Backofen vorheizen.
Ober-/Unterhitze: etwa 180 °C
Heißluft: etwa 160 °C

2. Für den Teig Eier und Wasser mit Handrührgerät mit Rührbesen auf höchster Stufe in etwa 1 Minute schaumig schlagen. Zucker und Vanillin-Zucker mischen, in etwa 1 Minute einstreuen, dann noch etwa 2 Minuten weiterschlagen.

3. Mehle mit Backpulver mischen, die Hälfte davon auf die Eiercreme geben und kurz auf niedrigster Stufe unterrühren. Restliches Mehlgemisch auf die gleiche Weise unterarbeiten. Den Teig in eine Springform (Ø 26 cm, Boden gefettet, mit Backpapier belegt) füllen und glatt streichen. Die Form auf dem Rost in den vorgeheizten Backofen schieben. Den Biskuitboden **etwa 35 Minuten backen.**

4. Den Boden aus der Form lösen, auf einen mit Backpapier belegten Kuchenrost stürzen und erkalten lassen. Mitgebackenes Backpapier abziehen. Biskuitboden zweimal waagerecht durchschneiden.

5. Für die Füllung Himbeeren verlesen und pürieren. Nektarine waschen, trocken tupfen, halbieren und entsteinen. Nektarinenhälften in sehr kleine Würfel schneiden. Gelatine in kaltem Wasser nach Packungsanleitung einweichen. Saure Sahne mit Zucker verrühren. Gelatine in einem kleinen Topf unter Rühren erwärmen (nicht kochen), bis sie völlig gelöst ist. Gelatine zunächst mit 2 Esslöffeln von der Saure-Sahne-Masse verrühren, dann unter die restliche Saure-Sahne-Masse rühren.

6. Die Masse halbieren. Unter eine Hälfte das Himbeerpüree, unter die andere Hälfte die Nektarinenwürfel und Zitronenschale rühren. Die Fruchtmassen kalt stellen. Sahne steif schlagen. Jeweils die Hälfte der Sahne unter die Fruchtmassen heben.

7. Den unteren Biskuitboden auf eine Platte legen. Einen Tortenring darumlegen. Die Nektarinenmasse auf dem Biskuitboden verteilen. Den mittleren Biskuitboden darauflegen und leicht andrücken. Die Himbeermasse daraufgeben, glatt streichen und mit dem oberen Biskuitboden belegen. Die Torte 2–3 Stunden kalt stellen. Den Tortenring lösen und entfernen.

8. Zum Bestreichen und Verzieren Sahne mit Sahnesteif und Vanillin-Zucker steif schlagen. Die Tortenoberfläche mit der Hälfte der Sahne bestreichen. Die restliche Sahne in einen Spritzbeutel mit Sterntülle füllen. Die Torte damit verzieren.

9. Zum Garnieren kurz vor dem Servieren Nektarine waschen, trocken tupfen, halbieren, entsteinen und in feine Spalten schneiden. Himbeeren verlesen. Die Torte mit Himbeeren und Nektarinenspalten garnieren.

Himbeer-Wickeltorte im Schokomantel | Dauert länger

Insgesamt:
E: 116 g, F: 420 g, Kh: 657 g, kJ: 28803, kcal: 6878

Für den Biskuitteig:
4 Eier (Größe M)
1 Eigelb (Größe M)
3 EL heißes Wasser
125 g Zucker
1 Pck. Dr. Oetker Vanillin-Zucker
125 g Weizenmehl
1 Msp. Dr. Oetker Backin
30 g Kokosraspel

Für den Knetteig:
150 g Weizenmehl
50 g Zucker
100 g Butter oder Margarine

Für die Füllung: +
6 Blatt weiße Gelatine
300 g Himbeerjoghurt → +
75 g Zucker
1 Pck. Dr. Oetker Vanillin-Zucker
400 g Schlagsahne
200 g Himbeeren

Für den Schokomantel:
(350) *200 g weiße Kuvertüre*
1 EL Speiseöl

200 g Schlagsahne
einige Himbeeren
evtl. einige Zitronenmelisseblättchen

Zubereitungszeit: 100 Minuten, ohne Abkühl- und Kühlzeit
Backzeit: etwa 27 Minuten

1. Den Backofen vorheizen.
Ober-/Unterhitze: etwa 200 °C
Heißluft: etwa 180 °C

2. Für den Biskuitteig die Eier, Eigelb und Wasser mit Handrührgerät mit Rührbesen auf höchster Stufe in etwa 1 Minute schaumig schlagen. Den Zucker und Vanillin-Zucker mischen, in etwa 1 Minute einstreuen, dann noch etwa 2 Minuten weiterschlagen. Mehl mit Backpulver mischen, die Hälfte davon auf die Eiercreme geben und kurz auf niedrigster Stufe unterrühren. Restliches Mehlgemisch auf die gleiche Weise unterarbeiten. Kokosraspel kurz unterheben. Den Teig auf einem Backblech (30 x 40 cm, gefettet, mit Backpapier belegt) verteilen und glatt streichen. Das Backblech in den vorgeheizten Backofen schieben. Die Biskuitplatte **etwa 12 Minuten backen.**

3. Die Biskuitplatte sofort vom Backblechrand lösen, auf mit Zucker bestreutes Backpapier stürzen und erkalten lassen. Anschließend mitgebackenes Backpapier vorsichtig abziehen.

4. Für den Knetteig Mehl in eine Rührschüssel geben. Zucker und die Butter oder Margarine hinzufügen. Die Zutaten mit Handrührgerät mit Knethaken zunächst kurz auf niedrigster und dann auf höchster Stufe gut durcharbeiten. Anschließend auf der leicht bemehlten Arbeitsfläche zu einem glatten Teig verkneten. Den Teig auf dem Boden einer Springform (Ø 26 cm, gefettet) ausrollen. Teigboden mehrmals mit einer Gabel einstechen, Springformrand darumlegen. Die Form auf dem Rost in den heißen Backofen schieben. Den Knetteigboden **bei gleicher Backofeneinstellung etwa 15 Minuten backen.** Den Knetteigboden vom Springformboden lösen, aber darauf auf einem Kuchenrost erkalten lassen.

5. Für die Füllung die Gelatine in kaltem Wasser nach Packungsanleitung einweichen. Himbeerjoghurt mit Zucker und Vanillin-Zucker verrühren. Die Gelatine in einem kleinen Topf unter Rühren erwärmen (nicht kochen), bis sie völlig gelöst ist. Gelatine zunächst mit 2–3 Esslöffeln von der Joghurtmasse verrühren, dann unter die restliche Joghurtmasse rühren, kalt stellen.

6. Sahne steif schlagen. Wenn die Masse anfängt zu gelieren, Sahne unterheben.

7. Die Joghurtcreme gleichmäßig auf der Biskuitplatte verstreichen. Die Biskuitplatte von der kurzen Seite aus in etwa 5 cm breite Streifen schneiden. Himbeeren verlesen, auf den Biskuitstreifen verteilen und leicht

andrücken. Den Knetteigboden auf eine Tortenplatte legen. Einen Biskuitstreifen vorsichtig zur Schnecke aufrollen und in die Mitte des Knetteigbodens stellen. Restliche Streifen darumlegen und leicht andrücken. Einen Tortenring darumlegen. Die herausgedrückte Sahne auf der Tortenoberfläche verstreichen. Die Torte etwa 60 Minuten kalt stellen.

8. Für den Schokomantel Kuvertüre in Stücke hacken und mit Speiseöl in einem kleinen Topf bei schwacher Hitze unter Rühren schmelzen. Kuvertüre etwa 6 cm hoch dünn auf einen Streifen Backpapier (Länge = Umfang der Torte) verstreichen. Kuvertüre fast ganz fest werden lassen (nicht kalt stellen). Tortenring lösen und entfernen.

9. Sahne steif schlagen. Tortenoberfläche und -rand damit bestreichen. Den Schokomantel mit dem Backpapier um die Torte stellen, leicht andrücken und kalt stellen. Wenn die Kuvertüre vollständig erstarrt ist, das Backpapier vorsichtig abziehen.

10. Vor dem Servieren die Tortenoberfläche mit frischen, verlesenen Himbeeren und nach Belieben mit abgespülten und trocken getupften Zitronenmelisseblättchen garnieren.

Hochstapler-Torte | Für Kinder

Insgesamt:
E: 77 g, F: 404 g, Kh: 590 g, kJ: 26406, kcal: 6295

Für den Rührteig:
250 g weiche Butter oder Margarine
200 g Zucker
1 Pck. Dr. Oetker Vanillin-Zucker
4 Eier (Größe M)
200 g Weizenmehl
1 gestr. TL Dr. Oetker Backin
80 g Kokosraspel

Für die Füllung:
500 g Sahnepudding (aus dem Kühlregal)
500 g Rote Grütze (aus dem Kühlregal)

Zum Verzieren und Garnieren:
200 g Schlagsahne
1 Pck. Dr. Oetker Vanillin-Zucker
einige Fruchtgummi-Himbeeren und -Brombeeren
evtl. etwas Puderzucker

Zubereitungszeit: 40 Minuten, ohne Abkühl- und Kühlzeit
Backzeit: etwa 10 Minuten je Boden

1. Den Backofen vorheizen.
Ober-/Unterhitze: etwa 200 °C
Heißluft: etwa 180 °C

2. Für den Teig Butter oder Margarine mit Handrührgerät mit Rührbesen auf höchster Stufe geschmeidig rühren. Nach und nach Zucker und Vanillin-Zucker unterrühren. So lange rühren, bis eine gebundene Masse entstanden ist. Eier nach und nach unterrühren (jedes Ei etwa 1/2 Minute). Mehl mit Backpulver mischen, in 2 Portionen kurz auf mittlerer Stufe unterrühren.

3. Aus dem Teig nacheinander 6 dünne Böden backen. Dafür jeweils ein Sechstel des Teiges gleichmäßig auf dem Boden einer Springform (Ø 26 cm, Boden gefettet) verstreichen und mit Kokosraspeln bestreuen. Jeweils den Springformboden (ohne Springformrand) auf dem Rost in den vorgeheizten Backofen schieben. Die Böden **etwa 10 Minuten je Boden backen.**

4. Die Böden sofort nach dem Backen vom Springformboden lösen und auf einem mit Backpapier belegeten Kuchenrost erkalten lassen.

5. Für die Füllung den Sahnepudding und Rote Grütze getrennt kurz im Becher glatt rühren. Einen Gebäckboden auf eine Tortenplatte legen. Ein Fünftel des Puddings daraufgeben und verstreichen. Anschließend ein Fünftel der Roten Grütze darauf verteilen. Den zweiten bis fünften Boden ebenso darauflegen und bestreichen. Den sechsten Boden zunächst beiseitelegen. Die Torte etwa 60 MInuten kalt stellen.

6. Zum Verzieren und Garnieren Sahne mit Vanillin-Zucker steif schlagen. Mithilfe eines Teelöffels Häufchen auf die Tortenoberfläche setzen. Den beiseitegelegten Gebäckboden in Stücke brechen und mit den Fruchtgummibeeren dekorativ auf der Tortenoberfläche verteilen. Torte evtl. mit Puderzucker bestäuben.

Tipps: Die Böden können 1–2 Tage vor dem Verzehr gebacken und gut verpackt aufbewahrt werden. Die Torte schmeckt frisch am besten; bei längerer Aufbewahrung weicht sie etwas durch. Wenn Sie zwei Springformen besitzen, können Sie zwei Böden gleichzeitig bei Heißluft: etwa 180 °C backen.

Honig-Nougat-Kuppel

Raffiniert – schnell

Insgesamt:
E: 69 g, F: 329 g, Kh: 364 g, kJ: 28218, kcal: 4833

Für den Schüttelteig:
130 g Butter oder Margarine
200 g Weizenmehl
2 gestr. TL Dr. Oetker Backin
1 Prise Salz
1 Msp. gemahlener Ingwer
3 Eier (Größe M)
100 g flüssiger Honig
4 EL Milch

Für die Füllung:
100 g Schichtnougat oder Krokant-Schokolade
400 g Schlagsahne
2 EL gesiebter Puderzucker
2 Pck. Dr. Oetker Sahnesteif

Für den Guss:
70 g Zartbitter-Schokolade
1 TL Honig
30 g Butter

Zubereitungszeit: 30 Minuten, ohne Abkühlzeit
Backzeit: etwa 35 Minuten

1. Den Backofen vorheizen.
Ober-/Unterhitze: etwa 180 °C
Heißluft: etwa 160 °C

2. Für den Teig die Butter oder Margarine zerlassen und abkühlen lassen. Mehl mit Backpulver mischen, in eine verschließbare Schüssel (3-Liter-Inhalt) geben, mit Salz und Ingwer mischen. Die Eier, Butter oder Margarine, Honig und Milch hinzufügen. Die Schüssel mit dem Deckel fest verschließen.

3. Die Schüssel mehrmals (insgesamt 15–30 Sekunden) kräftig schütteln, sodass alle Zutaten gut vermischt sind. Den Teig mit einem Schneebesen oder Rührlöffel nochmals sorgfältig durchrühren, damit trockene Zutaten vom Rand mit untergerührt werden. Den Teig in eine Springform (Ø 22 cm, Boden gefettet) füllen und glatt streichen. Die Form auf dem Rost in den vorgeheizten Backofen schieben. Den Gebäckboden **etwa 35 Minuten backen.**

4. Den Boden aus der Form lösen, auf einen mit Backpapier belegten Kuchenrost legen und erkalten lassen. Den Boden mit einem Löffel bis auf 1–2 cm aushöhlen, dabei rundherum einen 1–2 cm breiten Rand stehen lassen. Gebäckstücke mit den Händen zerbröseln.

5. Für die Füllung Nougat oder Schokolade hacken. Sahne mit Puderzucker und Sahnesteif steif schlagen. Nougat- oder Schokoladenstückchen unterrühren.

6. Die Nougatsahne kuppelartig in den ausgehöhlten Gebäckboden füllen. Gebäckbrösel rundherum vorsichtig an die Sahne drücken.

7. Für den Guss Schokolade grob hacken. Schokolade mit Honig und Butter in einem kleinen Topf unter Rühren bei schwacher Hitze schmelzen. Den Guss mit einem Teelöffel auf die Gebäckbrösel sprenkeln. Die Torte mindestens 60 Minuten kalt stellen.

Tipp: Nougat vor dem Hacken kalt stellen.

Waage
Löwe
Krebs
Stier
Jungfrau

Horoskop-Torte | Für Gäste

Insgesamt:
E: 96 g, F: 315 g, Kh: 469 g, kJ: 21574, kcal: 5150

100 g Sonnenblumenkerne

Für den Biskuitteig:
4 Eier (Größe M)
2 EL heißes Wasser
150 g Zucker
2 Pck. Dr. Oetker Vanillin-Zucker
80 g Weizenmehl
1 gestr. TL Dr. Oetker Backin

Für die Füllung:
200 g kernlose, grüne Weintrauben
400 g Mascarpone (ital. Frischkäse)
250 g saure Sahne
50 g flüssiger Honig
30 g gesiebter Puderzucker

50 g Zartbitter-Schokolade
12 Keksröllchen (Cigarettes russes)
100 g kernlose, grüne Weintrauben

Zubereitungszeit: 45 Minuten, ohne Abkühl- und Kühlzeit
Backzeit: etwa 30 Minuten

1. Die Sonnenblumenkerne in einer Pfanne ohne Fett leicht bräunen, herausnehmen und auf einem Teller erkalten lassen. Sonnenblumenkerne in der Nussmühle oder im Blitzhacker mahlen.

2. Den Backofen vorheizen.
Ober-/Unterhitze: etwa 180 °C
Heißluft: etwa 160 °C

3. Für den Teig Eier und Wasser mit Handrührgerät mit Rührbesen auf höchster Stufe in etwa 1 Minute schaumig schlagen. Zucker mit Vanillin-Zucker mischen, in etwa 1 Minute einstreuen, dann noch etwa 2 Minuten weiterschlagen. Das Mehl mit Backpulver mischen, auf die Eiercreme geben und kurz auf niedrigster Stufe unterrühren. Die Sonnenblumenkerne ebenfalls kurz unterheben. Den Teig in eine Springform (Ø 26 cm, Boden gefettet, mit Backpapier belegt) geben und glatt streichen. Die Form auf dem Rost in den vorgeheizten Backofen schieben. Biskuitboden **etwa 30 Minuten backen.**

4. Den Biskuitboden aus der Form lösen, auf einem mit Backpapier belegten Kuchenrost stürzen und erkalten lassen. Mitgebackenes Backpapier abziehen.

5. Für die Füllung Weintrauben waschen, trocken tupfen, entstielen und halbieren. Mascarpone mit saurer Sahne, Honig und Puderzucker in einen Rührbecher geben, mit Handrührgerät mit Rührbesen gut aufschlagen.

6. Den Biskuitboden einmal waagerecht durchschneiden. Die Creme in 4 Portionen teilen. Eine Portion Creme auf den unteren Biskuitboden streichen und die Weintraubenhälften darauf verteilen. Eine weitere Portion Creme daraufstreichen. Den oberen Boden darauflegen und leicht andrücken. Tortenoberfläche und -rand leicht wellenartig mit der restlichen Creme bestreichen. Auf der Tortenoberfläche 12 Tortenstücke markieren. Torte mindestens 2 Stunden kalt stellen.

7. Die Zartbitterschokolade in Stücke brechen, in einem kleinen Topf im heißen Wasserbad bei schwacher Hitze unter Rühren schmelzen. Schokolade in einen kleinen Gefrierbeutel füllen und eine kleine Ecke abschneiden. Auf jedes Keksröllchen den Namen eines Sternzeichens schreiben. Schokolade fest werden lassen. Für jedes Sternzeichen ein Fantasiehoroskop auf ein Stück Papier schreiben. Papier aufrollen und in das entsprechende Keksröllchen stecken.

8. Kurz vor dem Servieren Weintrauben waschen, trocken tupfen, entstielen, halbieren und mit den Keksröllchen auf die Torte legen.

Tipps: Richten Sie sich bei den Sternzeichen nach den Gästen und schreiben Sie nur diese, evtl. dann auch mehrmals, auf die Röllchen. Zeichnen Sie zusätzlich einfache Sternzeichen auf Backpapier vor, spritzen Sie sie mit aufgelöster Schokolade nach und lassen Sie sie im Gefrierfach fest werden. Lösen sie die Sternzeichen vom Backpapier und geben Sie sie an den Tortenrand **(Foto)**.

Inka-Torte | Raffiniert

Insgesamt:
E: 92 g, F: 465 g, Kh: 583 g, kJ: 29198, kcal: 6974

Für den Bröselboden:
150 g Spritzgebäck mit Schokoladenstreuseln
100 g Butter

Für den Biskuitteig:
4 Eier (Größe M)
1 Eigelb (Größe M)
75 g Zucker
1 Pck. Dr. Oetker Bourbon-Vanille-Zucker
125 g Weizenmehl
1 EL gesiebtes Kakaopulver
½ gestr. TL Dr. Oetker Backin

Für die Füllung:
6 Blatt weiße Gelatine
100 g Melonenfruchtfleisch, z. B. Cantaloup
100 ml frisch gepresster Orangensaft
50 g Zucker
150 g Orangenjoghurt
500 g Schlagsahne
2 Pck. Dr. Oetker Sahnesteif

Für den Guss:
300 g Kuchenglasur Vanille-Geschmack

Zum Verzieren und Garnieren:
50 g Zartbitter-Schokolade
8–10 Melonenkugeln

Zubereitungszeit: 60 Minuten, ohne Kühl- und Abkühlzeit
Backzeit: 10–12 Minuten

1. Für den Bröselboden das Spritzgebäck in einen Gefrierbeutel geben. Beutel fest verschließen. Spritzgebäck mit einer Teigrolle fein zerbröseln und in eine Rührschüssel geben. Butter zerlassen, zu den Bröseln geben und gut vermengen. Einen Tortenring (Ø 26 cm) auf eine mit Tortenspitze oder Backpapier belegte Tortenplatte stellen. Die Bröselmasse darin verteilen und mit einem Löffel gut zu einem Boden andrücken. Den Boden kalt stellen.

2. Den Backofen vorheizen.
Ober-/Unterhitze: etwa 200 °C
Heißluft: etwa 180 °C

3. Für den Teig Eier und Eigelb mit Handrührgerät mit Rührbesen auf höchster Stufe in etwa 1 Minute schaumig schlagen. Zucker und Vanille-Zucker mischen, in etwa 1 Minute einstreuen, dann noch etwa 2 Minuten weiterschlagen. Mehl mit Kakao und Backpulver mischen, die Hälfte davon auf die Eiercreme geben und kurz auf niedrigster Stufe unterrühren. Das restliche Mehlgemisch auf die gleiche Weise unterarbeiten. Den Teig auf ein Backblech (30 x 40 cm, gefettet, mit Backpapier belegt) geben und glatt streichen. Das Backblech in den vorgeheizten Backofen schieben. Die Biskuitplatte **10–12 Minuten backen.**

4. Die Biskuitplatte sofort vom Backblechrand lösen, auf mit Zucker bestreutes Backpapier stürzen. Biskuitplatte erkalten lassen. Das mitgebackene Backpapier vorsichtig abziehen.

5. Für die Füllung Gelatine in kaltem Wasser nach Packungsanleitung einweichen. Melonenfruchtfleisch mit Orangensaft pürieren, mit Zucker und Joghurt verrühren. Gelatine leicht ausdrücken, in einem kleinen Topf unter Rühren erwärmen (nicht kochen), bis sie völlig gelöst ist. Gelatine mit 2–3 Esslöffeln von der Fruchtmasse verrühren, dann unter die restliche Fruchtmasse rühren. Sahne mit Sahnesteif steif schlagen und unterheben. Anschließend die Creme auf die Biskuitplatte streichen und etwa 5 Minuten anziehen lassen.

6. Die Biskuitplatte von der längeren Seite aus in 8 Streifen (je knapp 5 cm breit) schneiden. Den Tortenring vom Bröselboden entfernen. Den ersten Streifen zu einer Schnecke aufrollen, in die Mitte des Bröselbodens setzen und die restlichen Streifen darumlegen. Evtl. herausgedrückte Creme auf der Tortenoberfläche verstreichen, Tortenring wieder darumlegen. Die Torte etwa 2 Stunden kalt stellen.

7. Für den Guss die Kuchenglasur nach Packungsanleitung schmelzen. Den Tortenring entfernen. Tortenoberfläche und -rand mit der Kuchenglasur bestreichen. Glasur fest werden lassen.

8. Zum Verzieren Schokolade in Stücke brechen, in einem kleinen Topf im heißen Wasserbad bei schwacher Hitze unter Rühren schmelzen. Die Schokolade in einen kleinen Gefrierbeutel oder ein Pergamentpapiertütchen füllen und eine Spitze abschneiden. Verschiedene Muster auf die helle Glasur spritzen.

9. Mit einem Melonenausstecher Kugeln formen. Die Torte vor dem Servieren mit Melonenkugeln garnieren.

Irish-Coffee-Torte

Für Gäste – etwas aufwendiger – mit Alkohol

Insgesamt:
E: 118 g, F: 517 g, Kh: 558 g, kJ: 31629, kcal: 7558

Für den Rührteig:

175 g weiche Butter oder Margarine
175 g Zucker
1 Pck. Dr. Oetker Vanillin-Zucker
4 Eier (Größe M)
175 g Weizenmehl
20 g gesiebtes Kakaopulver
3 gestr. TL Dr. Oetker Backin
100 g Zartbitter-Raspelschokolade
3–4 EL Irish Whiskey

Für die Füllung:

6 Blatt weiße Gelatine
3 Eier (Größe M)
100 g Zucker
100 ml starker Kaffee
3–4 EL Irish Whiskey
600 g Schlagsahne

100 g Zartbitter-Kuvertüre
25 g weiße Kuvertüre
200 g Schlagsahne

Zubereitungszeit: 70 Minuten, ohne Kühlzeit
Backzeit: etwa 30 Minuten

1. Den Backofen vorheizen.
Ober-/Unterhitze: etwa 180 °C
Heißluft: etwa 160 °C

2. Für den Teig Butter oder Margarine mit Handrührgerät mit Rührbesen auf höchster Stufe geschmeidig rühren. Nach und nach Zucker und Vanillin-Zucker unterrühren. So lange rühren, bis eine gebundene Masse entstanden ist. Eier nach und nach unterrühren (jedes Ei etwa ½ Minute).

3. Das Mehl mit Kakao und Backpulver mischen, in 2 Portionen kurz auf mittlerer Stufe unterrühren. Die Raspelschokolade und Whiskey unterrühren. Den Teig in eine Springform (Ø 26 cm, Boden gefettet, mit Backpapier belegt) füllen und glatt streichen. Die Form auf dem Rost in den vorgeheizten Backofen schieben. Den Gebäckboden **etwa 30 Minuten backen.**

4. Den Boden aus der Form lösen, auf einen mit Backpapier belegten Kuchenrost stürzen und erkalten lassen. Mitgebackenes Backpapier abziehen. Gebäckboden zweimal waagerecht durchschneiden.

5. Für die Füllung Gelatine in kaltem Wasser nach Packungsanleitung einweichen. Die Eier mit Zucker und Kaffee in einer Schüssel (am besten aus Metall) verrühren und im heißen Wasserbad erhitzen. Dabei die Creme ständig mit Handrührgerät mit Rührbesen auf mittlerer Stufe schlagen (etwa 5 Minuten). Sobald die Creme beginnt dicklich zu werden, die Gelatine ausdrücken und in der warmen Creme unter Rühren auflösen. Die Schüssel aus dem Wasserbad nehmen. Die Creme erkalten lassen, dabei ständig weiterrühren (5–10 Minuten), Whiskey unterrühren. Die Sahne steif schlagen und unter die erkaltete Creme heben.

6. Den unteren Gebäckboden auf eine Tortenplatte legen. Einen Tortenring darumlegen. Gut ein Drittel der Creme auf den Boden geben und glatt streichen. Den mittleren Gebäckboden darauflegen. Mit gut der Hälfte der restlichen Creme bestreichen. Mit dem oberen Gebäckboden belegen. Restliche Creme darauf verteilen. Die Torte 2–3 Stunden kalt stellen.

7. Kuvertüren jeweils in Stücke hacken, getrennt voneinander in einem kleinen Topf im heißen Wasserbad bei schwacher Hitze unter Rühren schmelzen. Dunkle Kuvertüre dünn auf einem auf Backpapier aufgemalten Kreis (Ø etwa 22 cm) ausstreichen und leicht anziehen lassen. Weiße Kuvertüre in einen Gefrierbeutel geben, eine kleine Ecke abschneiden. Dünne Streifen auf die dunkle Kuvertüre spritzen. Sofort mit einem Tortengarnierkamm oder einer Gabel leicht wellenförmig durchziehen. Kuvertüre fest werden lassen, mit einem warmen Messer in 12 Tortenstücke teilen.

8. Tortenring lösen und entfernen. Sahne steif schlagen, den Tortenrand damit bestreichen. Die restliche Sahne in einen Spritzbeutel mit Lochtülle füllen und Tuffs auf die Tortenoberfläche spritzen. Die Kuvertüre-Tortenstücke auf die Sahnetuffs legen.

Italienische Großmuttertorte I

Raffiniert

Insgesamt:
E: 94 g, F: 244 g, Kh: 512 g, kJ: 19363, kcal: 4625

Für den Knetteig:
275 g Weizenmehl
125 g Zucker
1 Pck. Dr. Oetker Vanillin-Zucker
1 Prise Salz
2 Eiweiß (Größe M)
175 g Butter oder Margarine

Für die Füllung:
30 g Weizenmehl
125 g Zucker
400 ml Milch
4 Eigelb (Größe M)
60 g gemahlene Pinienkerne

Zum Bestreichen:
1 verschlagenes Eiweiß (Größe M)

Zum Bestreuen:
40 g Pinienkerne

Zum Bestäuben:
evtl. etwas Puderzucker

Zubereitungszeit: 30 Minuten, ohne Kühl- und Abkühlzeit
Backzeit: 50–60 Minuten

1. Für den Teig das Mehl in eine Rührschüssel geben. Restliche Zutaten hinzufügen und mit Handrührgerät mit Knethaken zunächst kurz auf niedrigster, dann auf höchster Stufe gut durcharbeiten. Anschließend auf einer leicht bemehlten Arbeitsfläche zu einem glatten Teig verkneten. Den Teig in Frischhaltefolie gewickelt etwa 30 Minuten kalt stellen.

2. Für die Füllung Mehl mit Zucker und 3 Esslöffeln von der Milch anrühren. Restliche Milch in einem Topf zum Kochen bringen. Angerührtes Mehl in die von der Kochstelle genommene Milch rühren und unter Rühren nochmals aufkochen lassen.

3. Den Topf von der Kochstelle nehmen, Eigelb und Pinienkerne unterrühren. Die Creme etwas abkühlen lassen, dabei gelegentlich umrühren.

4. Den Backofen vorheizen.
Ober-/Unterhitze: etwa 180 °C
Heißluft: etwa 160 °C

5. Gut die Hälfte des Teiges auf der leicht bemehlten Arbeitsfläche zu einer runden Platte (Ø etwa 30 cm) ausrollen und in eine Springform (Ø 26 cm, Boden gefettet) legen. Den Teig so andrücken, dass ein etwa 2 cm hoher Rand entsteht. Die Creme auf dem Teigboden verteilen.

6. Den restlichen Teig zu einer runden Platte (Ø etwa 26 cm) ausrollen und als Deckel auf die Creme legen. Die Oberfläche mit verschlagenem Eiweiß bestreichen und mit Pinienkernen bestreuen. Die Form auf dem Rost in den vorgeheizten Backofen schieben. Die Torte **50–60 Minuten backen.**

7. Die Form auf einen Kuchenrost stellen. Die Torte etwa 10 Minuten in der Form stehen lassen, dann aus der Form lösen und auf einem Kuchenrost erkalten lassen. Nach Belieben kurz vor dem Servieren mit Puderzucker bestäuben.

Tipps: Die Torte kann auch in einer Tarteform gebacken werden. Sie können die Torte auch mit heiß abgewaschenen, halbierten, dünnen Scheiben von 1 Bio-Orange (unbehandelt, ungewachst) garnieren.

Johannisbeer-Zitronen-Torte I

Für Kinder

Insgesamt:
E: 91 g, F: 263 g, Kh: 586 g, kJ: 22005, kcal: 5259

Für den Knetteig:
125 g Weizenmehl
50 g Zucker
1 Ei (Größe M)
50 g Butter oder Margarine

Für den Biskuitteig:
2 Eier (Größe M)
2 EL heißes Wasser
100 g Zucker
1 Pck. Dr. Oetker Vanillin-Zucker
75 g Weizenmehl
50 g Speisestärke
1 Msp. Dr. Oetker Backin

Zum Bestreichen:
2 EL Johannisbeergelee

Für die Joghurtsahne:
8 Blatt weiße Gelatine
500 g Joghurt
150 g Zucker
1 Pck. Dr. Oetker Finesse Geriebene Zitronenschale
6 EL Zitronensaft
500 g rote Johannisbeeren
500 g Schlagsahne

Zum Bestreichen und Garnieren:
100 g Schlagsahne
einige gehackte Pistazienkerne
etwas feinkörniger Zucker
evtl. einige Zitronenmelisseblättchen

Zubereitungszeit: 60 Minuten, ohne Abkühl- und Kühlzeit
Backzeit: 32–35 Minuten

1. Den Backofen vorheizen.
Ober-/Unterhitze: etwa 200 °C
Heißluft: etwa 180 °C

2. Für den Knetteig Mehl in eine Rührschüssel geben. Zucker, Ei und Butter oder Margarine hinzufügen. Die Zutaten mit Handrührgerät mit Knethaken zunächst kurz auf niedrigster, dann auf höchster Stufe gut durcharbeiten. Auf einer leicht bemehlten Arbeitsfläche zu einem glatten Teig verkneten. Sollte er kleben, ihn in Frischhaltefolie eine Zeit lang kalt stellen.

3. Den Teig auf dem Boden einer Springform (Ø 26 cm, gefettet) ausrollen, einen Springformrand darumlegen. Die Form auf dem Rost in den vorgeheizten Backofen schieben. Knetteigboden **12–15 Minuten backen.**

4. Den Springformrand entfernen. Den Knetteigboden vom Springformboden lösen, aber darauf auf einem Kuchenrost erkalten lassen.

5. Für den Biskuitteig Eier und Wasser mit Handrührgerät mit Rührbesen auf höchster Stufe in etwa 1 Minute schaumig schlagen. Zucker und Vanillin-Zucker mischen, in etwa 1 Minute einstreuen, dann noch etwa 2 Minuten weiterschlagen. Das Mehl mit Speisestärke und Backpulver mischen, die Hälfte davon auf die Eiercreme geben und kurz auf niedrigster Stufe unterrühren. Restliches Mehlgemisch auf die gleiche Weise unterarbeiten.

6. Den Teig in die gesäuberte Springform (Ø 26 cm, Boden gefettet, mit Backpapier belegt) füllen und glatt streichen. Die Form auf dem Rost in den heißen Backofen schieben. Den Biskuitboden **bei gleicher Backofeneinstellung etwa 20 Minuten backen.**

7. Den Biskuitboden aus der Form lösen, auf einen mit Backpapier belegten Kuchenrost stürzen und erkalten lassen. Mitgebackenes Backpapier abziehen.

8. Zum Bestreichen den Knetteigboden auf eine Tortenplatte legen und mit Gelee bestreichen. Den Biskuitboden darauflegen und leicht andrücken. Einen Tortenring darumlegen.

9. Für die Joghurtsahne die Gelatine in kaltem Wasser nach Packungsanleitung einweichen. Den Joghurt mit Zucker, Zitronenschale und -saft verrühren. Gelatine leicht ausdrücken, in einem kleinen Topf unter Rühren erwärmen (nicht kochen), bis sie völlig gelöst ist. Die

Gelatine mit 2–3 Esslöffeln von der Joghurtmasse verrühren, dann unter die restliche Joghurtmasse rühren.

10. Johannisbeeren waschen, abtropfen lassen (einige Rispen zum Garnieren beiseitelegen) und entstielen. Johannisbeeren unter die Joghurtmasse heben. Sahne steif schlagen und unterheben. Die Joghurt-Sahne-Creme auf den Biskuitboden geben und glatt streichen. Die Torte 2–3 Stunden kalt stellen.

11. Zum Bestreichen und Garnieren Tortenring lösen und entfernen. Sahne steif schlagen, den Tortenrand damit bestreichen. Den unteren Tortenrand mit Pistazienkernen bestreuen. Kurz vor dem Servieren beiseitegelegte Johannisbeerrispen mit Wasser anfeuchten, in Zucker wälzen und auf die Tortenmitte legen. Die Torte nach Belieben mit abgespülten und trocken getupften Melisseblättchen garnieren. Die Torte kühl servieren.

Karamell-Beerentorte

Fruchtig – dauert länger

Insgesamt:
E: 128 g, F: 501 g, Kh: 607 g, kJ: 31641, kcal: 7574

Für den Bröselboden:

175 g Karamellgebäck oder Butterspritzgebäck
75 g Butter
3 EL Johannisbeergelee

Für den Biskuitteig:

4 Eier (Größe M)
1 Eigelb (Größe M)
100 g Rohrzucker
2 Pck. Dr. Oetker Bourbon-Vanille-Zucker
75 g Weizenmehl
2 gestr. TL Dr. Oetker Backin
75 g Buchweizenmehl

Für die Füllung:

300 g gemischte, vorbereitete Beerenfrüchte, frisch oder TK
100 g Zucker
125 g Schlagsahne
8 Blatt weiße Gelatine
300 g Crème fraîche
250 g Speisequark (Magerstufe)
400 g Schlagsahne

Zum Bestreichen:

250 g Schlagsahne
1 Pck. Dr. Oetker Sahnesteif
1 Pck. Dr. Oetker Vanillin-Zucker

30 g Zartbitter-Kuvertüre
einige Beerenfrüchte
50 g Haselnuss-Krokant

Zubereitungszeit: 80 Minuten, ohne Kühl- und Abkühlzeit
Backzeit: 10–12 Minuten

1. Für den Bröselboden Gebäck in einen Gefrierbeutel geben. Beutel fest verschließen. Das Gebäck mit einer Teigrolle fein zerbröseln und in eine Rührschüssel geben. Butter zerlassen, zu den Gebäckbröseln geben und gut vermengen. Einen Tortenring (Ø 26 cm) auf eine mit Tortenspitze oder Backpapier belegte Tortenplatte stellen. Die Bröselmasse darin verteilen und mit einem Löffel zu einem Boden andrücken, kalt stellen. Boden fest werden lassen.

2. Springformrand entfernen. Den Bröselboden mit glatt gerührtem Gelee bestreichen.

3. Den Backofen vorheizen.
Ober-/Unterhitze: etwa 200 °C
Heißluft: etwa 180 °C

4. Für den Teig Eier und Eigelb mit Handrührgerät mit Rührbesen auf höchster Stufe in etwa 1 Minute schaumig schlagen. Zucker und Vanille-Zucker mischen, in etwa 1 Minute einstreuen, dann noch etwa 2 Minuten weiterschlagen. Mehl mit Backpulver mischen, auf die Eiercreme geben und kurz auf niedrigster Stufe unterrühren. Das Buchweizenmehl kurz unterarbeiten.

5. Den Teig auf ein Backblech (30 x 40 cm, gefettet, mit Backpapier belegt) geben und glatt streichen. Das Backblech in den vorgeheizten Backofen schieben. Die Biskuitplatte **10–12 Minuten backen.**

6. Die Biskuitplatte sofort vom Backblechrand lösen, auf eine Arbeitsfläche stürzen und erkalten lassen. Mitgebackenes Backpapier abziehen. Biskuitplatte von der Arbeitsfläche abziehen, sodass die dunkle Backhaut mit entfernt wird.

7. Für die Füllung die Beeren verlesen oder auftauen lassen. Den Zucker in einem Topf schmelzen und leicht bräunen lassen. Sahne hinzugießen und verrühren, bis der Zucker wieder gelöst ist. Karamellsahne erkalten lassen und kalt stellen.

8. Gelatine in kaltem Wasser nach Packungsanleitung einweichen. Crème fraîche mit Quark verrühren. Die Sahne zur Karamellsahne geben und mit Handrührgerät mit Rührbesen steif schlagen. Gelatine leicht ausdrücken, in einem kleinen Topf unter Rühren erwärmen (nicht kochen), bis sie völlig gelöst ist. Gelatine zunächst mit 2–3 Esslöffeln von der Quarkmasse ver-

rühren, dann unter die restliche Quarkmasse rühren. Karamellsahne und (aufgetaute) Beeren unterheben.

9. Die Creme auf die Biskuitplatte streichen und etwa 10 Minuten anziehen lassen. Die Biskuitplatte der Länge nach in 7 Streifen schneiden. Den ersten Streifen zu einer Schnecke aufrollen und in die Mitte des Bröselbodens setzen. Die restlichen Streifen darumwickeln und leicht andrücken. Tortenring darumlegen. Die Torte 2–3 Stunden kalt stellen.

10. Zum Bestreichen die Sahne mit Sahnesteif und Vanillin-Zucker steif schlagen. Tortenring entfernen. Anschließend Tortenoberfläche und -rand mit der Sahne bestreichen.

11. Kuvertüre hacken und in einem kleinen Topf im heißen Wasserbad bei schwacher Hitze unter Rühren schmelzen. Kuvertüre in einen Gefrierbeutel geben und eine kleine Ecke abschneiden. Die Kuvertüre als Schnecke auf die Torte spritzen und fest werden lassen.

12. Die Tortenoberfläche mit Beeren garnieren. Tortenrand mit Krokant bestreuen. Die Karamell-Beerentorte bis zum Servieren kalt stellen.

Karibischer Traum I

Exotisch – mit Alkohol

Insgesamt:
E: 70 g, F: 469 g, Kh: 364 g, kJ: 26299, kcal: 6288

Zum Vorbereiten:
500 g Schlagsahne
150 g Kokosraspel

Für den Rührteig:
125 g weiche Butter oder Margarine
125 g Zucker
3 Eier (Größe M)
75 g Weizenmehl
2 gestr. TL Dr. Oetker Backin

Für den Belag:
2 Bananen
25 g Zucker
1 kleine Mango (etwa 300 g)
1 kleine Papaya (etwa 200 g)
4 Blatt weiße Gelatine
2 EL Kokoslikör oder Ananassaft
200 g Mascarpone (ital. Frischkäse)
2 Pck. Dr. Oetker Vanillin-Zucker

4 EL Kokoslikör oder Ananassaft

Zum Bestreuen und Garnieren:
einige frische, grobe Kokosspäne (Kokos-Chips)
einige Granatapfelkerne

Zubereitungszeit: 50 Minuten, ohne Durchzieh-, Kühl- und Abkühlzeit
Backzeit: etwa 25 Minuten

1. Zum Vorbereiten Sahne und Kokosraspel in einem Topf zum Kochen bringen. Den Topf von der Kochstelle nehmen. Die Kokossahne zugedeckt etwa 60 Minuten durchziehen lassen.

2. Die Kokossahne durch ein Sieb geben, dabei die Kokosraspel mithilfe eines Löffels gut ausdrücken und für den Teig beiseitestellen. Die Sahne mindestens 3 Stunden kalt stellen.

3. Den Backofen vorheizen.
Ober-/Unterhitze: etwa 180 °C
Heißluft: etwa 160 °C

4. Für den Teig Butter oder Margarine mit Handrührgerät mit Rührbesen geschmeidig rühren. Nach und nach Zucker unterrühren. So lange rühren, bis eine gebundene Masse entstanden ist. Eier nach und nach unterrühren (jedes Ei etwa ½ Minute).

5. Mehl und Backpulver mischen, kurz auf mittlerer Stufe unterrühren. Beiseitegestellte Kokosraspel unterheben. Den Teig in eine Springform (Ø 26 cm, Boden gefettet, gemehlt) geben und glatt streichen. Die Form auf dem Rost in den vorgeheizten Backofen schieben. Den Gebäckboden **etwa 25 Minuten backen.**

6. Den Boden aus der Form lösen und auf einem mit Backpapier belegten Kuchenrost erkalten lassen.

7. Für den Belag die Bananen schälen und schräg in längliche Scheiben schneiden. Zucker in einer Pfanne schmelzen. Die Bananenscheiben kurz darin karamellisieren, aus der Pfanne nehmen und erkalten lassen. Mango und Papaya halbieren, entsteinen, schälen und in Scheiben schneiden.

8. Gelatine in kaltem Wasser nach Packungsanleitung einweichen, leicht ausdrücken. Die Gelatine in einem kleinen Topf unter Rühren erwärmen (nicht kochen), bis sie völlig gelöst ist. Gelatine mit Kokoslikör oder Ananassaft verrühren. Mascarpone in eine Schüssel geben und die Gelatine-Likör-Mischung unterrühren. Die kalt gestellte Kokossahne mit Vanillin-Zucker steif schlagen und unter die Mascarponemasse heben.

9. Den Gebäckboden auf eine Tortenplatte legen, mit Kokoslikör oder Ananassaft beträufeln. Einen Tortenring darumlegen. Die vorbereiten Früchte auf dem Gebäckboden verteilen (einige Fruchtstücke beiseitelegen). Die Mascarponesahne darauf verstreichen, mit einem Löffel Vertiefungen eindrücken. Die Torte etwa 2 Stunden kalt stellen. Tortenring lösen und entfernen.

10. Die Tortenoberfläche vor dem Servieren mit Kokosspänen bestreuen. Mit Granatapfelkernen und beiseitegelegten Fruchtstücken garnieren.

Käse-Karamell-Torte | Einfach

Insgesamt:
E: 142 g, F: 246 g, Kh: 488 g, kJ: 20174, kcal: 4822

Für den Bröselboden:
50 g Butter
150 g Butterkekse

Für die Füllung:
1 Bio-Zitrone (unbehandelt, ungewachst)
170 g Zucker
70 g Butter
750 g Speisequark (Magerstufe)
4 Eigelb (Größe M)
50 g Speisestärke
4 Eiweiß (Größe M)
1 Prise Salz
1 Pck. Dr. Oetker Vanillin-Zucker

Für den Guss:
150 g Zucker
100 g Butter
2 EL Schlagsahne

Zubereitungszeit: 50 Minuten, ohne Abkühlzeit
Backzeit: etwa 60 Minuten

1. Für den Boden Butter zerlassen und etwas abkühlen lassen. Die Kekse in einen Gefrierbeutel füllen, den Beutel verschließen. Kekse mit einer Teigrolle fein zerbröseln und in eine Schüssel geben, die Butter unterrühren.

2. Die Teigbrösel in eine Springform (Ø 26 cm, mit Backpapier belegt) geben und mit einem Löffel zu einem Boden andrücken.

3. Den Backofen vorheizen.
Ober-/Unterhitze: etwa 180 °C
Heißluft: etwa 160 °C

4. Für die Füllung Zitrone heiß abwaschen und abtrocknen. Die Schale fein abreiben, Zitrone halbieren und den Saft auspressen.

5. Zucker in einem Topf unter Rühren hellbraun karamellisieren lassen. Topf von der Kochstelle nehmen. 2 Esslöffel Zitronensaft und die Butter unterrühren. Karamell in eine Rührschüssel geben und etwas abkühlen lassen.

6. Den Quark nach und nach unter die Karamellmasse rühren. Eigelb, Zitronenschale und Speisestärke ebenfalls unterrühren.

7. Eiweiß mit Salz sehr steif schlagen. Nach und nach Vanillin-Zucker kurz unterschlagen. Dann die Eischneemasse in 2 Portionen unter die Karamell-Quark-Masse heben und auf dem Bröselboden verteilen. Die Form auf dem Rost in den vorgeheizten Backofen schieben. Die Torte **etwa 60 Minuten backen.**

8. Die Form auf einen Kuchenrost stellen. Für den Guss Zucker in einem Topf unter Rühren karamellisieren lassen. Den Topf von der Kochstelle nehmen, Butter unterrühren, Sahne hinzufügen. Die Karamellmasse unter Rühren aufkochen lassen und sofort auf der heißen Torte verteilen. Torte erkalten lassen.

9. Die Torte aus der Form lösen und auf eine Tortenplatte setzen.

Tipp: Topf und Kochlöffel nach dem Karamellkochen in heißem Wasser einweichen, dann löst sich der Zucker wieder.

Käse-Sahne-Torte, zweifarbig

Fruchtig

Insgesamt:
E: 168 g, F: 295 g, Kh: 499 g, kJ: 22518, kcal: 5376

Für den All-in-Teig:

175 g Weizenmehl
3 gestr. TL Dr. Oetker Backin
175 g weiche Butter oder Margarine
175 g Zucker
1 Pck. Dr. Oetker Vanillin-Zucker
3 Eier (Größe M)
2 EL Orangensaft oder Wasser

Für die Creme:

8 Blatt weiße Gelatine
750 g Speisequark (Magerstufe)
1 Pck. Dr. Oetker Finesse Geriebene Zitronenschale
75 g Zucker
1 Pck. Dr. Oetker Vanillin-Zucker
1 Dose Aprikosenhälften (Abtropfgewicht 240 g)
250 g verlesene Himbeeren
400 g Schlagsahne

etwas Puderzucker

Zubereitungszeit: 50 Minuten, ohne Abkühl- und Kühlzeit
Backzeit: etwa 30 Minuten

1. Den Backofen vorheizen.
Ober-/Unterhitze: etwa 180 °C
Heißluft: etwa 160 °C

2. Für den Teig Mehl mit Backpulver mischen und in einer Rührschüssel geben. Restliche Zutaten hinzufügen und mit Handrührgerät mit Rührbesen zunächst kurz auf niedrigster, dann auf höchster Stufe in etwa 2 Minuten zu einem glatten Teig verarbeiten. Den Teig in eine Springform (Ø 26 cm, Boden gefettet, mit Backpapier belegt) füllen und glatt streichen.

3. Die Form auf dem Rost in den vorgeheizten Backofen schieben. Den Boden **etwa 30 Minuten backen.**

4. Den Boden aus der Form lösen, auf einen mit Backpapier belegten Kuchenrost stürzen und erkalten lassen. Mitgebackenes Backpapier abziehen. Gebäckboden zweimal waagerecht durchschneiden.

5. Für die Creme die Gelatine in kaltem Wasser nach Packungsanleitung einweichen. Quark mit Zitronenschale, Zucker und Vanillin-Zucker verrühren. Gelatine leicht ausdrücken, in einem kleinen Topf unter Rühren erwärmen (nicht kochen), bis sie völlig gelöst ist. Die Gelatine mit 2–3 Esslöffeln von der Quarkmasse verrühren, dann unter die restliche Quarkmasse rühren.

6. Aprikosenhälften in einem Sieb gut abtropfen lassen. Aprikosenhälften und Himbeeren voneinander getrennt fein pürieren. Die Quarkmasse halbieren. Unter jede Hälfte eine Sorte Fruchtpüree rühren. Sahne steif schlagen, halbieren. Jeweils eine Sahneportion unter die Quark-Frucht-Sorte heben.

7. Den unteren Gebäckboden auf eine Tortenplatte legen. Einen Tortenring darumlegen. Die Himbeer-Quark-Creme daraufgeben und glatt streichen. Den mittleren Boden darauflegen. Die Aprikosen-Quark-Creme darauf verteilen und mit dem oberen Boden belegen, leicht andrücken. Die Torte 2–3 Stunden kalt stellen. Tortenring vorsichtig lösen und entfernen. Die Torte vor dem Servieren mit Puderzucker bestäuben.

Tipps: Bestäuben Sie die Torte mithilfe einer Schablone und garnieren Sie sie mit Himbeeren.

Käse-Schoko-Torte, fruchtig I

Raffiniert

Insgesamt:
E: 122 g, F: 219 g, Kh: 530 g, kJ: 19483, kcal: 4649

Für den Rührteig:

170 g weiche Butter oder Margarine
80 g Zucker
1 Pck. Dr. Oetker Vanillin-Zucker
1 EL flüssiger Honig
3 Eier (Größe M)
200 g Weizenmehl
2 gestr. TL Dr. Oetker Backin
10 g gespiebtes Kakaopulver
70 g Schokotröpfchen

Für die Füllung:

300 g Rote Grütze (aus dem Kühlregal)
20 g gesiebte Speisestärke
2 Eigelb (Größe M)
500 g Speisequark (20 % Fett)
100 g Zucker
25 g Speisestärke
2 gestr. TL Dr. Oetker Finesse Geriebene Zitronenschale
2 Eiweiß (Größe M)
1 Prise Salz
1 Pck. Dr. Oetker Vanillin-Zucker

Zubereitungszeit: 50 Minuten, ohne Abkühlzeit
Backzeit: 65–75 Minuten

1. Den Backofen vorheizen.
Ober-/Unterhitze: etwa 180 °C
Heißluft: etwa 160 °C

2. Für den Teig Butter oder Margarine mit Handrührgerät mit Rührbesen auf höchster Stufe geschmeidig rühren. Nach und nach den Zucker, Vanillin-Zucker und Honig unterrühren. So lange rühren, bis eine gebundene Masse entstanden ist.

3. Die Eier nach und nach unterrühren (jedes Ei etwa ½ Minute).

4. Mehl mit Backpulver und Kakao mischen, in 2 Portionen kurz auf mittlerer Stufe unterrühren. Schokotröpfchen unterheben.

5. Den Teig halbieren. Eine Teighälfte in eine Springform (Ø 26 cm, gefettet) geben und glatt streichen. Die Form auf dem Rost in den vorgeheizten Backofen schieben. Den Boden **etwa 15 Minuten vorbacken.** Restlichen Teig kalt stellen.

6. Die Form auf einen Kuchenrost stellen. Den Boden etwas abkühlen lassen.

7. Für die Füllung die Rote Grütze mit Speisestärke verrühren.

8. Das Eigelb mit Quark, Zucker, Speisestärke und Zitronenschale verrühren. Das Eiweiß mit Salz sehr steif schlagen. Nach und nach Vanillin-Zucker kurz unterschlagen.

9. Einen Esslöffel von dem Eischnee abnehmen und beiseitestellen. Restlichen Eischnee unter die Quarkmasse heben.

10. Für die Kleckse vom dem beiseitegestellten Teig (Schokoteig) 3 Esslöffel abnehmen und in eine Rührschüssel geben. Beiseitegestellten Eischnee unterheben.

11. Restlichen Teig (Schokoteig) an den Formrand auf den vorgebackenen Boden geben und verstreichen.

12. Zuerst die Rote-Grütze-Mischung auf den vorgebackenen Boden geben, dann die Quarkmasse darauf verteilen.

13. Den Schokoteig (Kleckseteig) mit einem Teelöffel in kleinen Portionen auf die Quarkmasse geben.

14. Dann die Form wieder auf dem Rost in den heißen Backofen schieben. Die Torte **bei gleicher Backofeneinstellung in 50–60 Minuten fertig backen.**

15. Die Form auf einen Kuchenrost stellen. Die Torte in der Form erkalten lassen. Dann die Torte aus der Form lösen und auf eine Tortenplatte setzen.

Käsetorte mit Marzipandeckel

Für Kinder

Insgesamt:
E: 181 g, F: 353 g, Kh: 573 g, kJ: 26251, kcal: 6271

Zum Vorbereiten:
100 g abgezogene, gemahlene Mandeln

Für den Knetteig:
100 g Weizenmehl
70 g Zucker
1 Pck. Dr. Oetker Vanillin-Zucker
1 Prise Salz
1 Ei (Größe M)
120 g Butter oder Margarine

Für die Füllung:
120 g Butter
3 Eigelb (Größe M)
750 g Speisequark (Magerstufe)
120 g Zucker
1 Pck. Dr. Oetker Pudding-Pulver Mandel-Geschmack
3 Eiweiß (Größe M)
1 Prise Salz
1 Pck. Dr. Oetker Vanillin-Zucker

Für den Belag:
1 Dose Mandarinen (Abtropfgewicht 175 g)
150 g bittere Orangenmarmelade
200 g Marzipan-Rohmasse
30 g gesiebter Puderzucker

Zubereitungszeit: 70 Minuten, ohne Abkühlzeit
Backzeit: etwa 55 Minuten

1. Zum Vorbereiten die Mandeln in einer Pfanne ohne Fett goldbraun rösten, herausnehmen und auf einem Teller erkalten lassen.

2. Den Backofen vorheizen.
Ober-/Unterhitze: etwa 200 °C
Heißluft: etwa 180 °C

3. Für den Teig das Mehl in eine Rührschüssel geben. Mandeln, Zucker, Vanillin-Zucker, Salz, Ei und Butter oder Margarine hinzufügen. Die Zutaten mit Handrührgerät mit Knethaken zunächst kurz auf niedrigster, dann auf höchster Stufe gut durcharbeiten.

4. Anschließend auf einer leicht bemehlten Arbeitsfläche zu einem glatten Teig verkneten. Sollte er kleben, ihn in Frischhaltefolie gewickelt etwa 30 Minuten kalt stellen.

5. Die Hälfte des Teiges auf dem Boden einer Springform (Ø 26 cm, gefettet) ausrollen. Teigboden mehrmals mit einer Gabel einstechen. Den Springformboden (ohne Springformrand) auf dem Rost in den vorgeheizten Backofen schieben. Den Boden **etwa 10 Minuten vorbacken.**

6. Den Springformboden auf einen Kuchenrost stellen. Den Boden etwas abkühlen lassen. Den Springformrand darumlegen. Die **Backofentemperatur um etwa 20 °C herunterschalten.**

7. Für die Füllung Butter zerlassen und abkühlen lassen. Eigelb mit Quark, lauwarmer Butter, Zucker und Pudding-Pulver geschmeidig rühren. Eiweiß mit Salz sehr steif schlagen. Nach und nach den Vanillin-Zucker kurz unterschlagen. Den Eischnee in 2 Portionen unter die Quarkmasse heben.

8. Den restlichen Teig zu zwei langen Rollen formen. Teigrollen auf den vorgebackenen Boden legen und so an die Form drücken, dass ein etwa 3 cm hoher Rand entsteht.

9. Die Quarkmasse auf den vorgebackenen Boden geben und glatt streichen. Die Form wieder auf dem Rost in den heißen Backofen schieben. Die Torte **in etwa 45 Minuten fertig backen.**

10. Die Torte im ausgeschalteten Backofen noch etwa 15 Minuten stehen lassen. Die Form herausnehmen und auf einen Kuchenrost stellen. Die Torte in der Form erkalten lassen.

11. Für den Belag Mandarinen in einem Sieb abtropfen lassen. Marmelade in einem kleinen Topf unter

Rühren etwa 2 Minuten kochen lassen. Topf von der Kochstelle nehmen, Mandarinen unterheben. Mandarinenmasse auf der Torte verteilen, erkalten lassen.

12. Für den Belag das Marzipan in Stücke schneiden, mit Puderzucker verkneten und auf einer mit Puderzucker bestäubten Arbeitsfläche zu einer runden Platte (Ø etwa 30 cm) ausrollen.

13. Käsetorte aus der Form lösen, auf eine Platte setzen. Die Marzipanplatte auf die Käsetorte legen, leicht andrücken. Überstehendes Marzipan abschneiden.

14. Marzipanreste nochmals ausrollen und mit einer Ausstechform kleine Figuren, z. B. Herzen oder Kleeblätter, ausstechen.

15. Die Marzipanfiguren von der Unterseite dünn mit lauwarmem Wasser bestreichen und auf die Marzipanplatte kleben.

Tipp: Die ausgestochenen Marzipanfiguren mit Kakao bestreichen. Dafür 1 gestrichenen Teelöffel Kakaopulver mit 1 Esslöffel Wasser verrühren und mit einem Backpinsel dünn auftragen.

Käsetorte mit Mohnstreuseln I
Fruchtig

Insgesamt:
E: 145 g, F: 249 g, Kh: 559 g, kJ: 21443, kcal: 5123

Für den Streuselteig:
250 g Weizenmehl
1 Msp. Dr. Oetker Backin
80 g Zucker
1 Ei (Größe M)
150 g Butter oder Margarine
30 g Mohnsamen
1 Pck. Dr. Oetker Bourbon-Vanille-Zucker
1 EL kalte Milch

Für den Belag:
50 g weiche Butter
4 Eigelb (Größe M)
600 g Speisequark (20 % Fett)
120 g Zucker
1 Pck. Dr. Oetker Vanillin-Zucker
1 Pck. Dr. Oetker Finesse Geriebene Zitronenschale
40 g gesiebte Speisestärke
4 Eiweiß (Größe M)
1 Prise Salz
250 g Pflaumenmus

Zum Bestäuben:
evtl. etwas Puderzucker

Zubereitungszeit: 60 Minuten, ohne Abkühlzeit
Backzeit: 60–70 Minuten

1. Den Backofen vorheizen.
Ober-/Unterhitze: etwa 200 °C
Heißluft: etwa 180 °C

2. Für den Teig Mehl mit Backpulver mischen und in eine Rührschüssel geben. Zucker, Ei und Butter oder Margarine hinzufügen. Die Zutaten mit Handrührgerät mit Rührbesen zu feinen Streuseln verarbeiten. Ein Drittel der Teigstreusel mit Mohnsamen und Vanille-Zucker vermischen und danach die Mohnstreusel kalt stellen.

3. Restliche Teigstreusel mit Milch zu einem glatten Teig verkneten. Die Hälfte des Teiges auf dem Boden einer Springform (Ø 26 cm, gefettet) ausrollen. Teigboden mehrmals mit einer Gabel einstechen. Den Springformrand darumlegen.

4. Die Form auf dem Rost in den vorgeheizten Backofen schieben. Den Boden **etwa 10 Minuten vorbacken.**

5. Die Form auf einen Kuchenrost stellen. Den Boden etwas abkühlen lassen. Die **Backofentemperatur um etwa 20 °C herunterschalten.**

6. Für den Belag die Butter mit Eigelb, Quark, Zucker, Vanillin-Zucker, Zitronenschale und Speisestärke geschmeidig rühren. Eiweiß mit Salz sehr steif schlagen. Eischneemasse halbieren. Eine Eischneehälfte unter die Quarkmasse, die zweite Eischneehälfte unter das Pflaumenmus heben.

7. Den restlichen Teig zu zwei langen Rollen formen. Teigrollen auf den vorgebackenen Boden legen und so an die Form drücken, dass ein etwa 3 cm hoher Rand entsteht.

8. Die Hälfte der Quarkmasse auf den vorgebackenen Boden geben und glatt streichen. Die Hälfte der Pflaumenmusmasse darauf verteilen.

9. Ein Drittel der Quarkmasse, dann restliche Pflaumenmusmasse und zuletzt die restliche Quarkmasse daraufgeben und glatt streichen.

10. Die kalt gestellten Mohnstreusel darauf verteilen. Die Form wieder auf dem Rost in den heißen Backofen schieben und die Käsetorte **in 50–60 Minuten fertig backen.**

11. Die Torte **nach zwei Drittel der Backzeit** mit Backpapier belegen.

12. Die Form auf einen Kuchenrost stellen. Die Torte in der Form erkalten lassen.

13. Aus der Form lösen, auf eine Tortenplatte setzen. Tortenoberfläche evtl. mit Puderzucker bestäuben.

Käsetorte mit Schokoguss

Für Kinder

Insgesamt:
E: 152 g, F: 159 g, Kh: 457 g, kJ: 16507, kcal: 3941

Für den Bröselboden:

30 g Butter
100 g Amarettini (ital. Mandelmakronen)

Für die Füllung:

750 g Speisequark (20 % Fett)
4 Eigelb (Größe M)
1 Pck. Dr. Oetker Finesse Natürliches Orangenschalen-Aroma
170 g gezuckerte Kondensmilch
40 g Speisestärke
4 Eiweiß (Größe M)
1 Prise Salz
20 g Zucker

150 g Sauerkirschkonfitüre

Für den Guss:

150 g Edelbitter-Schokolade (60 % Kakaoanteil)
70 ml Wasser
40 g Zucker

Zubereitungszeit: 50 Minuten, ohne Abkühlzeit
Backzeit: etwa 60 Minuten

1. Den Backofen vorheizen.
Ober-/Unterhitze: etwa 180 °C
Heißluft: etwa 160 °C

2. Für den Boden Butter zerlassen und etwas abkühlen lassen. Die Amarettini in einen Gefrierbeutel füllen, Beutel verschließen. Amarettini mit einer Teigrolle fein zerbröseln, in eine Rührschüssel geben, Butter unterrühren. Die Bröselmasse in eine Springform (Ø 26 cm, mit Backpapier belegt) geben und mit einem Löffel zu einem Boden andrücken.

3. Für die Füllung Quark mit Eigelb, Orangenschalen-Aroma, Kondensmilch und Speisestärke geschmeidig rühren. Eiweiß mit Salz steif schlagen. Nach und nach Zucker kurz unterschlagen. Eischnee in 2 Portionen unter die Quarkmasse heben.

4. Die Quarkmasse auf den Bröselboden geben, glatt streichen. Form auf dem Rost in den vorgeheizten Backofen schieben. Torte **etwa 60 Minuten backen.**

5. Die Torte noch etwa 15 Minuten im ausgeschalteten Backofen stehen lassen. Dann die Form herausnehmen und auf einen Kuchenrost stellen.

6. Konfitüre pürieren oder durch ein Sieb streichen. Konfitüre in einem kleinen Topf unter Rühren aufkochen. Die Torte sofort damit bestreichen. Torte in der Form erkalten lassen.

7. Für den Guss die Schokolade in Stücke brechen. Mit Wasser und Zucker in einem kleinen Topf unter Rühren langsam bei mittlerer Hitze zum Kochen bringen. Bei sehr schwacher Hitze unter Rühren 1–2 Minuten leicht kochen lassen. Den Topf von der Kochstelle nehmen. Den Guss etwas abkühlen lassen.

8. Die Torte aus der Form lösen. Den Schokoladenguss auf der Torte verteilen (den Guss nach Belieben als dicke Schicht nur auf die Tortenoberfläche geben oder die Torte ganz mit dem Guss überziehen). Guss am besten über Nacht fest werden lassen.

Kastanien-Marzipancreme-Torte I
Raffiniert

Insgesamt:
E: 72 g, F: 226 g, Kh: 411 g, kJ: 17249, kcal: 4120

Zum Vorbereiten:
1 Dose gegarte Kastanien (Abtropfgewicht 285 g)

Für den Schüttelteig:
100 g Butter oder Margarine
150 g Weizenmehl
3 gestr. TL Dr. Oetker Backin
100 g Zucker
3 Eier (Größe M)

Für den Belag:
2 große Orangen

Für die Marzipancreme:
125 g Marzipan-Rohmasse
Orangensaft (von den filetierten Orangen)
250 g Schlagsahne
1 Pck. Dr. Oetker Sahnesteif

einige Minzeblättchen

Zubereitungszeit: 45 Minuten, ohne Abkühlzeit
Backzeit: 25–30 Minuten

1. Zum Vorbereiten Kastanien in einem Sieb abtropfen lassen. Die Kastanien mit einer Gabel fein zerdrücken.

2. Den Backofen vorheizen.
Ober-/Unterhitze: etwa 180 °C
Heißluft: etwa 160 °C

3. Für den Teig Butter oder Margarine zerlassen und abkühlen lassen. Das Mehl mit Backpulver mischen, in eine verschließbare Schüssel (3–Liter-Inhalt) geben, mit Zucker mischen. Eier und Butter oder Margarine hinzufügen. Schüssel mit dem Deckel fest verschließen. Die Schüssel mehrmals (insgesamt 15–30 Sekunden) kräftig schütteln, sodass alle Zutaten gut vermischt sind. Kastanienpüree hinzugeben.

4. Den Teig mit einem Schneebesen oder Rührlöffel nochmals sorgfältig durchrühren, damit trockene Zutaten vom Rand mit untergerührt werden. Den Teig in eine Springform (Ø 26 cm, Boden gefettet) geben und glatt streichen. Die Form auf dem Rost in den vorgeheizten Backofen schieben. Den Gebäckboden **25–30 Minuten backen.**

5. Den Boden aus der Form lösen und auf einem mit Backpapier belegten Kuchenrost erkalten lassen.

6. Für den Belag Orangen mit einem scharfen Messer so schälen, dass die weiße Haut entfernt wird. Die Orangen filetieren. Dabei den Saft in einer Schüssel auffangen. Orangenfilets beiseitelegen.

7. Für die Creme Marzipan auf einer Haushaltsreibe fein reiben (Marzipan am besten vorher kalt stellen). Aufgefangenen Orangensaft mit dem Marzipan glatt rühren. Die Sahne mit Sahnesteif steif schlagen. Die Marzipan-Orangen-Masse unterheben.

8. Marzipan-Orangen-Creme auf den Gebäckboden geben und wellenartig verstreichen. Die Torte mit den beiseitegelegten Orangenfilets und abgespülten und trocken getupften Minzeblättchen garnieren.

Kirsch-Biskuit-Torte

Für Gäste – beliebt – mit Alkohol

Insgesamt:
E: 85 g, F: 177 g, Kh: 671 g, kJ: 20225, kcal: 4822

Für den Biskuitteig:
4 Eier (Größe M)
4 EL heißes Wasser
175 g feiner Zucker
100 g Weizenmehl
25 g gesiebte Speisestärke
1 gestr. TL Dr. Oetker Backin
50 g abgezogene, gemahlene Mandeln
4 Tropfen Bittermandel-Aroma (aus dem Röhrchen)

Zum Beträufeln und Bestreichen:
6 EL Kirschwasser
300 g glatt gerührte Kirschkonfitüre

Für die Füllung:
1 Pck. Dr. Oetker Pudding-Pulver Vanille-Geschmack
500 ml (1/2 l) Milch
4 Eigelb (Größe M)
80 g Zucker
1 Pck. Dr. Oetker Vanillin-Zucker

Zum Verzieren und Garnieren:
250 g Schlagsahne
1 EL Zucker
1 Pck. Dr. Oetker Sahnesteif
1 EL Kirschwasser
etwa 15 Amarena-Kirschen

Zubereitungszeit: 50 Minuten, ohne Abkühl- und Kühlzeit
Backzeit: etwa 30 Minuten

1. Den Backofen vorheizen.
Ober-/Unterhitze: etwa 180 °C
Heißluft: etwa 160 °C

2. Für den Teig Eier und Wasser mit Handrührgerät mit Rührbesen auf höchster Stufe in etwa 1 Minute schaumig schlagen. Den Zucker in etwa 1 Minute einstreuen, dann noch etwa 2 Minuten weiterschlagen. Mehl mit Speisestärke und Backpulver mischen, die Hälfte davon auf die Eiercreme geben und kurz auf niedrigster Stufe unterrühren. Restliches Mehlgemisch auf die gleiche Weise unterarbeiten. Die Mandeln und das Aroma kurz unterrühren.

3. Den Teig in eine Springform (Ø 26 cm, Boden gefettet, mit Backpapier belegt) geben und glatt streichen. Die Form auf dem Rost in den vorgeheizten Backofen schieben. Den Boden **etwa 30 Minuten backen.**

4. Den Boden aus der Form lösen, auf einen mit Backpapier belegten Kuchenrost stürzen und erkalten lassen. Mitgebackenes Backpapier abziehen. Biskuitboden zweimal waagerecht durchschneiden.

5. Zum Beträufeln und Bestreichen die einzelnen Böden mit Kirschwasser beträufeln und 2 der Böden zusätzlich mit Konfitüre bestreichen.

6. Für die Füllung Pudding-Pulver mit 100 ml von der Milch, Eigelb, Zucker und Vanillin-Zucker anrühren. Restliche Milch in einem Topf zum Kochen bringen. Angerührtes Pudding-Pulver unterrühren und unter Rühren kurz aufkochen lassen. Anschließend die Puddingmasse im kalten Wasserbad weiterschlagen, bis die Creme kalt und dick ist.

7. Einen Tortenring auf eine Tortenplatte stellen. Einen mit Konfitüre bestrichenen Boden hineinlegen und mit einem Drittel der Creme bestreichen. Den zweiten mit Konfitüre bestrichenen Boden daraufgeben. Die Hälfte der restlichen Creme daraufstreichen. Den mit Kirschwasser getränkten Boden darauflegen und andrücken. Restliche Creme darauf verteilen und glatt streichen. Die Torte etwa 3 Stunden kalt stellen. Den Tortenring lösen und entfernen.

8. Zum Verzieren und Garnieren die Sahne mit Zucker und Sahnesteif steif schlagen, das Kirschwasser kurz unterrühren. 6 Esslöffel Sahne in einen Spritzbeutel mit Sterntülle füllen. Den Tortenrand mit der restlichen Sahne einstreichen und mit einem Tortengarnierkamm verzieren. Tortenoberfläche mit Sahnetuffs aus dem Spritzbeutel und Amarena-Kirschen garnieren.

Kirsch-Mascarpone-Torte | Raffiniert

Insgesamt:
E: 85 g, F: 258 g, Kh: 496 g, kJ: 19783, kcal: 4717

Für den Biskuitteig:
75 g abgezogene, gemahlene Mandeln
3 Eier (Größe M)
3 EL heißes Wasser
120 g Zucker
2–3 Tropfen Bittermandel-Aroma (aus dem Röhrchen)
50 g Weizenmehl
75 g gesiebte Speisestärke
2 gestr. TL Dr. Oetker Backin

Für die Kirschfüllung:
1 Glas Sauerkirschen (Abtropfgewicht 370 g)
1 Pck. Tortenguss, klar, ungezuckert
1 Pck. Dr. Oetker Bourbon-Vanille-Zucker
250 ml (¼ l) Kirschsaft (aus dem Glas)

Für die Mascarponefüllung:
5 Blatt weiße Gelatine
250 g Mascarpone (ital. Frischkäse)
250 g Joghurt
50 g gesiebter Puderzucker
250 g Schlagsahne

Zum Garnieren und Bestäuben:
etwa 80 g Amarettini (ital. Mandelmakronen)
etwas Puderzucker

Zubereitungszeit: 60 Minuten, ohne Abkühl- und Kühlzeit
Backzeit: etwa 30 Minuten

1. Für den Teig Mandeln in einer Pfanne ohne Fett leicht bräunen, herausnehmen und auf einem Teller erkalten lassen.

2. Den Backofen vorheizen.
Ober-/Unterhitze: etwa 180 °C
Heißluft: etwa 160 °C

3. Eier und Wasser mit Handrührgerät mit Rührbesen auf höchster Stufe in etwa 1 Minute schaumig schlagen. Zucker in etwa 1 Minute einstreuen, dann etwa 2 Minuten weiterschlagen. Aroma kurz unterrühren.

4. Das Mehl mit Speisestärke und Backpulver mischen, die Hälfte davon auf die Eiercreme geben und kurz auf niedrigster Stufe unterrühren. Restliches Mehlgemisch auf die gleiche Weise unterarbeiten. Die Mandeln unter heben. Den Teig in eine Springform (Ø 26 cm, Boden gefettet, mit Backpapier belegt) füllen und glatt streichen. Form auf dem Rost in den vorgeheizten Backofen schieben. Boden **etwa 30 Minuten backen.**

5. Den Boden aus der Form lösen, auf einen mit Backpapier belegten Kuchenrost stürzen und erkalten lassen. Mitgebackenes Backpapier abziehen.

6. Für die Kirschfüllung Sauerkirschen in einem Sieb abtropfen lassen, den Saft auffangen und 250 ml (¼ l) abmessen. Aus Tortengusspulver, Vanille-Zucker und Kirschsaft einen Guss nach Packungsanleitung zubereiten. Sauerkirschen unterheben.

7. Den Biskuitboden auf eine Tortenplatte legen. Einen Tortenring darumlegen. Die Kirschmasse auf den Biskuitboden geben, glatt streichen und etwa 30 Minuten kalt stellen.

8. Für die Mascarponefüllung die Gelatine in kaltem Wasser nach Packungsanleitung einweichen. Mascarpone mit Joghurt und Puderzucker verrühren. Gelatine leicht ausdrücken, in einem kleinen Topf unter Rühren erwärmen (nicht kochen), bis sie völlig gelöst ist. Die Gelatine zunächst mit 2–3 Esslöffeln von der Mascarponemasse verrühren, dann unter die restliche Mascarponemasse rühren, kalt stellen.

9. Sahne steif schlagen. Wenn die Mascarponemasse anfängt zu gelieren, Sahne unterheben. Die Creme kuppelartig auf die Kirschmasse streichen. Dann die Torte 2–3 Stunden kalt stellen. Tortenring lösen und entfernen.

10. Zum Garnieren und Bestäuben die Amarettini vor dem Servieren auf der Tortenoberfläche verteilen und mit Puderzucker bestäuben.

Kirsch-Pumpernickel-Torte I

Einfach – fettarm

Insgesamt:
E: 83 g, F: 136 g, Kh: 448 g, kJ: 14208, kcal: 3392

125 g Pumpernickelscheiben

Für den Biskuitteig:
3 Eier (Größe M)
100 g Zucker
1 Msp. gemahlener Zimt
50 g Weizenmehl
1 Msp. Dr. Oetker Backin
100 g grob geriebene Vollmilch-Nuss-Schokolade

Für den Kirschbelag:
1 Glas Sauerkirschen (Abtropfgewicht 370 g)
250 ml (1/4 l) Sauerkirschsaft (aus dem Glas)
1 Pck. Tortenguss, klar, ungezuckert
1 EL Zucker

Für den Quarkbelag:
50 g Zucker
1 Pck. Dr. Oetker Vanillin-Zucker
2 Pck. Dr. Oetker Sahnesteif
250 g Speisequark (Magerstufe)
250 g Schlagsahne

Zubereitungszeit: 45 Minuten, ohne Abkühlzeit
Trockenzeit: etwa 10 Minuten
Backzeit: etwa 20 Minuten

1. Den Backofen vorheizen.
Ober-/Unterhitze: etwa 180 °C
Heißluft: etwa 160 °C

2. Die Pumpernickelscheiben zerbröseln und auf einem Backblech (mit Backpapier belegt) verteilen. Das Backblech in den vorgeheizten Backofen schieben. Die Pumpernickelbrösel **etwa 10 Minuten trocknen lassen.** Die Pumpernickelbrösel vom Backblech nehmen, ganz fein zerbröseln und anschließend erkalten lassen.

3. Für den Teig Eier mit Handrührgerät mit Rührbesen auf höchster Stufe in etwa 1 Minute schaumig schlagen. Zucker und Zimt mischen, in etwa 1 Minute einstreuen, dann noch etwa 2 Minuten weiterschlagen.

4. Mehl mit Backpulver mischen, auf die Eiercreme geben und kurz auf niedrigster Stufe unterrühren.

5. Je 1 Esslöffel von den Pumpernickelbröseln und der Schokolade beiseitestellen. Die restlichen Pumpernickelbrösel und die Schokolade vorsichtig unter den Teig heben.

6. Den Biskuitteig in eine Springform (Ø etwa 26 cm, Boden gefettet, mit Backpapier belegt) geben und glatt streichen.

7. Die Form auf dem Rost in den heißen Backofen schieben. Den Biskuitboden **bei gleicher Backofeneinstellung etwa 20 Minuten backen.**

8. Biskuitboden aus der Form lösen, auf einen mit Backpapier belegten Kuchenrost stürzen und erkalten lassen. Mitgebackenes Backpapier abziehen. Biskuitboden auf eine Tortenplatte legen.

9. Für den Kirschbelag Sauerkirschen in einem Sieb abtropfen lassen, Saft auffangen und 250 ml (1/4 l) abmessen. Aus dem Kirschsaft, Tortengusspulver und Zucker einen Guss nach Packungsanleitung, aber mit den hier angegebenen Zutaten, zubereiten. Die Sauerkirschen unterheben.

10. Die Kirschmasse auf dem Biskuitboden verteilen, dabei einen etwa 1/2 cm breiten Rand frei lassen. Die Kirschmasse fest werden lassen.

11. Für den Quarkbelag den Zucker mit Vanillin-Zucker und 1 Päckchen Sahnesteif in einer Rührschüssel vermischen. Den Quark hinzugeben und gut verrühren. Sahne mit 1 Päckchen Sahnesteif steif schlagen und unterheben.

12. Die Quarkcreme auf der Kirschmasse verteilen und glatt streichen. Die Torte mit den beiseitegestellten Bröseln und der beiseitegestellten Schokolade bestreuen. Die Torte etwa 2 Stunden kalt stellen.

Kirschtraum in Schokolade

Etwas aufwendiger – mit Alkohol

Insgesamt:
E: 144 g, F: 693 g, Kh: 828 g, kJ: 43052, kcal: 10291

Für den Rührteig:

1 Glas Sauerkirschen (Abtropfgewicht 350 g)
100 g Edelbitter-Schokolade (70 % Kakaoanteil)
6 Kirsch-Alkohol-Pralinen
250 g weiche Butter oder Margarine
200 g Zucker
2 Pck. Dr. Oetker Bourbon-Vanille-Zucker
6 Eier (Größe M)
325 g Dinkelmehl (Type 630)
2 gestr. TL Dr. Oetker Backin
4 EL Sauerkirschsaft (aus dem Glas)

Für die Füllung und zum Garnieren:

12 Kirsch-Alkohol-Pralinen
200 g Edelbitter-Schokolade (70 % Kakaoanteil)
800 g Schlagsahne
2 Pck. Dr. Oetker Sahnesteif
40 g gesiebter Puderzucker

Zum Bestreuen:

50 g geraspelte Edelbitter-Schokolade (70 % Kakaoanteil)

Zubereitungszeit: 50 Minuten, ohne Abkühl- und Kühlzeit
Backzeit: etwa 45 Minuten

1. Für den Teig Sauerkirschen in einem Sieb abtropfen lassen, Saft auffangen und 4 Esslöffel abnehmen. Schokolade fein hacken. Pralinen grob hacken.

2. Den Backofen vorheizen.
Ober-/Unterhitze: etwa 180 °C
Heißluft: etwa 160 °C

3. Die Butter oder Margarine mit Handrührgerät mit Rührbesen auf höchster Stufe geschmeidig rühren. Nach und nach den Zucker und den Vanille-Zucker unterrühren. So lange rühren, bis eine gebundene Masse entstanden ist.

4. Die Eier nach und nach unterrühren (jedes Ei etwa ½ Minute). Mehl mit Backpulver mischen, in 2 Portionen abwechselnd mit dem Kirschsaft auf mittlerer Stufe unterrühren. Schokolade und Pralinen mit der Pralinen-Flüssigkeit kurz unterrühren.

5. Den Teig in eine Springform (Ø 26 cm, Boden gefettet) füllen und glatt streichen. Die Sauerkirschen darauf verteilen. Die Form auf dem Rost in den vorgeheizten Backofen schieben und den Gebäckboden **etwa 45 Minuten backen. Nach etwa 30 Minuten** den Gebäckboden mit Backpapier belegen.

6. Die Form auf einen Kuchenrost stellen. Den Gebäckboden etwa 10 Minuten in der Form stehen lassen, dann aus der Form lösen, auf einen mit Backpapier belegten Kuchenrost legen und erkalten lassen. Den Gebäckboden zweimal waagerecht durchschneiden.

7. Für die Füllung und zum Garnieren den unteren Boden auf eine Tortenplatte legen. Die Kirsch-Alkohol-Pralinen darauf verteilen, dabei einen 1–2 cm breiten Rand frei lassen. Schokolade fein hacken. Sahne mit Sahnesteif und Puderzucker steif schlagen, Schokolade unterheben.

8. Knapp ein Drittel der Schokoladensahne gleichmäßig auf dem unteren Boden und den Pralinen verteilen. Den zweiten Boden darauflegen und knapp die Hälfte der restlichen Schokoladensahne darauf verstreichen. Mit dem oberen Boden belegen.

9. Tortenoberfläche dünn und den Tortenrand etwas dicker mit der restlichen Schokoladensahne bestreichen. Die Torte kalt stellen.

10. Zum Bestreuen Tortenoberfläche und -rand mit geraspelter Schokolade bestreuen.

Tipps: Für Kinder ersetzen Sie bei der Füllung die Pralinen durch 50 g Vollmilch-Schokolade. Für die Garnitur verwenden Sie 12 beliebige Pralinen ohne Alkohol, z.B. Nougat- oder Marzipan-Pralinen.

Kokos-Nougat-Schichttorte I

Dauert länger

Insgesamt:
E: 101 g, F: 655 g, Kh: 1070, kJ: 44594, kcal: 10655

Für den Biskuitteig:

300 g Butter
6 Eier (Größe M)
300 g Zucker
2 Pck. Dr. Oetker Vanillin-Zucker
150 g Weizenmehl
150 g gesiebte Speisestärke
2 TL Dr. Oetker Backin
200 g Kokosraspel

Für die Füllung:

100 g Nuss-Nougat
500 g Schlagsahne
2 Pck. Dr. Oetker Sahnesteif
etwa 340 g Ananaskonfitüre

Für den Guss:

300 g Nuss-Nougat

Zubereitungszeit: 90 Minuten,
ohne Abkühl-, Kühl- und Durchziehzeit
Backzeit: etwa 10 Minuten je Boden

1. Den Backofen vorheizen.
Ober-/Unterhitze: etwa 180 °C
Heißluft: etwa 160 °C

2. Für den Teig Butter zerlassen und abkühlen lassen. Die Eier mit Handrührgerät mit Rührbesen auf höchster Stufe in etwa 1 Minute schaumig schlagen. Zucker und Vanillin-Zucker mischen, in etwa 1 Minute einstreuen, dann noch etwa 2 Minuten weiterschlagen.

3. Das Mehl mit Speisestärke und Backpulver mischen, die Hälfte davon auf die Eiercreme geben und kurz auf niedrigster Stufe unterrühren. Restliches Mehlgemisch auf die gleiche Weise unterarbeiten. Zuletzt die Kokosraspel und die Butter vorsichtig unterheben.

4. Den Teig in 5 Portionen teilen. Jeweils eine Teigportion in eine Springform (Ø 26 cm, Boden gefettet, mit Backpapier belegt) füllen und glatt streichen. Die Formen nacheinander (bei Heißluft zusammen) auf dem Rost in den vorgeheizten Backofen schieben. Die Böden **jeweils etwa 10 Minuten backen.**

5. Die Böden aus den Formen lösen, auf mit Backpapier belegte Kuchenroste stürzen und erkalten lassen. Jeweils mitgebackenes Backpapier abziehen.

6. Für die Füllung das Nuss-Nougat nach Packungsanleitung schmelzen und abkühlen lassen. Sahne mit Sahnesteif steif schlagen. Das Nuss-Nougat vorsichtig unterrühren. Die Nougat-Sahne in 4 Portionen teilen. Konfitüre ebenfalls in 4 Portionen teilen.

7. Einen Biskuitboden auf eine Tortenplatte legen, mit einer Portion Konfitüre bestreichen und eine Portion der Nougat-Sahne darauf verteilen. Dann den zweiten Boden darauflegen. Den dritten und vierten Boden wie beschrieben bestreichen und auflegen, sodass eine Torte entsteht. Den letzten Biskuitboden nicht bestreichen und darauflegen. Den Tortenrand glatt streichen. Die Torte etwa 60 Minuten kalt stellen.

8. Für den Guss Nuss-Nougat nach Packungsanleitung schmelzen. Tortenoberfläche und -rand mit dem Guss bestreichen. Guss fest werden lassen. Die Torte kalt stellen und gut durchziehen lassen.

Kokos-Preiselbeer-Torte I

Schnell – mit Alkohol

Insgesamt:
E: 60 g, F: 254 g, Kh: 261 g, kJ: 15412, kcal: 3683

Für den Schüttelteig:

125 g Butter oder Margarine
150 g Weizenmehl
2 TL Dr. Oetker Backin
100 g Zucker
25 g gesiebtes Kakaopulver
3 Eier (Größe M)
2–3 EL Rum
100 ml Milch
50 g Kokosraspel (nach Belieben geröstet)

1 Glas Wild-Preiselbeeren (Einwaage 210 g)

Für den Guss:

150 g Zartbitter-Kuvertüre
1 EL Speiseöl

Zum Garnieren und Verzieren:

25 g weiße Kuvertüre
einige Kokosraspel

Zubereitungszeit: 30 Minuten, ohne Abkühlzeit
Backzeit: etwa 30 Minuten

1. Für den Teig Butter oder Margarine zerlassen und abkühlen lassen.

2. Den Backofen vorheizen.
Ober-/Unterhitze: etwa 180 °C
Heißluft: etwa 160 °C

3. Mehl mit Backpulver mischen, in eine verschließbare Schüssel (3-Liter-Inhalt) geben, mit Zucker und Kakao mischen. Die Eier, Butter oder Margarine, Rum und Milch hinzufügen. Schüssel mit dem Deckel fest verschließen. Mehrmals (insgesamt 15–30 Sekunden) kräftig schütteln, sodass alle Zutaten gut vermischt sind. Kokosraspel hinzufügen. Den Teig mit einem Schneebesen oder Rührlöffel nochmals sorgfältig

durchrühren, damit trockene Zutaten vom Rand mit untergerührt werden.

4. Den Teig in eine Springform (Ø 26 cm, Boden gefettet, mit Backpapier belegt) füllen und glatt streichen. Die Form auf dem Rost in den vorgeheizten Backofen schieben. Gebäckboden **etwa 30 Minuten backen.**

5. Die Form auf einen Kuchenrost stellen. Den Boden etwa 10 Minuten in der Form stehen lassen, danach aus der Form lösen und auf einen mit Backpapier belegten Kuchenrost stürzen. Den Boden erkalten lassen. Mitgebackenes Backpapier abziehen. Gebäckboden einmal waagerecht durchschneiden. Den unteren Gebäckboden auf eine Tortenplatte legen.

6. Unteren Gebäckboden mit Preiselbeeren bestreichen. Oberen Gebäckboden darauflegen, andrücken.

7. Für den Guss die Kuvertüre grob hacken und mit Speiseöl in einem kleinen Topf im heißen Wasserbad bei schwacher Hitze unter Rühren schmelzen. Torte mit der Kuvertüre überziehen, fest werden lassen.

8. Zum Garnieren und Verzieren weiße Kuvertüre wie zuvor beschrieben schmelzen und auf den fest gewordenen Guss tupfen. Mit Kokosraspeln bestreuen. Kuvertüre fest werden lassen.

Kronentorte mit Mangocreme I

Für Gäste

Insgesamt:
E: 127 g, F: 426 g, Kh: 452 g, kJ: 25704, kcal: 6139

Für den Biskuitteig:
3 Eier (Größe M)
2 EL heißes Wasser
150 g Zucker
1 Pck. Dr. Oetker Vanillin-Zucker
100 g Weizenmehl
3 gestr. TL Dr. Oetker Backin
100 g abgezogene, gemahlene Mandeln
100 g zerlassene, abgekühlte Butter

Für den Mandelboden:
2 Eiweiß (Größe M)
2 Eigelb (Größe M)
25 g Zucker
3 Tropfen Bittermandel-Aroma (aus dem Röhrchen)
50 g abgezogene, gemahlene Mandeln

Für die Füllung:
1 Mango (etwa 350 g)
6 Blatt weiße Gelatine
400 g Pfirsich-Maracuja-Joghurt
60 g Zucker
350 g Schlagsahne

Zum Abglänzen:
1 Blatt weiße Gelatine
1 TL Zucker
75 ml Wasser

250 g Schlagsahne
1 Pck. Dr. Oetker Vanillin-Zucker
50 g abgezogene, gemahlene, leicht gebräunte Mandeln

Zubereitungszeit: 80 Minuten, ohne Kühlzeit
Backzeit: etwa 45 Minuten

1. Den Backofen vorheizen.
Ober-/Unterhitze: etwa 180 °C
Heißluft: etwa 160 °C

2. Für den Teig die Eier und Wasser in eine Rührschüssel geben und mit Handrührgerät mit Rührbesen auf höchster Stufe in etwa 1 Minute schaumig schlagen. Zucker und Vanillin-Zucker mischen, in etwa 1 Minute einstreuen, dann noch etwa 2 Minuten weiterschlagen. Das Mehl mit Backpulver mischen, auf die Eiercreme geben und kurz auf niedrigster Stufe unterrühren. Die Mandeln kurz unterrühren, zuletzt die Butter unterziehen. Den Biskuitteig in eine Springform (Ø 26 cm, Boden gefettet, mit Backpapier belegt) füllen und glatt streichen. Die Form auf dem Rost in den vorgeheizten Backofen schieben. Den Biskuitboden **etwa 30 Minuten backen.**

3. Den Biskuitboden aus der Form lösen, auf einen mit Backpapier belegten Kuchenrost stürzen und erkalten lassen. Mitgebackenes Backpapier abziehen. Biskuitboden einmal waagerecht durchschneiden.

4. Für den Mandelboden Eiweiß sehr steif schlagen. Eigelb mit Zucker schaumig schlagen. Aroma und die Mandeln unterrühren, den Eischnee unterheben. Die Masse in die gesäuberte Springform (Ø 26 cm, Boden gefettet, mit Backpapier belegt) füllen und glatt streichen. Die Form auf dem Rost in den heißen Backofen schieben. Den Mandelboden **bei gleicher Backofeneinstellung etwa 15 Minuten backen.**

5. Den Mandelboden sofort aus der Form lösen, in 12 Stücke schneiden und rund biegen, sodass Bögen entstehen. Die Gebäckbögen auf einer Teigrolle oder Flasche erkalten lassen.

6. Für die Füllung Mango halbieren und den Stein herauslösen. Mangohälften schälen. 100 g von dem Fruchtfleisch abnehmen und pürieren. Das restliche Mangofruchtfleisch fein würfeln. Gelatine in kaltem Wasser nach Packungsanleitung einweichen. Joghurt mit Zucker verrühren. Gelatine leicht ausdrücken, in einem kleinen Topf unter Rühren erwärmen (nicht kochen), bis sie völlig gelöst ist. Gelatine mit 2–3 Esslöffeln des Joghurts verrühren, dann unter den restlichen Joghurt rühren. Die Sahne steif schlagen. Sobald die Masse anfängt zu gelieren, Sahne unterheben. Den unteren Biskuitboden auf eine Tortenplatte legen, einen Tortenring darumstellen. Ein Drittel der Joghurtcreme daraufgeben und glatt streichen. Mangowürfel

darauf verteilen und mit der Hälfte der restlichen Joghurtcreme bestreichen. Den oberen Biskuitboden darauflegen, andrücken und mit der restlichen Joghurtcreme bestreichen.

7. Mangopüree mithilfe eines Teelöffels in Klecksen auf die Joghurtcreme geben und mit einem Holzspieß marmorieren. Die Torte etwa 60 Minuten kalt stellen.

8. Zum Abglänzen der Oberfläche die Gelatine einweichen, anschließend ausdrücken und mit dem Zucker in einem kleinen Topf bei schwacher Hitze unter Rühren auflösen. Den Topf von der Kochstelle nehmen. Nach und nach Wasser unterrühren. Die Flüssigkeit vorsichtig auf die Tortenoberfläche geben. Die Torte nochmals etwa 60 Minuten kalt stellen.

9. Die Sahne mit Vanillin-Zucker steif schlagen. Die Torte aus dem Tortenring lösen. Den Tortenrand dünn mit Sahne bestreichen, Mandeln an den Tortenrand drücken. Restliche Sahne in einen Spritzbeutel mit großer Sterntülle füllen. 12 dicke Sahnetuffs auf die Tortenoberfläche spritzen. Die Gebäckbögen kurz vor dem Servieren anlegen.

Limetten-Maracuja-Torte | Fruchtig

Insgesamt:
E: 161 g, F: 317 g, Kh: 427 g, kJ: 22041, kcal: 5262

Für den All-in-Teig:
130 g Weizenmehl
3 gestr. TL Dr. Oetker Backin
130 g Zucker
3 Eier (Größe M)
3 EL Maracuja-Nektar
130 g weiche Butter oder Margarine

Für die Füllung:
6 Blatt weiße Gelatine
500 g Speisequark (Magerstufe)
250 g Speisequark (40 % Fett)
Saft von
2 Limetten
100 ml Maracuja-Nektar
100 g Zucker
250 g Schlagsahne

Zum Garnieren und Verzieren:
3 Blatt weiße Gelatine
2 Passionsfrüchte (Maracuja)
150 ml Maracuja-Nektar
250 g Schlagsahne
1 TL Zucker

Zubereitungszeit: 50 Minuten, ohne Abkühl- und Kühlzeit
Backzeit: etwa 25 Minuten

1. Den Backofen vorheizen.
Ober-/Unterhitze: etwa 180 °C
Heißluft: etwa 160 °C

2. Für den Teig Mehl mit Backpulver mischen und in eine Rührschüssel geben. Restliche Zutaten hinzufügen und mit Handrührgerät mit Rührbesen zunächst kurz auf niedrigster, dann auf höchster Stufe in etwa 2 Minuten zu einem glatten Teig verarbeiten. Den Teig in eine Springform (Ø 26 cm, Boden gefettet, mit Backpapier belegt) füllen und glatt streichen. Die Form auf dem Rost in den vorgeheizten Backofen schieben. Den Gebäckboden **etwa 25 Minuten backen.**

3. Den Boden aus der Form lösen und auf einen mit Backpapier belegten Kuchenrost stürzen. Erkalten lassen. Mitgebackenes Backpapier abziehen.

4. Für die Füllung Gelatine in kaltem Wasser nach Packungsanleitung einweichen. Quark mit Limettensaft, Nektar und Zucker verrühren. Gelatine leicht ausdrücken, in einem kleinen Topf unter Rühren erwärmen (nicht kochen), bis sie völlig gelöst ist. Gelatine zunächst mit 2–3 Esslöffeln von der Quarkmasse verrühren, dann unter die restliche Quarkmasse rühren. Sahne steif schlagen und unterheben.

5. Den Gebäckboden auf eine Tortenplatte legen und einen Tortenring darumlegen. Die Quarkcreme auf den Gebäckboden geben und glatt streichen. Die Torte etwa 2 Stunden kalt stellen.

6. Zum Garnieren und Verzieren Gelatine wie unter Punkt 4 beschrieben einweichen und auflösen. Passionsfrüchte durchschneiden. Fruchtfleisch mit Samen herauslösen und mit dem Nektar verrühren. Gelatine unter die Maracujaflüssigkeit rühren. Die Flüssigkeit vorsichtig auf die Tortenoberfläche gießen. Die Torte nochmals mindestens 60 Minuten kalt stellen. Tortenring lösen und entfernen.

7. Die Sahne mit Zucker steif schlagen und in einen Spritzbeutel mit Sterntülle füllen. Die Tortenoberfläche vor dem Servieren mit Sahnetuffs verzieren.

Limetten-Wickeltorte I
Erfrischend – fettarm

Insgesamt:
E: 142 g, F: 99 g, Kh: 398 g, kJ: 12976, kcal: 3088

Für den Biskuitteig:
4 Eier (Größe M)
125 g Zucker
75 g Weizenmehl
50 g gesiebte Speisestärke
1 gestr. TL Dr. Oetker Backin

Für die Creme:
10 Blatt weiße Gelatine
2 Bio-Limetten (unbehandelt, ungewachst)
500 g Speisequark (Magerstufe)
500 g Dickmilch
100 g Zucker
2 Pck. Dr. Oetker Vanillin-Zucker
200 g Schlagsahne

Nach Belieben zum Garnieren:
dünne Limettenscheiben von
1 Bio-Limette (unbehandelt, ungewachst)
Limettenschalenstreifen

Zubereitungszeit: 60 Minuten, ohne Abkühlzeit
Backzeit: etwa 12 Minuten

1. Den Backofen vorheizen.
Ober-/Unterhitze: etwa 200 °C
Heißluft: etwa 180 °C

2. Für den Teig Eier mit Handrührgerät mit Rührbesen auf höchster Stufe in etwa 1 Minute schaumig schlagen. Zucker in etwa 1 Minute einstreuen, dann noch etwa 2 Minuten weiterschlagen. Mehl mit Speisestärke und Backpulver mischen, die Hälfte davon auf die Eiercreme geben und kurz auf niedrigster Stufe unterrühren. Restliches Mehlgemisch auf die gleiche Weise unterarbeiten. Den Teig auf ein Backblech (30 x 40 cm, gefettet, mit Backpapier belegt) geben und glatt streichen. Das Backblech in den vorgeheizten Backofen schieben. Den Boden **etwa 12 Minuten backen.**

3. Die Biskuitplatte sofort vom Backblechrand lösen, auf Backpapier stürzen und erkalten lassen. Mitgebackenes Backpapier vorsichtig abziehen.

4. Für die Creme die Gelatine in kaltem Wasser nach Packungsanleitung einweichen. 1 Limette heiß abwaschen, abtrocknen und die Schale fein abreiben. Beide Limetten halbieren und den Saft auspressen. Quark mit Dickmilch, Zucker, Vanillin-Zucker, Limettenschale und -saft gut verrühren. Gelatine leicht ausdrücken, in einem kleinen Topf unter Rühren erwärmen (nicht kochen), bis sie völlig gelöst ist. Gelatine mit 2–3 Esslöffeln von der Limettencreme verrühren, dann unter die restliche Limettencreme rühren. Sahne steif schlagen. Wenn die Creme anfängt zu gelieren, kurz durchrühren. Sahne unterheben.

5. Die Biskuitplatte umdrehen („Hautseite" nach oben). Seitenränder evtl. etwas gerade schneiden. Biskuitplatte mit der Hälfte der Limettencreme bestreichen und evtl. kalt stellen, bis die Creme anfängt fest zu werden. Die Biskuitplatte von der längeren Seite aus in 5 Streifen (je gut 5 cm breit) schneiden.

6. Einen Biskuitstreifen zu einer Schnecke aufrollen und in die Mitte einer Tortenplatte setzen. Die restliche Biskuitstreifen um die Schnecke legen und leicht andrücken. Torte rundherum mit der restlichen Limettencreme (2–3 Esslöffel abnehmen) bestreichen. Tortenoberfläche evtl. mit dünnen Limettenscheiben und -streifen garnieren. Die abgenommene Limettencreme in einen Spritzbeutel mit glatter Tülle füllen, Tupfen auf die Torte spritzen. Torte etwa 3 Stunden kalt stellen.

Linzer Schichttorte | Gut vorzubereiten

Insgesamt:
E: 103 g, F: 302 g, Kh: 995 g, kJ: 30131, kcal: 7162

1 kg TK-Himbeeren

Für den Knetteig:
300 g Weizenmehl
2 gestr. TL Dr. Oetker Backin
200 g Zucker
2 Pck. Dr. Oetker Vanillin-Zucker
2 Tropfen Bittermandel-Aroma (aus dem Röhrchen)
1 Msp. gemahlene Nelken
1 TL gemahlener Zimt
1 Prise Salz
1 Ei (Größe M)
1 EL Wasser
200 g nicht abgezogene, gemahlene Mandeln
200 g weiche Butter oder Margarine

Für die Füllung:
250 g Zucker
3 Pck. Dessertsauce Vanille-Geschmack, ohne Kochen

etwas Puderzucker

Zubereitungszeit: 85 Minuten, ohne Auftau-, Abkühl- und Kühlzeit
Backzeit: etwa 12 Minuten je Boden

1. Himbeeren nach Packungsanleitung auftauen.

2. Den Backofen vorheizen.
Ober-/Unterhitze: etwa 200 °C
Heißluft: etwa 180 °C

3. Für den Teig Mehl mit Backpulver mischen und in eine Rührschüssel geben. Restliche Zutaten hinzufügen, mit Handrührgerät mit Knethaken kurz auf niedrigster, dann auf höchster Stufe gut durcharbeiten. Teig auf einer leicht bemehlten Arbeitsfläche zu einem glatten Teig verkneten. Sollte er kleben, ihn in Frischhaltefolie gewickelt eine Zeit lang kalt stellen.

4. Den Teig in 6 Portionen teilen. Jeweils 1 Teigportion auf dem Boden einer Springform (Ø 26 cm, gefettet) ausrollen. Einen Springformrand darumlegen. Die Formen nacheinander (bei Heißluft 2 Böden zusammen) auf dem Rost in den vorgeheizten Backofen schieben. Die Gebäckböden **jeweils etwa 12 Minuten backen.**

5. Die Gebäckböden sofort von den Springformböden lösen, einzeln auf mit Backpapier belegten Kuchenrosten erkalten lassen.

6. Für die Füllung die aufgetauten Himbeeren in eine Rührschüssel geben. Zucker hinzufügen und pürieren (vorsicht, es kann spritzen). Saucenpulver unterrühren.

7. Einen Gebäckboden auf eine Tortenplatte geben, einen Tortenring darumlegen. Wenn die Himbeermasse anfängt zu gelieren, etwas davon auf den Gebäckboden streichen. Den zweiten Gebäckboden darauflegen und wieder mit etwas von der Himbeermasse bestreichen. Auf diese Weise die einzelnen Gebäckböden zu einer Torte zusammensetzen. Den letzten Gebäckboden nicht bestreichen. Die Torte mehrere Stunden kalt stellen und gut durchziehen lassen. Tortenring lösen und entfernen.

8. Aus Backpapier einige Streifen schneiden, diese gitterartig auf die Tortenoberfläche legen. Die Tortenoberfläche dick mit Puderzucker bestäuben. Die Papierstreifen vorsichtig entfernen.

Linzer Torte I

Klassisch – gut vorzubereiten

Insgesamt:
E: 56 g, F: 156 g, Kh: 324 g, kJ: 12168, kcal: 2904

Für den Knetteig:
200 g Weizenmehl
1 gestr. TL Dr. Oetker Backin
100 g Zucker
1 Pck. Dr. Oetker Vanillin-Zucker
1 Msp. gemahlene Gewürznelken
1 gestr. TL gemahlener Zimt
1 Ei (Größe M)
1 Eiweiß (Größe M)
100 g weiche Butter oder Margarine
100 g nicht abgezogene, gemahlene Mandeln

Für den Belag:
100 g Himbeerkonfitüre

Zum Bestreichen:
1 Eigelb (Größe M)
1 TL Milch

Zubereitungszeit: 30 Minuten, ohne Abkühlzeit
Backzeit: etwa 30 Minuten

1. Für den Teig das Mehl mit Backpulver mischen und in eine Rührschüssel geben. Restliche Zutaten hinzufügen und mit Handrührgerät mit Knethaken zunächst kurz auf niedrigster, danach auf höchster Stufe gut durcharbeiten. Anschließend auf einer leicht bemehlten Arbeitsfläche zu einem glatten Teig verkneten. Den Teig in Frischhaltefolie gewickelt etwa 30 Minuten kalt stellen.

2. Den Backofen vorheizen.
Ober-/Unterhitze: etwa 180 °C
Heißluft: etwa 160 °C

3. Knapp die Hälfte des Teiges zu einer runden Platte (Ø etwa 26 cm) ausrollen und mit einem Teigrädchen 16–20 Streifen ausschneiden. Den restlichen Teig auf dem Boden einer Springform (Ø 26 cm, gefettet) ausrollen. Den Springformrand darumlegen.

4. Für den Belag den Teigboden mit Konfitüre bestreichen, dabei einen etwa 1 cm breiten Rand frei lassen. Die Teigstreifen gitterartig darauflegen. Zum Bestreichen Eigelb mit Milch verschlagen. Die Teigstreifen damit bestreichen.

5. Die Form auf dem Rost in den vorgeheizten Backofen (unteres Drittel) schieben. Torte **etwa 30 Minuten backen.**

6. Den Springformrand von der Torte lösen und entfernen. Die Torte vom Springformboden lösen, aber darauf auf einem Kuchenrost erkalten lassen.

Rezeptvariante: Für **Linzer Schnitten** verdoppeln Sie die Zutaten. Rollen Sie knapp die Hälfte des Teiges in der Größe eines Backblechs (30 x 40 cm) aus und schneiden die Teigstreifen aus. Den restlichen Teig rollen Sie auf einem Backblech (30 x 40 cm, gefettet) aus. Bestreichen Sie die Teigplatte mit Konfitüre und legen die Teigstreifen gitterartig darauf. Den Kuchen wie im Rezept beschrieben backen und nach dem Erkalten in beliebig große Schnitten schneiden.

Lübecker Marzipantorte | Mit Alkohol

Insgesamt:
E: 135 g, F: 337 g, Kh: 673 g, kJ: 26177, kcal: 6270

Für den Biskuitteig:
200 g Zartbitter-Schokolade
150 g Marzipan-Rohmasse
3 Eigelb (Größe M)
4 Eier (Größe M)
120 g Zucker
1 Pck. Dr. Oetker Bourbon-Vanille-Zucker
2 TL Instant-Kaffeepulver
3 EL Rum
150 g Weizenmehl
1 gestr. TL Dr. Oetker Backin
50 g gehackte Mandeln
3 Eiweiß (Größe M)

Zum Aprikotieren:
3 geh. EL Aprikosenkonfitüre

Für den Guss:
150 g Zartbitter-Kuvertüre
1 EL Speiseöl

Zum Garnieren:
100 g Zartbitter-Kuvertüre
100 g Vollmilch-Kuvertüre
50 g Marzipan-Rohmasse
20 g gesiebter Puderzucker

Zubereitungszeit: 90 Minuten, ohne Abkühlzeit
Backzeit: etwa 60 Minuten

1. Für den Teig die Schokolade in Stücke brechen, in einem kleinen Topf im heißen Wasserbad bei schwacher Hitze unter Rühren schmelzen, etwas abkühlen lassen.

2. Den Backofen vorheizen.
Ober-/Unterhitze: etwa 180 °C
Heißluft: etwa 160 °C

3. Marzipan klein schneiden, in eine Rührschüssel geben und mit Eigelb mit Handrührgerät mit Rührbesen cremig rühren. Nach und nach Eier auf höchster Stufe unterrühren. Den Zucker und Vanille-Zucker einrieseln lassen und dann die Masse in etwa 3 Minuten dick cremig schlagen.

4. Schokolade unterrühren. Instant-Kaffee mit Rum verrühren und ebenfalls unterrühren.

5. Mehl mit Backpulver mischen, mit den Mandeln in 2 Portionen kurz auf mittlerer Stufe unterrühren. Das Eiweiß steif schlagen und unterheben.

6. Den Teig in eine Springform (Ø 26 cm, Boden gefettet, mit Backpapier belegt) füllen und glatt streichen.

7. Die Form auf dem Rost in den vorgeheizten Backofen schieben. Die Torte **etwa 60 Minuten backen.**

8. Die Torte aus der Form lösen, auf einen mit Backpapier belegten Kuchenrost stürzen. Mitgebackenes Backpapier abziehen.

9. Zum Aprikotieren Konfitüre durch ein Sieb streichen. Die heiße Torte vollständig damit bestreichen. Torte erkalten lassen.

10. Für den Guss die Kuvertüre in Stücke hacken, mit Speiseöl in einem kleinen Topf im heißen Wasserbad bei schwacher Hitze schmelzen. Die Torte mit der Kuvertüre überziehen.

11. Zum Garnieren Zartbitter- und Vollmilch-Kuvertüre voneinander getrennt wie zuvor beschrieben schmelzen und dünn auf Backpapier oder eine Marmorplatte streichen, fest werden lassen (nicht kalt stellen).

12. Mit einem Spachtel dünne Locken abschaben und auf die Torte legen.

13. Marzipan mit Puderzucker verkneten, auf einer mit Puderzucker bestäubten Arbeitsfläche ausrollen. Mit einer Ausstechform Blätter ausstechen oder mit einem spitzen Messer Blattformen ausschneiden. Mit dem Messerrücken Rippen eindrücken.

14. Dann die Marzipanblätter auf die Schokoladenlocken legen.

Macadamia-Nusstorte | Raffiniert

Insgesamt:
E: 77 g, F: 283 g, Kh: 486 g, kJ: 20777, kcal: 4965

Für den Biskuitteig:
100 g Trauben-Nuss-Schokolade
75 g geröstete Macadamia-Nusskerne (ohne Öl geröstet)
4 Eier (Größe M)
2 EL heißes Wasser
150 g Zucker
1 Pck. Dr. Oetker Vanillin-Zucker
225 g Weizenmehl
2 gestr. EL gesiebte Speisestärke
2 gestr. TL Dr. Oetker Backin
8 EL Speiseöl

Für den Belag:
250 g Schlagsahne
1 EL gesiebter Puderzucker
1 Pck. Dr. Oetker Sahnesteif

Zum Besprenkeln, Bestreuen und Garnieren:
40 g dunkle Kuchenglasur
25 g geröstete Macadamia-Nusskerne (ohne Öl geröstet)
75 g grüne, kernlose Weintrauben

Zubereitungszeit: 45 Minuten, ohne Abkühlzeit
Backzeit: etwa 45 Minuten

1. Den Backofen vorheizen.
Ober-/Unterhitze: etwa 180 °C
Heißluft: etwa 160 °C

2. Für den Teig die Schokolade und Nusskerne fein hacken. Eier und Wasser mit Handrührgerät mit Rührbesen auf höchster Stufe in etwa 1 Minute schaumig schlagen. Den Zucker und Vanillin-Zucker mischen, in etwa 1 Minute einstreuen, dann noch etwa 2 Minuten weiterschlagen.

3. Das Mehl mit Speisestärke und Backpulver mischen, die Hälfte davon auf die Eiercreme geben und kurz auf niedrigster Stufe unterrühren. Restliches Mehlgemisch auf die gleiche Weise unterarbeiten. Das Speiseöl, die fein gehackten Nusskerne und die feingehackte Schokolade vorsichtig unterheben.

4. Den Teig in eine Springform (Ø 22 cm, Boden gefettet, mit Backpapier belegt) füllen und glatt streichen. Die Form auf dem Rost in den vorgeheizten Backofen schieben. Die Torte **etwa 45 Minuten backen.**

5. Torte aus der Form lösen, auf einem Kuchenrost erkalten lassen. Mitgebackenes Backpapier abziehen.

6. Für den Belag Sahne mit Puderzucker und Sahnesteif steif schlagen. Die Sahne auf die Torte geben und mit einem Esslöffel wellenartig verstreichen.

7. Zum Besprenkeln und Bestreuen Kuchenglasur nach Packungsanleitung schmelzen, etwas abkühlen lassen. Nusskerne fein hacken.

8. Zum Garnieren Weintrauben waschen, trocken tupfen und halbieren. Weintraubenhälften auf die Sahne legen und mit Nusskerne bestreuen. Die Tortenoberfläche mit der Kuchenglasur besprenkeln und fest werden lassen.

Mandarinentorte | Für Kinder – einfach

Insgesamt:
E: 64 g, F: 290 g, Kh: 402 g, kJ: 19434, kcal: 4672

Für den Schüttelteig:

100 g Butter oder Margarine
150 g Weizenmehl
1 Pck. Dr. Oetker Backin
100 g Zucker
1 Pck. Dr. Oetker Vanillin-Zucker
1 Prise Salz
3 Eier (Größe M)

Für den Belag:

2 Dosen Mandarinen (Abtropfgewicht je 175 g)
2 Pck. Paradiescreme Pfirsich-Geschmack (Dessertpulver)
500 g Schlagsahne
150 ml Mandarinensaft (aus den Dosen)
40 g gebräunte, gehobelte Mandeln

Zubereitungszeit: 40 Minuten, ohne Abkühlzeit
Backzeit: etwa 20 Minuten

1. Den Backofen vorheizen.
Ober-/Unterhitze: etwa 180 °C
Heißluft: etwa 160 °C

2. Für den Teig Butter oder Margarine zerlassen und abkühlen lassen. Das Mehl mit Backpulver mischen, in eine verschließbare Schüssel (3-Liter-Inhalt) geben, mit Zucker, Vanillin-Zucker und Salz mischen. Eier und Butter oder Margarine hinzufügen. Schüssel mit dem Deckel fest verschließen.

3. Schüssel mehrmals (insgesamt 15–30 Sekunden) kräftig schütteln, sodass alle Zutaten gut vermischt sind. Den Teig mit einem Schneebesen oder Rührlöffel nochmals sorgfältig durchrühren, damit trockene Zutaten vom Rand mit untergerührt werden.

4. Den Teig in eine Tortenbodenform (Ø 28 cm, gefettet, gemehlt) geben und glatt streichen. Die Form auf dem Rost in den vorgeheizten Backofen schieben. Den Tortenboden **etwa 20 Minuten backen.**

5. Den Boden aus der Form lösen und auf einen mit Backpapier belegten Kuchenrost stürzen. Tortenboden erkalten lassen.

6. Für den Belag Mandarinen in einem Sieb abtropfen lassen, den Saft auffangen und 150 ml abmessen. Die Paradiescreme nach Packungsanleitung, aber mit der angegebenen Sahnemenge, zubereiten. Den abgemessenen Mandarinensaft unterrühren.

7. Die Mandarinen auf den Tortenboden legen. Die Paradiescreme kuppelartig darauf verteilen und mit gehobelten Mandeln bestreuen. Die Torte etwa 60 Minuten kalt stellen.

Tipps: Die Torte schmeckt auch sehr lecker, wenn Sie für den Belag die Mandarinen durch Aprikosen- oder Pfirsichstücke ersetzen. Anstatt in einer Tortenbodenform kann der Tortenboden in einer Springform (Ø 26 cm, Boden gefettet, mit Backpapier belegt) gebacken werden.

Mandeltorte | Dauert länger

Insgesamt:
E: 184 g, F: 630 g, Kh: 768 g, kJ: 39579, kcal: 9452

Für den Knetteig:
150 g Weizenmehl
40 g Zucker
1 Pck. Dr. Oetker Vanillin-Zucker
100 g Butter oder Margarine

Für den Biskuitteig:
300 g abgezogene, gemahlene Mandeln
5 Eigelb (Größe M)
4 EL Orangensaft
175 g Zucker
1 Pck. Dr. Oetker Vanillin-Zucker
abgeriebene Schale von 1 Bio-Orange (unbehandelt, ungewachst)
5 Eiweiß (Größe M)
50 g Weizenmehl
50 g gesiebte Speisestärke
1 gestr. TL Dr. Oetker Backin

Für den Krokant:
1 Msp. Butter
25 g Zucker
50 g gehackte Mandeln

Für die Füllung I:
1 Pck. Vanilla Tortencreme (Tortencremepulver)
300 ml Milch
200 g weiche Butter

Zum Bestreichen:
6 EL Orangenmarmelade

Für die Füllung II:
100 g Marzipan-Rohmasse
10 g gesiebter Puderzucker

Zum Garnieren:
100 g abgezogene, halbierte, leicht geröstete Mandeln

Zubereitungszeit: 80 Minuten, ohne Abkühlzeit
Backzeit: etwa 55 Minuten

1. Den Backofen vorheizen.
Ober-/Unterhitze: etwa 180 °C
Heißluft: etwa 160 °C

2. Für den Knetteig Mehl in eine Rührschüssel geben. Restliche Zutaten hinzufügen und mit Handrührgerät mit Knethaken zunächst kurz auf niedrigster, dann auf höchster Stufe gut durcharbeiten. Anschließend auf einer leicht bemehlten Arbeitsfläche zu einem glatten Teig verkneten. Sollte er kleben, ihn in Frischhaltefolie gewickelt etwa 30 Minuten kalt stellen.

3. Den Teig auf dem Boden einer Springform (Ø 26 cm, gefettet) ausrollen. Einen Springformrand darumlegen. Den Teigboden mehrmals mit einer Gabel einstechen. Die Form auf dem Rost in den vorgeheizten Backofen schieben. Den Knetteigboden **etwa 15 Minuten backen.**

4. Den Springformrand entfernen. Den Knetteigboden sofort vom Springformboden lösen, aber darauf auf einem Kuchenrost erkalten lassen.

5. Für den Biskuitteig Mandeln in einer großen Pfanne ohne Fett unter Rühren leicht bräunen, herausnehmen und auf einem Teller erkalten lassen. Eigelb und Orangensaft mit Handrührgerät mit Rührbesen schaumig schlagen. Nach und nach zwei Drittel des Zuckers, Vanillin-Zucker und Orangenschale hinzugeben. So lange schlagen, bis eine cremeartige Masse entstanden ist. Eiweiß steif schlagen, restlichen Zucker kurz unterschlagen. Anschließend Eischnee auf die Eigelbcreme geben.

6. Mehl mit Speisestärke und Backpulver mischen, auf den Eischnee geben. Mandeln daraufstreuen. Die Zutaten mit einem Schneebesen vorsichtig unter die Eigelbcreme heben.

7. Den Teig in eine Springform (Ø 26 cm, Boden gefettet, mit Backpapier belegt) geben und glatt streichen. Die Form auf dem Rost in den heißen Backofen schieben. Den Biskuitboden **bei gleicher Backofeneinstellung etwa 40 Minuten backen.**

8. Den Boden aus der Form lösen, auf einen mit Backpapier belegten Kuchenrost stürzen und erkalten lassen. Mitgebackenes Backpapier abziehen. Biskuitboden zweimal waagerecht durchschneiden.

9. Für den Krokant Butter und Zucker unter Rühren erhitzen, bis der Zucker schwach gebräunt ist. Mandeln hinzufügen und unter Rühren so lange erhitzen, bis der Krokant leicht gebräunt ist. Krokantmasse auf ein mit Speiseöl bestrichenes Backblech streichen, erkalten lassen. Krokant dann fein zerstoßen.

10. Für die Füllung I aus Tortencremepulver, Milch und Butter eine Creme nach Packungsanleitung zubereiten. Den Knetteigboden auf eine Tortenplatte legen und mit 2 Esslöffeln von der Marmelade bestreichen. Den unteren Biskuitboden darauflegen und weitere 2 Esslöffel der Marmelade daraufstreichen.

11. Für die Füllung II das Marzipan auf einer mit Puderzucker bestäubten Arbeitsfläche zu einer runden Platte (Ø etwa 26 cm) ausrollen und auf den unteren bestrichenen Biskuitboden legen. Restliche Marmelade daraufstreichen und 5 Esslöffel der Creme (Füllung I) darauf verteilen. Den mittleren Biskuitboden darauflegen. Die restliche Creme halbieren. Eine Cremehälfte auf den mittleren Biskuitboden streichen. Den oberen Biskuitboden darauflegen. Tortenrand und -oberfläche mit der restlichen Creme bestreichen. Den Tortenrand mit Krokant bestreuen. Die Tortenoberfläche mit Mandelhälften garnieren. Die Torte bis zum Servieren kalt stellen.

Maracuja-Joghurt-Torte | Schnell

Insgesamt:
E: 82 g, F: 189 g, Kh: 573 g, kJ: 18434, kcal: 4391

3 Lagen von
1 hellen Wiener Boden (Ø 26 cm)

Für die Füllung:
500 g Schlagsahne
1 Pck. Käse-Sahne-Tortencreme (Tortencremepulver)
450 g Joghurt
200 ml Maracuja-Nektar

Für den Guss:
2 Pck. Tortenguss, klar, ungezuckert
375 ml (3/8 l) Maracuja-Nektar
125 ml (1/8 l) Wasser

Zubereitungszeit: 30 Minuten, ohne Kühlzeit

1. Eine Lage des Wiener Bodens auf eine Tortenplatte legen. Einen Tortenring darumlegen.

2. Für die Füllung Sahne steif schlagen. Tortencreme nach Packungsanleitung, aber mit dem Joghurt und Maracuja-Nektar zubereiten, Sahne unterheben. Die Creme auf den Wiener Boden geben und glatt streichen. Die zweite Lage des Wiener Bodens nicht wie auf der Packung angegeben in 16 Stücke schneiden, sondern ganz darauflegen und andrücken.

3. Für den Guss aus dem Tortengusspulver, Nektar und Wasser einen Guss nach Packungsanleitung zubereiten. Den Guss auf dem zweiten Boden verteilen. Torte etwa 3 Stunden kalt stellen. Den Tortenring mit einem Messer lösen und entfernen.

4. Vor dem Servieren aus der dritten Lage des Wiener Bodens beliebige Motive (Herzen, Sterne) ausstechen, mit dem Dekorzucker aus der Packung bestäuben. Die Tortenoberfläche mit den Gebäckmotiven garnieren.

Tipp: Sie können auch selbst einen Biskuitboden zubereiten. Dazu 4 Eier (Größe M) und 3 Esslöffel heißes Wasser mit Handrührgerät mit Rührbesen auf höchster Stufe in etwa 1 Minute schaumig schlagen. 150 g Zucker mit 1 Päckchen Dr. Oetker Vanillin-Zucker mischen, in etwa 1 Minute einstreuen, dann noch etwa 2 Minuten weiterschlagen. 100 g Weizenmehl mit 100 g Speisestärke und 2 gestrichenen Teelöffeln Backpulver mischen. Die Hälfte davon auf die Eiercreme geben und kurz auf niedrigster Stufe unterrühren. Restliches Mehlgemisch auf die gleiche Weise unterarbeiten. Den Teig in eine Springform (Ø 26 cm, Boden gefettet, mit Backpapier belegt) füllen, auf dem Rost in den vorgeheizten Backofen schieben. Ober-/Unterhitze: etwa 180 °C, Heißluft: etwa 160 °C. Den Biskuitboden 20–30 Minuten backen. Nach dem Backen den Biskuitboden aus der Form lösen, auf einem mit Backpapier belegten Kuchenrost erkalten lassen. Mitgebackenes Backpapier abziehen. Den Boden zweimal waagerecht durchschneiden.

Marzipancremetorte I

Gut vorzubereiten – klassisch

Insgesamt:
E: 124 g, F: 321 g, Kh: 509 g, kJ: 22647, kcal: 5407

Für den Biskuitteig:
3 Eier (Größe M)
3 EL heißes Wasser
150 g Zucker
100 g Weizenmehl
50 g gesiebte Speisestärke
20 g gesiebtes Kakaopulver
1 gestr. TL Dr. Oetker Backin

Für die Marzipancreme:
200 g Marzipan-Rohmasse
450 ml Milch
1 Pck. Dr. Oetker Pudding-Pulver Mandel oder Sahne-Geschmack
2 Eier (Größe M)
400 g Schlagsahne

Für die Marzipandecke:
200 g Marzipan-Rohmasse
25 g gesiebter Puderzucker

Zum Bestäuben:
1 TL Kakaopulver

Zubereitungszeit: 60 Minuten, ohne Abkühl- und Kühlzeit
Backzeit: etwa 30 Minuten

1. Den Backofen vorheizen.
Ober-/Unterhitze: etwa 180 °C
Heißluft: etwa 160 °C

2. Für den Teig Eier und Wasser mit Handrührgerät mit Rührbesen auf höchster Stufe in etwa 1 Minute schaumig schlagen. Den Zucker in etwa 1 Minute einstreuen, dann noch etwa 2 Minuten weiterschlagen. Das Mehl mit Speisestärke, Kakao und Backpulver mischen. Die Hälfte davon auf die Eiercreme geben und kurz auf niedrigster Stufe unterrühren. Restliches Mehlgemisch auf die gleiche Weise unterarbeiten. Den Teig in eine Springform (Ø 26 cm, Boden gefettet, mit Backpapier belegt) füllen und glatt streichen. Die Form auf dem Rost in den vorgeheizten Backofen schieben. Biskuitboden **etwa 30 Minuten backen.**

3. Biskuitboden aus der Form lösen, auf einen mit Backpapier belegten Kuchenrost stürzen und erkalten lassen. Mitgebackenes Backpapier abziehen. Den Biskuitboden zweimal waagerecht durchschneiden.

4. Für die Marzipancreme Marzipan klein schneiden. 100 ml von der Milch mit Pudding-Pulver und Eiern verrühren. Restliche Milch in einem Topf zum Kochen bringen. Marzipanstücke darin unter Rühren auflösen. Angerührtes Pudding-Pulver einrühren und unter Rühren aufkochen lassen. Den Topf von der Kochstelle nehmen. Marzipan-Pudding-Masse erkalten lassen, dabei gelegentlich umrühren.

5. Sahne steif schlagen und unter die erkaltete Marzipan-Pudding-Masse heben. Den unteren Biskuitboden auf eine Tortenplatte legen und mit gut einem Drittel der Marzipancreme bestreichen. Den zweiten Biskuitboden darauflegen. Gut die Hälfte der restlichen Creme daraufstreichen. Mit dem oberen Biskuitboden belegen und leicht andrücken. Tortenoberfläche und -rand mit der restlichen Creme bestreichen. Die Torte etwa 60 Minuten kalt stellen.

6. Für die Decke Marzipan mit Puderzucker verkneten und zwischen Frischhaltefolie zu einer Platte (Ø etwa 35 cm) ausrollen. Die Marzipandecke locker über die Torte legen und am Rand etwas andrücken. Die Torte mit Kakao bestäuben.

Marzipan-Maracuja-Torte I

Für Gäste

Insgesamt:
E: 84 g, F: 301 g, Kh: 525 g, kJ: 22166, kcal: 5295

Für den Schüttelteig:

200 g Weizenmehl
50 g gesiebte Speisestärke
3 gestr. TL Dr. Oetker Backin
100 g Zucker
1 Pck. Dr. Oetker Bourbon-Vanille-Zucker
3 Eier (Größe M)
100 g zerlassenes, abgekühltes Butterschmalz
125 ml (1/8 l) Milch

200 g kalte Marzipan-Rohmasse

125 ml (1/8 l) Maracuja-Nektar

Für die Füllung:

1–2 EL gesiebter Puderzucker
1 Pck. Dr. Oetker Sahnesteif
250 g Mascarpone (ital. Frischkäse)

Für den Guss:

1–2 EL Maracuja-Nektar
100 g gesiebter Puderzucker

Zubereitungszeit: 60 Minuten, ohne Abkühlzeit
Backzeit: 35–40 Minuten

1. Den Backofen vorheizen.
Ober-/Unterhitze: etwa 180 °C
Heißluft: etwa 160 °C

2. Für den Teig Mehl mit Speisestärke und Backpulver mischen und in eine verschließbare Schüssel (3-Liter-Inhalt) geben. Mit Zucker und Vanille-Zucker mischen. Eier, Butterschmalz und Milch hinzufügen. Schüssel mit dem Deckel fest verschließen.

3. Mehrmals (insgesamt 15–30 Sekunden) kräftig schütteln, sodass alle Zutaten gut vermischt sind. Den Teig mit einem Schneebesen oder Rührlöffel nochmals sorgfältig durchrühren, damit vor allem trockene Zutaten vom Rand mit untergerührt werden.

4. Den Teig in eine Springform (Ø 26 cm, gefettet) füllen und glatt streichen. Marzipan-Rohmasse quer in etwa 1 mm dünne Scheiben schneiden. Die Marzipanscheiben dachziegelartig auf den Teig legen. Die Form auf dem Rost in den vorgeheizten Backofen schieben. Den Tortenboden **35–40 Minuten backen.**

5. Die Form auf einen Kuchenrost stellen. Den Tortenboden in der Form erkalten lassen. Den Tortenboden aus der Form lösen und einmal waagerecht durchschneiden.

6. Den unteren Boden auf eine Tortenplatte legen und mit 4 Esslöffeln des Maracuja-Nektars beträufeln.

7. Für die Füllung den Puderzucker und Sahnesteif mischen. Mascarpone mit dem restlichen Maracuja-Nektar kurz aufschlagen, Puderzuckermischung einrieseln lassen. Mascarpone steif schlagen. Die Mascarponecreme auf den unteren Boden geben und glatt streichen. Den oberen Boden darauflegen.

8. Für den Guss Maracuja-Nektar und Puderzucker zu einer dickflüssigen Masse verrühren. Den Guss in einen kleinen Gefrierbeutel füllen und eine kleine Ecke abschneiden. Die Torte mit dem Guss verzieren. Guss trocknen lassen.

Marzipan-Orangen-Canache-Torte I

Dauert länger – gut vorzubereiten – mit Alkohol

Insgesamt:
E: 134 g, F: 606 g, Kh: 729 g, kJ: 37991, kcal: 9096

Für den Rührteig:

200 g Marzipan-Rohmasse
200 g weiche Butter oder Margarine
100 g Zucker
1 Pck. Dr. Oetker Vanillin-Zucker
1 Pck. Dr. Oetker Finesse Natürliches Orangenschalen-Aroma
4 Eier (Größe M)
250 g Weizenmehl
75 g gesiebte Speisestärke
1 gestr. TL Dr. Oetker Backin

Für die Orangen-Canache-Creme:

150 g Vollmilch-Kuvertüre
300 g Zartbitter-Kuvertüre
100 g Schlagsahne
100 g abgezogene, gemahlene Mandeln
100 g weiche Butter
100 ml Orangenlikör

Zum Bestäuben und Bestreuen:

1–2 EL Puderzucker
1–2 EL Kakaopulver
1 Pck. Dr. Oetker Finesse Natürliches Orangenschalen-Aroma

Zubereitungszeit: 90 Minuten,
ohne Abkühl- und Kühlzeit (1–2 Tage)
Backzeit: 10–15 Minuten je Boden

1. Den Backofen vorheizen.
Ober-/Unterhitze: etwa 180 °C
Heißluft: etwa 160 °C

2. Für den Teig Marzipan in kleine Stücke schneiden und in eine Rührschüssel geben. Butter oder Margarine hinzufügen und mit Handrührgerät mit Rührbesen auf höchster Stufe geschmeidig rühren. Nach und nach Zucker, Vanillin-Zucker und Aroma unterrühren. So lange rühren, bis eine gebundene Masse entstanden ist.

3. Die Eier nach und nach unterrühren (jedes Ei etwa ½ Minute). Mehl mit Speisestärke und Backpulver mischen und in 2 Portionen kurz auf mittlerer Stufe unterrühren.

4. Den Teig in 6 Portionen teilen. Jeweils 1 Teigportion auf den Boden einer Springform (Ø 26 cm, gefettet) streichen. Dabei darauf achten, dass der Teig am Rand nicht zu dünn wird. Die Springformböden ohne Springformrand nacheinander (bei Heißluft 2 Böden zusammen) auf dem Rost in den vorgeheizten Backofen schieben. Die Böden **jeweils 10–15 Minuten backen.**

5. Die Gebäckböden jeweils sofort vom Springformboden lösen und einzeln auf je einem mit Backpapier belegten Kuchenrost erkalten lassen.

6. Für die Orangen-Canache-Creme beide Kuvertüresorten in kleine Stücke hacken und in einem kleinen Topf im heißen Wasserbad bei schwacher Hitze unter Rühren schmelzen. Die flüssige Sahne unterrühren. Die Kuvertüre-Sahne-Mischung vollständig erkalten lassen. Dann die Kuvertüre-Sahne-Mischung mit Handrührgerät mit Rührbesen auf höchster Stufe cremig aufschlagen. Mandeln, Butter und Likör gut unterrühren.

7. Fünf der Gebäckböden mit der Creme bestreichen und zu einer Torte zusammensetzen. Den letzten Gebäckboden darauflegen und leicht andrücken. Die Torte zugedeckt 1–2 Tage kalt stellen.

8. Zum Bestäuben und Bestreuen den Puderzucker mit Kakao mischen. Die Tortenoberfläche vor dem Servieren dick mit der Puderzucker-Kakao-Mischung bestäuben und anschließend mit Orangenschalen-Aroma bestreuen.

Tipp: Die Gebäckböden können schon einige Tage vor der Zubereitung gebacken und in einer gut schließenden Dose oder in Alufolie verpackt aufbewahrt werden.

Maulwurfshügel, fruchtig | Für Kinder

Insgesamt:
E: 50 g, F: 127 g, Kh: 228 g, kJ: 9778, kcal: 2338

Für den Biskuitteig:
3 Eiweiß (Größe M)
1 Pck. Dr. Oetker Vanillin-Zucker
3 Eigelb (Größe M)
2 EL heißes Wasser
100 g flüssiger Honig
75 g Weizenmehl
1 gestr. TL Dr. Oetker Backin
1 EL gesiebtes Kakaopulver
50 g abgezogene, gemahlene Mandeln

Für die Füllung:
1 kleine Dose Fruchtcocktail (Abtropfgewicht 250 g)
250 g Schlagsahne
1 Pck. Dr. Oetker Sahnesteif
1 Pck. Dr. Oetker Vanillin-Zucker
2 EL Fruchtcocktailsaft (aus der Dose)

Zubereitungszeit: 25 Minuten, ohne Abkühlzeit
Backzeit: etwa 25 Minuten

1. Den Backofen vorheizen.
Ober-/Unterhitze: etwa 200 °C
Heißluft: etwa 180 °C

2. Für den Teig Eiweiß mit Vanillin-Zucker sehr steif schlagen. Eigelb mit Wasser und Honig in einer zweiten Rührschüssel cremig schlagen.

3. Mehl mit Backpulver und Kakao mischen, mit den Mandeln kurz unter die Eigelbmasse rühren. Eischnee unterheben. Den Biskuitteig in eine kleine Springform (Ø 22 cm, Boden gefettet, mit Backpapier belegt) geben und glatt streichen. Die Form auf dem Rost in den vorgeheizten Backofen schieben. Den Biskuitboden **etwa 25 Minuten backen.**

4. Den Boden aus der Form lösen und auf einem mit Backpapier belegten Kuchenrost erkalten lassen.

5. Für die Füllung Fruchtcocktail in einem Sieb gut abtropfen lassen, den Saft auffangen. Mitgebackenes Backpapier von dem Biskuitboden abziehen. Den Biskuitboden etwa 2 cm tief aushöhlen, dabei einen 1–2 cm breiten Rand stehen lassen. Die Brösel fein zerkrümeln.

6. Die Sahne mit Sahnesteif und Vanillin-Zucker steif schlagen. Dann 2 Esslöffel von dem aufgefangenen Saft kurz unterrühren. Die Hälfte der Gebäckkrümel unter die Sahne heben.

7. Fruchtcocktail in den ausgehöhlten Biskuitboden geben. Dann die Sahnemasse darauf zu einem Hügel aufstreichen. Restliche Gebäckkrümel auf den Sahnehügel streuen und leicht andrücken. Die Torte bis zum Servieren kalt stellen.

Tipp: Den Boden können Sie auch am Vortag backen.

Melonentorte, bunt | Einfach – schnell

Insgesamt:
E: 75 g, F: 320 g, Kh: 452 g, kJ: 21499, kcal: 5135

Für den All-in-Teig:
150 g Weizenmehl
3 gestr. TL Dr. Oetker Backin
150 g Zucker
1 Pck. Dr. Oetker Vanillin-Zucker
3 Eier (Größe M)
150 g weiche Butter oder Margarine

1 Kantalup-Melone (etwa 500 g)
400 g Wassermelone
4 Blatt weiße Gelatine
250 g Zitronenjoghurt
50 g Zucker
500 g Schlagsahne

25 g aufgelöste Zartbitter-Kuvertüre
25 g Haselnuss-Krokant

Zubereitungszeit: 30 Minuten, ohne Kühlzeit
Backzeit: etwa 25 Minuten

1. Den Backofen vorheizen.
Ober-/Unterhitze: etwa 180 °C
Heißluft: etwa 160 °C

2. Für den Teig Mehl mit Backpulver mischen und in eine Rührschüssel geben. Restliche Zutaten hinzufügen und mit Handrührgerät mit Rührbesen zunächst kurz auf niedrigster, dann auf höchster Stufe in etwa 2 Minuten zu einem glatten Teig verarbeiten. Teig in eine Springform (Ø 26 cm, Boden gefettet, mit Backpapier belegt) geben und glatt streichen. Die Form auf dem Rost in den vorgeheizten Backofen schieben. Den Gebäckboden **etwa 25 Minuten backen.**

3. Den Boden aus der Form lösen, auf einen mit Backpapier belegten Kuchenrost stürzen und erkalten lassen. Mitgebackenes Backpapier abziehen. Gebäckboden einmal waagerecht durchschneiden.

4. Für die Füllung Kantalup-Melone längs halbieren, Kerne mit einem Löffel herausschaben. Die Melonenhälften schälen. 12 schöne Spalten zum Garnieren abschneiden und zugedeckt beiseitelegen. Restliches Fruchtfleisch klein würfeln und in einem Sieb gut abtropfen lassen. Wassermelone ebenfalls halbieren und die Kerne herausschaben oder -schneiden. 12 kleine Dreiecke zum Garnieren herausschneiden und zugedeckt beiseitelegen. Restliches Fruchtfleisch ebenfalls klein würfeln und gut abtropfen lassen.

5. Gelatine in kaltem Wasser nach Packungsanleitung einweichen. Joghurt mit Zucker verrühren. Gelatine leicht ausdrücken, in einem Topf unter Rühren erwärmen (nicht kochen), bis sie völlig gelöst ist. Gelatine mit 2–3 Esslöffeln von der Joghurtmasse verrühren, unter die restliche Joghurtmasse rühren, kalt stellen.

6. Die Sahne steif schlagen, ein Drittel der Sahne beiseitestellen. Restliche Sahne unter die Joghurtmasse heben. Abgetropftes Melonenfruchtfleisch (von beiden Sorten) unter die Creme heben.

7. Unteren Boden auf eine Platte legen und mit der Melonencreme bestreichen. Oberen Boden darauflegen, leicht andrücken. Tortenoberfläche und -rand mit der beiseitegestellten Sahne wellenförmig bestreichen. Torte 1–2 Stunden kalt stellen.

8. Die Kuvertüre in ein Pergamentpapiertütchen oder einen Gefrierbeutel füllen und eine kleine Ecke abschneiden. Die Torte mit den beiseitegelegten Melonenspalten und -dreiecken belegen und mit der Kuvertüre besprenkeln. Tortenrand mit Krokant bestreuen.

Mignon-Torte | Klassisch – dauert länger

Insgesamt:
E: 103 g, F: 475 g, Kh: 967 g, kJ: 35890, kcal: 8570

Für den Knetteig:
500 g Weizenmehl
2 gestr. TL Dr. Oetker Backin
150 g gesiebter Puderzucker
1 Pck. Dr. Oetker Vanillin-Zucker
1 Prise Salz
abgeriebene Schale von
1 Bio-Zitrone
(unbehandelt, ungewachst)
3 Eier (Größe M)
300 g Butter oder Margarine

Für die Füllung:
abgeriebene Schale von
2 Bio-Zitronen
(unbehandelt, ungewachst)
175 g Zucker
1 Pck. Dr. Oetker Vanillin-Zucker
2 schwach geh. EL Speisestärke
150 ml Zitronensaft (von 3–4 Zitronen)
3 Eier (Größe M)
200 g weiche Butter

Für den Guss:
225 g gesiebter Puderzucker
4–5 EL Orangen- oder Zitronensaft

8 Pistazienkerne

Zubereitungszeit: 100 Minuten, ohne Abkühl- und Kühlzeit
Backzeit Plätzchen: 8–10 Minuten
Backzeit Gebäckboden: 12–15 Minuten je Boden

1. Den Backofen vorheizen.
Ober-/Unterhitze: etwa 180 °C
Heißluft: etwa 160 °C

2. Für den Teig Mehl mit Backpulver und Puderzucker mischen, in eine Rührschüssel geben. Restliche Zutaten hinzufügen und mit Handrührgerät mit Knethaken zunächst kurz auf niedrigster, dann auf höchster Stufe gut durcharbeiten. Anschließend auf einer bemehlten Arbeitsfläche zu einem glatten Teig verkneten. Sollte er kleben, ihn in Frischhaltefolie gewickelt eine Zeit lang kalt stellen.

3. Den Teig in 6 gleich große Portionen teilen. Eine Teigportion auf der bemehlten Arbeitsfläche dünn ausrollen. Mit einer Ausstechform 32 runde oder gezackte Plätzchen (Ø etwa 2 cm) ausstechen. Teigplätzchen auf ein Backblech (mit Backpapier belegt) legen. Das Backblech in den vorgeheizten Backofen schieben. Die Plätzchen **8–10 Minuten backen.**

4. Die Plätzchen mit dem Backpapier vom Backblech auf einen Kuchenrost ziehen und erkalten lassen.

5. Die restlichen 5 Teigportionen jeweils auf dem Boden einer Springform (Ø 26 cm, gefettet) ausrollen. Den Boden mehrmals mit einer Gabel einstechen. Die Böden ohne Springformrand nacheinander (bei Heißluft 2 Böden zusammen) auf dem Rost in den heißen Backofen schieben. Die Gebäckböden **bei gleicher Backofeneinstellung 12–15 Minuten backen.**

6. Die Gebäckböden sofort nach dem Backen vorsichtig vom Springformboden lösen und einzeln auf je einem Kuchenrost erkalten lassen.

7. Für die Füllung Zitronenschale mit Zucker, Vanillin-Zucker und Speisestärke in einem Topf mischen, den Zitronensaft hinzugießen und gut verrühren. Die Eier unterrühren. Die Zutaten unter Rühren kurz aufkochen lassen. Den Topf von der Kochstelle nehmen, Butter unterrühren. Die Creme erkalten lassen, dabei ab und zu umrühren. Jeweils 2 Plätzchen mit etwas Creme zu 16 Plätzchen zusammensetzen.

8. Restliche Creme (etwas Creme für den Rand abnehmen) auf 4 der Gebäckböden verteilen. Die Böden zu einer Torte zusammensetzen. Den letzten unbestrichenen Gebäckboden darauflegen. Den Tortenrand mit der abgenommenen Creme bestreichen. Die Torte etwa 60 Minuten kalt stellen.

9. Für den Guss den Puderzucker mit Orangen- oder Zitronensaft zu einer dickflüssigen Masse verrühren.

Etwas von dem Guss in ein Pergamentpapiertütchen oder einen kleinen Gefrierbeutel geben, eine kleine Ecke abschneiden. Mit dem Guss kleine Tropfen auf die Plätzchenoberfläche spritzen und halbierte Pistazienkerne darauflegen. Tortenrand und -oberfläche mit dem restlichen Guss bestreichen. Die Plätzchen auf die Tortenoberfläche setzen. Guss fest werden lassen. Die Torte gut durchziehen lassen.

Tipp: Noch dekorativer sieht es aus, wenn Sie die Tortenoberfläche mit fein gehackten Pistazienkernen bestreuen.

Mirabellen-Mohn-Torte | Fruchtig

Insgesamt:
E: 115 g, F: 221 g, Kh: 540 g, kJ: 20072, kcal: 4791

1 Glas entsteinte Mirabellen (Abtropfgewicht 360 g)

Für den Schüttelteig:
125 g Butter oder Margarine
250 g Weizenmehl
2 gestr. TL Dr. Oetker Backin
150 g Zucker
1 Pck. Dr. Oetker Vanillin-Zucker
5 EL Mohnsamen (50 g)
4 Eier (Größe M)
250 g Speisequark (20 % Fett)

200 ml Milch
100 g Schlagsahne
1 Pck. Paradiescreme Zitronen-Geschmack (Dessertpulver)
4 EL Mirabellensaft (aus dem Glas)

Zum Garnieren und Bestreuen:
Schalenstreifen von ½ Bio-Zitrone (unbehandelt, ungewachst)
1–2 EL Mohnsamen

Zubereitungszeit: 40 Minuten, ohne Abkühl- und Kühlzeit
Backzeit: etwa 45 Minuten

1. Den Backofen vorheizen.
Ober-/Unterhitze: etwa 180 °C
Heißluft: etwa 160 °C

2. Mirabellen in einem Sieb gut abtropfen lassen, den Saft auffangen.

3. Für den Teig Butter oder Margarine zerlassen und abkühlen lassen. Mehl mit Backpulver mischen, in eine verschließbare Schüssel (3-Liter-Inhalt) geben, mit Zucker, Vanillin-Zucker und Mohn mischen. Eier, Butter oder Margarine und Quark hinzufügen. Schüssel mit dem Deckel fest verschließen.

4. Schüssel mehrmals (insgesamt 15–30 Sekunden) kräftig schütteln, sodass alle Zutaten gut vermischt sind. Den Teig mit einem Schneebesen oder Rührlöffel nochmals sorgfältig durchrühren, damit trockene Zutaten vom Rand mit untergerührt werden.

5. Die Hälfte des Teiges in eine Springform (Ø 26 cm, Boden gefettet) geben und glatt streichen. Mirabellen darauf verteilen, evtl. große Früchte halbieren. Restlichen Teig daraufgeben und glatt streichen. Die Form auf dem Rost in den vorgeheizten Backofen schieben. Den Gebäckboden **etwa 45 Minuten backen.**

6. Die Form auf einen Kuchenrost stellen. Den Boden etwa 10 Minuten in der Form stehen lassen, dann aus der Form lösen und auf einem mit Backpapier belegten Kuchenrost erkalten lassen. Den Gebäckboden auf eine Tortenplatte legen. Einen Tortenring darumlegen.

7. Für den Belag Milch und Sahne in einen hohen Rührbecher geben. Das Dessertpulver hineingeben und mit Handrührgerät mit Rührbesen eine Creme nach Packungsanleitung zubereiten. Mirabellensaft unterrühren.

8. Die Zitronen-Mirabellen-Creme auf den Gebäckboden geben und mit einem Löffel ein Muster ziehen, sodass eine Blüte entsteht. Die Torte etwa 60 Minuten kalt stellen. Tortenring lösen und entfernen.

9. Die Torte vor dem Servieren mit Zitronenschalenstreifen garnieren und mit Mohn bestreuen.

Mohn-Käse-Torte I

Für Gäste

Insgesamt:
E: 143 g, F: 375 g, Kh: 569 g, kJ: 26059, kcal: 6230

Für den Mohnbelag:

1 Pck. Dr. Oetker Pudding-Pulver Vanille-Geschmack
25 g Zucker
400 ml Milch
250 g backfertige Mohnfüllung
1 Eiweiß (Größe M)

Für den Streuselteig:

200 g Weizenmehl
100 g Zucker
1 Pck. Dr. Oetker Vanillin-Zucker
150 g Butter oder Margarine

Für den Belag:

400 g Doppelrahm-Frischkäse
125 g Speisequark (Magerstufe)
150 g Crème fraîche
25 g Speisestärke
1 Pck. Dr. Oetker Finesse Geriebene Zitronenschale
100 g Zucker
1 Pck. Dr. Oetker Bourbon-Vanille-Zucker
3 Eier (Größe M)
1 Eigelb (Größe M)

Zubereitungszeit: 45 Minuten, ohne Abkühlzeit
Backzeit: 75–85 Minuten

1. Für den Mohnbelag Pudding-Pulver mit Zucker und etwas Milch anrühren. Restliche Milch in einem Topf zum Kochen bringen. Angerührtes Pudding-Pulver in die von der Kochstelle genommene Milch rühren und unter Rühren nochmals gut aufkochen lassen. Topf von der Kochstelle nehmen, Mohnfüllung unterrühren. Pudding-Mohn-Masse erkalten lassen.

2. Eiweiß steif schlagen. Der Schnee muss so fest sein, dass ein Messerschnitt sichtbar bleibt. Eischnee unter die Pudding-Mohn-Masse rühren.

3. Den Backofen vorheizen.
Ober-/Unterhitze: etwa 180 °C
Heißluft: etwa 160 °C

4. Für den Streuselteig Mehl in eine Rührschüssel geben. Zucker, Vanillin-Zucker und Butter oder Margarine hinzufügen. Die Zutaten mit Handrührgerät mit Rührbesen zunächst kurz auf niedrigster, dann auf höchster Stufe zu Streuseln verarbeiten.

5. Gut die Hälfte der Teigstreusel in eine Springform (Ø 26 cm, gefettet) geben und mit einem Löffel andrücken. Restliche Teigstreusel kalt stellen. Die Form auf dem Rost in den vorgeheizten Backofen schieben. Boden **etwa 15 Minuten vorbacken.** Die Form auf einen Kuchenrost stellen. Den Boden abkühlen lassen.

6. Für den Belag alle Zutaten in eine Rührschüssel geben und zu einer geschmeidigen Masse verrühren. Die Käsemasse auf den vorgebackenen Gebäckboden geben, glatt streichen. Pudding-Mohn-Masse darauf verteilen, mit den kalt gestellten Streuseln bestreuen.

7. Die Form wieder auf dem Rost in den heißen Backofen schieben. Die Torte **bei gleicher Backofeneinstellung in 60–70 Minuten fertig backen.**

8. Die Torte im leicht geöffneten Backofen noch etwa 15 Minuten stehen lassen. Dann die Form herausnehmen und auf einen Kuchenrost stellen. Die Torte abkühlen lassen, aus der Form lösen und auf dem Kuchenrost erkalten lassen.

Mohn-Kirsch-Torte | Einfach – mit Alkohol

Insgesamt:
E: 97 g, F: 150 g, Kh: 444 g, kJ: 15823, kcal: 3780

Für den Biskuitteig:
4 Eier (Größe M)
2 EL heißes Wasser
80 g Zucker
125 g Weizenmehl
2 gestr. TL Dr. Oetker Backin
100 g Mohnsamen

Für die Füllung:
1 Glas Sauerkirschen (Abtropfgewicht 350 g)
1 Pck. Tortenguss, rot, ungezuckert
250 ml (1/4 l) Sauerkirschsaft (aus dem Glas)
25 g Zucker

4 EL Kirschwasser
6 EL Sauerkirschsaft (aus dem Glas)

Für die Joghurtcreme:
8 Blatt weiße Gelatine
500 g Joghurt
1–2 EL Zitronensaft
100 g Zucker
200 g Schlagsahne

10 g geschabte Schokolade

Zubereitungszeit: 45 Minuten, ohne Abkühl- und Kühlzeit
Backzeit: etwa 25 Minuten

1. Den Backofen vorheizen.
Ober-/Unterhitze: etwa 180 °C
Heißluft: etwa 160 °C

2. Für den Teig Eier und Wasser mit Handrührgerät mit Rührbesen auf höchster Stufe in etwa 1 Minute schaumig schlagen. Den Zucker in etwa 1 Minute einstreuen, dann noch etwa 2 Minuten weiterschlagen. Mehl mit Backpulver mischen, die Hälfte davon auf die Eiercreme geben und kurz auf niedrigster Stufe unterrühren. Restliches Mehlgemisch auf die gleiche Weise unterarbeiten. Mohn unterheben. Dann den Teig in eine Springform (Ø 26 cm, Boden gefettet, mit Backpapier belegt) geben und glatt streichen. Die Form auf dem Rost in den vorgeheizten Backofen schieben. Den Biskuitboden **etwa 25 Minuten backen.**

3. Den Biskuitboden aus der Form lösen, auf einen mit Backpapier belegten Kuchenrost stürzen und erkalten lassen. Mitgebackenes Backpapier abziehen. Biskuitboden einmal waagerecht durchschneiden.

4. Für die Füllung Sauerkirschen in einem Sieb abtropfen lassen, den Saft auffangen und 250 ml (1/4 l) abmessen. 16 Sauerkirschen und 6 Esslöffel Sauerkirschsaft beiseitestellen.

5. Aus Tortengusspulver, Sauerkirschsaft und Zucker einen Guss nach Packungsanleitung zubereiten, Kirschen unterrühren. Die Kirschmasse erkalten lassen.

6. Den unteren Biskuitboden auf eine Platte legen und einen Tortenring darumlegen. Kirschwasser mit Sauerkirschsaft verrühren. Den unteren Biskuitboden mit der Hälfte der Kirschwasserflüssigkeit beträufeln. Kirschmasse daraufgeben und glatt streichen, dabei einen etwa 1 cm breiten Rand frei lassen.

7. Für die Joghurtcreme Gelatine in kaltem Wasser nach Packungsanleitung einweichen. Den Joghurt mit Zitronensaft und Zucker verrühren. Gelatine in einem kleinen Topf unter Rühren erwärmen (nicht kochen), bis sie völlig gelöst ist. Gelatine mit etwa 4 Esslöffeln der Joghurtmasse verrühren, dann unter die restliche Joghurtmasse rühren, kalt stellen.

8. Sahne steif schlagen. Wenn die Masse anfängt zu gelieren, Sahne unterheben. Die Hälfte der Joghurt-Sahne-Creme auf der Kirschmasse verteilen. Oberen Biskuitboden darauflegen, leicht andrücken und mit der restlichen Kirschwasserflüssigkeit beträufeln. Die Restliche Joghurt-Sahne-Creme daraufgeben und glatt streichen.

9. Die Tortenoberfläche mit den beiseitegestellten Sauerkirschen und der Schokolade garnieren. Torte etwa 3 Stunden kalt stellen. Den Tortenring lösen und entfernen.

Mohn-Punschtorte

Raffiniert – mit Alkohol

Insgesamt:
E: 83 g, F: 330 g, Kh: 481 g, kJ: 22439, kcal: 5365

Für den Rührteig:
150 g weiche Butter oder Margarine
125 g Zucker
1 Pck. Dr. Oetker Bourbon-Vanille-Zucker
1 Msp. gemahlener Zimt
4 Eier (Größe M)
125 g Weizenmehl
3 gestr. TL Dr. Oetker Backin
50 g Mohnsamen

Für die Füllung:
1 Glas Pflaumenhälften (Abtropfgewicht 385 g, Zwetschen)
250 ml (1/4 l) Pflaumensaft (aus dem Glas)
20 g Zucker
1 Pck. Tortenguss, klar, ungezuckert

Für die Punschcreme:
6 Blatt weiße Gelatine
250 ml (1/4 l) Glühwein
400 g Schlagsahne
30–50 g Zucker (je nach Süße des Glühweins)
etwas gemahlener Zimt

Zum Garnieren:
100 g Zartbitter-Kuvertüre
1–2 TL Speiseöl

Zubereitungszeit: 60 Minuten, ohne Abkühl- und Kühlzeit
Backzeit: etwa 35 Minuten

1. Den Backofen vorheizen.
Ober-/Unterhitze: etwa 180 °C
Heißluft: etwa 160 °C

2. Für den Teig Butter oder Margarine mit Handrührgerät mit Rührbesen auf höchster Stufe geschmeidig rühren. Nach und nach Zucker, Vanille-Zucker und Zimt unterrühren. So lange rühren, bis eine gebundene Masse entstanden ist. Eier nach und nach unterrühren (jedes Ei etwa 1/2 Minute). Mehl mit Backpulver mischen, in 2 Portionen abwechselnd mit dem Mohn auf mittlerer Stufe unterrühren. Den Rührteig in eine Springform (Ø 26 cm, Boden gefettet, mit Backpapier belegt) geben und glatt streichen. Die Form auf dem Rost in den vorgeheizten Backofen schieben. Den Gebäckboden **etwa 35 Minuten backen.**

3. Den Boden aus der Form lösen, auf einen mit Backpapier belegten Kuchenrost stürzen, erkalten lassen. Das mitgebackene Backpapier abziehen. Gebäckboden einmal waagerecht durchschneiden. Den unteren Boden auf eine Tortenplatte legen. Einen Tortenring darumlegen.

4. Für die Füllung Pflaumenhälften in einem Sieb abtropfen lassen, den Saft auffangen und 250 ml (1/4 l) abmessen. Pflaumenhälften auf dem unteren Gebäckboden verteilen, dabei einen etwa 1 cm breiten Rand frei lassen. Aus Pflaumensaft, Zucker und Tortengusspulver einen Guss nach Packungsanleitung zubereiten. Guss auf die Pflaumenhälften geben, erkalten lassen.

5. Für die Punschcreme Gelatine in kaltem Wasser einweichen. Gelatine ausdrücken und in einem kleinen Topf unter Rühren erwärmen (nicht kochen), bis sie völlig gelöst ist. Nach und nach Glühwein unter Rühren hinzufügen, kalt stellen.

6. Sahne mit Zucker und Zimt steif schlagen. Sobald die Glühweinflüssigkeit anfängt zu gelieren, Sahne unterheben. Zwei Drittel der Punschcreme auf die Pflaumenhälften geben und glatt streichen. Den oberen Gebäckboden darauflegen und leicht andrücken. Restliche Punschcreme darauf verstreichen. Die Torte etwa 3 Stunden kalt stellen.

7. Zum Garnieren Kuvertüre grob hacken, mit Speiseöl in einem kleinen Topf im heißen Wasserbad bei schwacher Hitze unter Rühren schmelzen. Kuvertüre dünn auf Backpapier verstreichen und fest werden lassen (nicht kalt stellen). Mit Ausstechformen Motive (z. B. Sterne) ausstechen. Tortenring lösen und entfernen. Tortenrand und -oberfläche damit garnieren.

Mohn-Schichttorte mit Pflaumenmus

Für Gäste – dauert länger

Insgesamt:
E: 186 g, F: 234 g, Kh: 517 g, kJ: 22479, kcal: 5365

Für den Rührteig:

150 g weiche Butter oder Margarine
125 g gesiebter Puderzucker
1 Pck. Dr. Oetker Vanillin-Zucker
1 Prise Salz
1 Pck. Dr. Oetker Finesse Geriebene Zitronenschale
6 Eigelb (Größe M)
50 g Weizenmehl
1 gestr. TL Dr. Oetker Backin
100 g abgezogene, gemahlene Mandeln
100 g Mohnsamen
6 Eiweiß (Größe M)

Für die Füllung:

6 Blatt weiße Gelatine
500 ml (1/2 l) Milch
1 Pck. Dr. Oetker Pudding-Pulver Vanille-Geschmack
100 g Zucker
500 g Speisequark (Magerstufe)
340 g Pflaumenmus (aus dem Glas)

etwa 1 EL Mohnsamen

Zubereitungszeit: 80 Minuten, ohne Abkühlzeit
Backzeit: etwa 15 Minuten je Boden

1. Den Backofen vorheizen.
Ober-/Unterhitze: etwa 180 °C
Heißluft: etwa 160 °C

2. Für den Teig Butter oder Margarine mit Handrührgerät mit Rührbesen auf höchster Stufe geschmeidig rühren. Nach und nach Puderzucker, Vanillin-Zucker, Salz und Zitronenschale unterrühren. So lange rühren, bis eine gebundene Masse entstanden ist.

3. Eigelb nach und nach unterrühren (jedes Eigelb etwa 1/2 Minute). Mehl mit Backpulver mischen und kurz auf mittlerer Stufe unterrühren. Die Mandeln und Mohn hinzufügen. Eiweiß sehr steif schlagen und vorsichtig unter den Teig heben.

4. Den Teig in 5 Portionen teilen. Jeweils 1 Teigportion in eine Springform (Ø 26 cm, Boden gefettet, mit Backpapier belegt) geben und glatt streichen. Dabei darauf achten, dass der Teig am Rand nicht zu dünn ist. Die Formen nacheinander (bei Heißluft 2 Böden zusammen) auf dem Rost in den vorgeheizten Backofen schieben. Gebäckböden **jeweils etwa 15 Minuten backen.**

5. Die Gebäckböden jeweils aus der Form lösen und einzeln auf mit Backpapier belegte Kuchenroste stürzen. Gebäckböden erkalten lassen. Mitgebackenes Backpapier abziehen.

6. Für die Füllung Gelatine in kaltem Wasser nach Packungsanleitung einweichen. Aus Milch, Pudding-Pulver und Zucker einen Pudding nach Packungsanleitung zubereiten. Gelatine leicht ausdrücken und unter Rühren in dem heißen Pudding auflösen. Die Puddingmasse erkalten lassen, dabei gelegentlich umrühren. Quark unterrühren.

7. Einen Gebäckboden auf eine Tortenplatte legen. Etwa ein Drittel der Pudding-Quark-Masse daraufstreichen. Einen zweiten Gebäckboden darauflegen und mit knapp der Hälfte des Pflaumenmuses bestreichen.

8. Den dritten Gebäckboden darauflegen und wieder ein Drittel der Pudding-Quark-Masse darauf verteilen. Mit dem vierten Gebäckboden belegen und mit dem restlichen Pflaumenmus (etwas Pflaumenmus beiseitestellen) bestreichen. Den letzten Gebäckboden darauflegen und leicht andrücken.

9. Den Tortenrand und -oberfläche mit der restlichen Pudding-Quark-Masse bestreichen. Tortenoberfläche mit einer Gabel wellenartig verzieren.

10. Beiseitegestelltes Pflaumenmus vor dem Servieren in Klecksen auf die Tortenoberfläche geben und mit Mohn bestreuen.

Mohntorte mit Rhabarbercreme

Dauert länger

Insgesamt:
E: 147 g, F: 449 g, Kh: 861 g, kJ: 34789, kcal: 8311

Für den Schüttelteig:

175 g Butter oder Margarine
200 g Weizenmehl
50 g gesiebte Speisestärke
3 gestr. TL Dr. Oetker Backin
200 g Zucker
1 Prise Salz
4 Eier (Größe M)
150 ml Milch
75 g Mohnsamen

Für den Belag:

9 Blatt weiße Gelatine
500 g Rhabarber
50 ml Wasser
120 g Zucker
2 Pck. Dr. Oetker Bourbon-Vanille-Zucker
250 g Vanillejoghurt
400 g Schlagsahne

Zum Bestreichen:

4 EL Erdbeerfruchtaufstrich

300 g Marzipan-Rohmasse
100 g gesiebter Puderzucker

Zubereitungszeit: 80 Minuten, ohne Abkühl- und Kühlzeit
Backzeit: 35–40 Minuten

1. Den Backofen vorheizen.
Ober-/Unterhitze: etwa 180 °C
Heißluft: etwa 160 °C

2. Für den Teig die Butter oder Margarine zerlassen und abkühlen lassen. Das Mehl mit Speisestärke und Backpulver mischen, in eine verschließbare Schüssel (3-Liter-Inhalt) geben, mit Zucker und Salz mischen. Die Eier, Butter oder Margarine und Milch hinzufügen. Schüssel mit dem Deckel fest verschließen. Mehrmals (insgesamt 15–30 Sekunden) kräftig schütteln, sodass alle Zutaten gut vermischt sind. Mohn hinzugeben. Den Teig mit einem Schneebesen oder Rührlöffel nochmals sorgfältig durchrühren, damit trockene Zutaten vom Rand mit untergerührt werden.

3. Den Teig in eine Springform (Ø 26 cm, Boden gefettet, gemehlt) geben und glatt streichen. Die Form auf dem Rost in den vorgeheizten Backofen schieben. Den Gebäckboden **35–40 Minuten backen.**

4. Die Form auf einen Kuchenrost stellen. Den Boden etwa 10 Minuten in der Form stehen lassen, dann aus der Form lösen und auf einem mit Backpapier belegten Kuchenrost erkalten lassen. Gebäckboden einmal waagerecht durchschneiden.

5. Für den Belag die Gelatine in kaltem Wasser nach Packungsanleitung einweichen. Rhabarber waschen, Stielenden und Blattansätze entfernen. Stangen in etwa 2 cm lange Stücke schneiden. Rhabarberstücke mit Wasser in einem Topf weich dünsten lassen. Den Zucker und Vanille-Zucker unterrühren. Gelatine leicht ausdrücken und in dem Rhabarberkompott unter Rühren vollständig auflösen. Kompott abkühlen lassen. Joghurt unterrühren, kalt stellen.

6. Sahne steif schlagen. Wenn die Rhabarbermasse anfängt zu gelieren, Sahne unterheben. Den unteren Gebäckboden auf eine Platte legen. Einen Tortenring darumlegen. Die Rhabarbercreme auf den unteren Gebäckboden geben und glatt streichen. Den oberen Gebäckboden darauflegen und etwas andrücken. Torte 2–3 Stunden kalt stellen. Den Tortenring lösen und entfernen.

7. Zum Bestreichen den Fruchtaufstrich durch ein Sieb streichen und den Tortenrand damit bestreichen.

8. Das Marzipan klein schneiden und mit Puderzucker verkneten. Marzipanmasse zwischen zwei Frischhaltefolien dünn (Ø etwa 30 cm) ausrollen. Marzipanplatte auf die Torte legen. Oberfläche und Rand dabei etwas andrücken.

Tipp: Die Torte nach Belieben mit Sahnetuffs verzieren und mit gehobelter, weißer Kuvertüre bestreuen.

Mokka-Baiser-Torte mit Sauerkirschen | Fettarm

Insgesamt:
E: 26 g, F: 35 g, Kh: 265 g, kJ: 6310, kcal: 1503

Für das Baiser:
2 Eiweiß (Größe M)
100 g Zucker
1 Pck. Dr. Oetker Vanillin-Zucker
2 TL Instant-Kaffeepulver

Zum Bestreichen:
30 g Mokka-Sahne-Schokolade

Für die Füllung:
1 Glas Sauerkirschen (Abtropfgewicht 360 g)
125 ml (1/8 l) Sauerkirschsaft (aus dem Glas)
1 Pck. Dr. Oetker Pudding-Pulver Sahne-Geschmack
125 ml (1/8 l) Milch
1 Pck. Dr. Oetker Vanillin-Zucker
2 Eigelb (Größe M)

20 g geschabte Mokka-Sahne-Schokolade

Zubereitungszeit: 60 Minuten, ohne Abkühlzeit
Trockenzeit: 100–120 Minuten

1. Den Backofen vorheizen.
Ober-/Unterhitze: etwa 100 °C
Heißluft: etwa 80 °C

2. Für das Baiser Eiweiß steif schlagen. Der Schnee muss so fest sein, dass ein Messerschnitt sichtbar bleibt. Nach und nach kurz Zucker, Vanillin-Zucker und Kaffeepulver unterschlagen.

3. Einen Kreis (Ø etwa 24 cm) auf ein Stück Backpapier zeichnen und auf ein Backblech (gefettet) legen. Die Mokka-Baiser-Masse in einen Spritzbeutel mit Lochtülle füllen. Den aufgezeichneten Kreis spiralförmig mit der Mokka-Baiser-Masse ausspritzen. Zuletzt den äußeren Rand etwas höher spritzen (etwa 2 cm). Evtl. noch restliche Mokka-Baiser-Masse als Locken oder Tuffs mit auf das Backpapier spritzen. Das Backblech in den vorgeheizten Backofen schieben. Das Baiser **100–120 Minuten trocknen lassen.**

4. Den Baiserboden und evtl. Locken oder Tuffs vom Backpapier lösen und auf Kuchenrosten erkalten lassen. Baiserboden auf eine Platte legen.

5. Zum Bestreichen Schokolade in Stücke brechen, in einem kleinen Topf im heißen Wasserbad bei schwacher Hitze unter Rühren schmelzen. Den Baiserboden dünn damit bestreichen, fest werden lassen.

6. Für die Füllung die Sauerkirschen in einem Sieb gut abtropfen lassen, den Saft auffangen und 125 ml (1/8 l) abmessen. Saft mit 1/2 Päckchen Pudding-Pulver verrühren und unter Rühren zum Kochen bringen. Topf von der Kochstelle nehmen. Die Sauerkirschen unterheben, etwas abkühlen lassen. Sauerkirschmasse auf den Baiserboden geben, dabei die Mitte frei lassen.

7. Restliches Pudding-Pulver mit Milch und Vanillin-Zucker in einem Topf verrühren, unter Rühren aufkochen lassen. Topf von der Kochstelle nehmen, Eigelb unterrühren. Puddingmasse etwas abkühlen lassen, dabei ab und zu umrühren. Den nicht zu warmen Pudding in die Mitte des Baiserbodens geben, glatt streichen und erkalten lassen.

8. Die Torte mit Schokoladenspänen bestreuen und evtl. mit den Baisertuffs oder -locken garnieren.

Mokka-Pfirsich-Torte I

Fruchtig – einfach – mit Alkohol

Insgesamt:
E: 55 g, F: 275 g, Kh: 459 g, kJ: 20484, kcal: 4896

Für den Schüttelteig:
150 g Butter oder Margarine
125 g Weizenmehl
75 g gesiebte Speisestärke
1 Pck. Dr. Oetker Backin
100 g gesiebter Puderzucker
2 Pck. Dr. Oetker Bourbon-Vanille-Zucker
1 Prise Salz
3 Eier (Größe M)
100 ml Amaretto (Mandellikör)

Für die Füllung:
400 g Schlagsahne
2 EL Zucker
2 Pck. Dr. Oetker Sahnesteif
2 EL Amaretto (Mandellikör)
2–3 TL Instant-Kaffeepulver

Für den Belag:
1 Dose Pfirsichhälften (Abtropfgewicht etwa 500 g)

einige Minzestängel

Zubereitungszeit: 40 Minuten, ohne Abkühlzeit
Backzeit: etwa 30 Minuten

1. Den Backofen vorheizen.
Ober-/Unterhitze: etwa 180 °C
Heißluft: etwa 160 °C

2. Für den Teig Butter oder Margarine zerlassen und abkühlen lassen. Mehl mit Speisestärke, Backpulver und dem Puderzucker in eine verschließbare Schüssel (3–Liter-Inhalt) geben, mit Vanille-Zucker und Salz mischen. Eier, Butter oder Margarine und Amaretto hinzufügen. Die Schüssel mit dem Deckel fest verschließen.

3. Schüssel mehrmals (insgesamt 15–30 Sekunden) kräftig schütteln, sodass alle Zutaten gut vermischt sind. Den Teig mit einem Schneebesen oder Rührlöffel nochmals sorgfältig durchrühren, damit trockene Zutaten vom Rand mit untergerührt werden.

4. Den Teig in eine Springform (Ø 26 cm, Boden gefettet) geben und glatt streichen. Die Form auf dem Rost in den vorgeheizten Backofen schieben. Den Gebäckboden **etwa 30 Minuten backen.**

5. Den Boden aus der Form lösen und auf einem mit Backpapier belegten Kuchenrost erkalten lassen. Gebäckboden auf eine Tortenplatte legen.

6. Für die Füllung Sahne mit Zucker und Sahnesteif steif schlagen. Amaretto erwärmen, Kaffeepulver darin unter Rühren auflösen, abkühlen lassen und unter die Sahne heben. Die Mokkasahne auf den Gebäckboden geben und glatt streichen.

7. Für den Belag Pfirsichhälften in einem Sieb abtropfen lassen. Pfirsichhälften in Spalten schneiden und auf der Mokkasahne verteilen.

8. Minze abspülen, trocken tupfen. Die Blättchen von den Stängeln zupfen. Tortenoberfläche mit Minzeblättchen garnieren. Torte bis zum Servieren kalt stellen.

Multifruchttorte, geschichtet

Für Kinder – fruchtig

Insgesamt:
E: 108 g, F: 508 g, Kh: 639 g, kJ: 31661, kcal: 7556

Für den All-in-Teig:
250 g Weizenmehl
1 Pck. Dr. Oetker Backin
250 g weiche Butter oder Margarine
250 g Zucker
1 Pck. Dr. Oetker Finesse Natürliches Orangenschalen-Aroma
6 Eier (Größe M)

Für die Creme:
300 ml Multivitaminsaft
4 Eier (Größe M)
20 g Speisestärke
100 g Zucker
200 g weiche Butter

Zum Bestreichen und Garnieren:
200 g Schlagsahne
1 Pck. Dr. Oetker Vanillin-Zucker
einige Orangen-Schokostäbchen

Zubereitungszeit: 60 Minuten, ohne Abkühl- und Kühlzeit
Backzeit: etwa 20 Minuten

1. Den Backofen vorheizen.
Ober-/Unterhitze: etwa 200 °C
Heißluft: etwa 180 °C

2. Für den Teig Mehl mit Backpulver mischen und in eine Rührschüssel geben. Restliche Zutaten hinzufügen und mit Handrührgerät mit Rührbesen zunächst kurz auf niedrigster, dann auf höchster Stufe etwa 2 Minuten zu einem glatten Teig verarbeiten. Den Teig auf ein Backblech (30 x 40 cm, gefettet, mit Backpapier belegt) geben und glatt streichen. Das Backblech in den vorgeheizten Backofen schieben. Den Gebäckboden **etwa 20 Minuten backen.**

3. Den Gebäckboden vom Backblechrand lösen, auf mit Zucker bestreutes Backpapier stürzen und erkalten lassen. Mitgebackenes Backpapier abziehen. Den Boden senkrecht halbieren und jede Hälfte waagerecht durchschneiden, sodass 4 Böden (je etwa 20 x 30 cm) entstehen.

4. Für die Creme Saft mit Eiern und Speisestärke in einem Topf verrühren. Zucker und Butter hinzufügen. Die Zutaten unter ständigem Rühren aufkochen lassen. Den Topf von der Kochstelle nehmen. Die Creme etwa 15 Minuten abkühlen lassen, dabei gelegentlich umrühren, bis sie anfängt dicklich zu werden. 3 Esslöffel der Creme zum Verzieren beiseitestellen. Einen Gebäckboden auf eine Tortenplatte legen und mit einem Drittel der Creme bestreichen. Den zweiten Boden darauflegen und mit der Hälfte der restlichen Creme bestreichen. Den dritten Boden darauflegen und mit der restlichen Creme bestreichen. Mit dem vierten Boden belegen, leicht andrücken. Die Torte 1–2 Stunden kalt stellen.

5. Zum Bestreichen Sahne mit Vanillin-Zucker steif schlagen. Tortenoberfläche und -rand mit der Sahne bestreichen. Die beiseitegestellte Fruchtcreme kurz durchrühren und in ein Pergamentpapiertütchen oder einen kleinen Gefrierbeutel füllen. Eine kleine Ecke abschneiden. Den Tortenrand damit besprenkeln. Die Torte bis zum Servieren kalt stellen. Die Torte kurz vor dem Servieren mit Schokostäbchen garnieren.

Multivitamintorte | Fruchtig

Insgesamt:
E: 90 g, F: 32 g, Kh: 458 g, kJ: 10592, kcal: 2528

Für den Biskuitteig:
3 Eier (Größe M)
3 EL heißes Wasser
100 g Zucker
1 Pck. Dr. Oetker Vanillin-Zucker
1 Prise Salz
½ Pck. Dr. Oetker Finesse Geriebene Zitronenschale
150 g Weizenmehl
25 g gesiebte Speisestärke
1 TL Dr. Oetker Backin

Für den Belag:
2 Dosen Mandarinen (Abtropfgewicht je 175 g)
10 Blatt weiße Gelatine
200 g Frischkäse aus Buttermilch
500 ml (½ l) Fruchtbuttermilch Multi-Vitamin
80 g Zucker
½ Pck. Dr. Oetker Finesse Geriebene Zitronenschale
100 ml Mandarinensaft (aus der Dose)

Zubereitungszeit: 50 Minuten, ohne Abkühl- und Kühlzeit
Backzeit: etwa 25 Minuten

1. Den Backofen vorheizen.
Ober-/Unterhitze: etwa 180 °C
Heißluft: etwa 160 °C

2. Für den Teig Eier und Wasser mit Handrührgerät mit Rührbesen auf höchster Stufe in etwa 1 Minute schaumig schlagen. Zucker mit Vanillin-Zucker, Salz und Zitronenschale mischen, in etwa 1 Minute einstreuen, dann noch etwa 2 Minuten weiterschlagen.

3. Das Mehl mit Speisestärke und Backpulver mischen, die Hälfte davon auf die Eiercreme geben und kurz auf niedrigster Stufe unterrühren. Restliches Mehlgemisch auf die gleiche Weise unterarbeiten. Den Teig in einer Springform (Ø 26 cm, Boden gefettet, mit Backpapier

belegt) glatt streichen. Die Form auf dem Rost in den vorgeheizten Backofen schieben. Den Biskuitboden **etwa 25 Minuten backen.**

4. Den Biskuitboden aus der Form lösen, auf einen mit Backpapier belegten Kuchenrost stürzen und erkalten lassen. Mitgebackenes Backpapier abziehen. Den Biskuitboden einmal waagerecht durchschneiden. Den unteren Boden auf eine Platte legen und einen Tortenring darumlegen.

5. Für den Belag Mandarinen in einem Sieb gut abtropfen lassen, den Saft auffangen und 100 ml abmessen. Gelatine in kaltem Wasser nach Packungsanleitung einweichen. Den Frischkäse mit Buttermilch, Zucker, Zitronenschale und Mandarinensaft geschmeidig rühren. Gelatine leicht ausdrücken, in einem kleinen Topf unter Rühren erwärmen (nicht kochen), bis sie völlig gelöst ist. Gelatine mit 2–3 Esslöffeln von der Frischkäsemasse verrühren, dann unter die restliche Frischkäsemasse rühren, kurz kalt stellen.

6. Gut zwei Drittel der Mandarinen auf dem unteren Biskuitboden verteilen, dabei einen etwa 1 cm breiten Rand frei lassen. Zwei Drittel der Frischkäsemasse daraufgeben und glatt streichen. Den oberen Biskuitboden darauflegen, leicht andrücken und mit der restlichen Frischkäsemasse bestreichen. Tortenoberfläche mit den restlichen Mandarinen garnieren. Die Torte etwa 3 Stunden kalt stellen. Den Tortenring lösen und entfernen.

Nougatcremetorte I

Raffiniert – dauert länger

Insgesamt:
E: 92 g, F: 300 g, Kh: 711 g, kJ: 24837, kcal: 5928

Für den Knetteig:
130 g Weizenmehl
40 g Zucker
90 g Butter oder Margarine

Für den Biskuitteig:
4 Eier (Größe M)
1 Eigelb (Größe M)
3 EL heißes Wasser
150 g Zucker
1 Pck. Dr. Oetker Vanillin-Zucker
150 g Weizenmehl
25 g gesiebte Speisestärke
1 gestr. TL Dr. Oetker Backin
10 g gesiebtes Kakaopulver

Für die Nougatcreme:
2 Pck. Dr. Oetker Pudding-Pulver Sahne-Geschmack
500 ml (1/2 l) Milch
200 g Nuss-Nougat
150 g weiche Butter

Zum Bestreichen:
150 g Wild-Preiselbeeren (aus dem Glas)

Zubereitungszeit: 70 Minuten, ohne Abkühlzeit
Backzeit: etwa 27 Minuten

1. Den Backofen vorheizen.
Ober-/Unterhitze: etwa 200 °C
Heißluft: etwa 180 °C

2. Für den Knetteig Mehl in eine Rührschüssel geben. Restliche Zutaten hinzufügen und mit Handrührgerät mit Knethaken zunächst kurz auf niedrigster, dann auf höchster Stufe gut durcharbeiten. Anschließend auf einer leicht bemehlten Arbeitsfläche zu einem glatten Teig verkneten. Den Teig auf dem Boden einer Springform (Ø 26 cm, gefettet) ausrollen.

3. Den Teigboden mehrmals mit einer Gabel einstechen. Springformrand darumlegen. Die Form auf dem Rost in den vorgeheizten Backofen schieben und den Knetteigboden **etwa 15 Minuten backen.**

4. Springformrand entfernen. Den Knetteigboden vom Springformboden lösen, aber darauf auf einem Kuchenrost erkalten lassen.

5. Für den Biskuitteig Eier, Eigelb und Wasser mit Handrührgerät mit Rührbesen auf höchster Stufe in etwa 1 Minute schaumig schlagen. Den Zucker und Vanillin-Zucker mischen, in etwa 1 Minute einstreuen, dann noch etwa 2 Minuten weiterschlagen. Mehl mit Speisestärke und Backpulver mischen, die Hälfte davon auf die Eiercreme geben und kurz auf niedrigster Stufe unterrühren. Das restliche Mehlgemisch auf die gleiche Weise unterarbeiten. Den Teig halbieren. Unter eine Teighälfte Kakao rühren.

6. Die Teige in je einen Gefrierbeutel füllen und eine Ecke abschneiden. Die Teige abwechselnd diagonal auf ein Backblech (30 x 40 cm, gefettet, mit Backpapier belegt) spritzen. Das Backblech in den heißen Backofen schieben. Dann den Biskuitteig **bei gleicher Backofeneinstellung etwa 12 Minuten backen.** Die Gebäckplatte auf mit Zucker bestreutes Backpapier stürzen und mit dem Backpapier erkalten lassen. Mitgebackenes Backpapier vorsichtig abziehen.

7. Für die Nougatcreme Pudding-Pulver mit etwas von der Milch verrühren. Restliche Milch in einem Topf erhitzen. Nougat darin auflösen. Die Nougatmilch zum Kochen bringen. Angerührtes Pudding-Pulver einrühren und unter Rühren nochmals aufkochen lassen. Den Topf von der Kochstelle nehmen. Den Pudding direkt mit Frischhaltefolie belegen und erkalten lassen (nicht kalt stellen).

8. Butter mit Handrührgerät mit Rührbesen schaumig schlagen. Den Pudding esslöffelweise unterrühren. Dabei darauf achten, dass die Butter und der Pudding Zimmertemperatur haben, da die Creme sonst gerinnt.

9. Aus der Biskuitplatte einen runden Boden (Ø gut 22 cm) und mehrere 5 cm breite Streifen schneiden. Die Streifen mit der Hälfte der Preiselbeeren bestrei-

chen. Den Knetteigboden auf eine Tortenplatte legen und mit den restlichen Preiselbeeren bestreichen. Den ausgeschnittenen Biskuitboden darauflegen. Einen Tortenring darumstellen.

10. Die Biskuitstreifen mit der bestrichenen Seite nach innen an den Tortenringrand stellen.

11. Die Gebäckreste fein zerbröseln. Die Hälfte der Nougatcreme auf dem Boden verstreichen. 3–4 Esslöffel von den Bröseln beiseitestellen. Restliche Brösel auf der Nougatcreme verteilen und leicht andrücken. Restliche Nougatcreme vorsichtig daraufstreichen. Die beiseitegestellten Brösel als Rand auf die Tortenoberfläche streuen. Torte bis zum Servieren kalt stellen.

Nougat-Kirsch-Torte | Für Kinder

Insgesamt:
E: 148 g, F: 285 g, Kh: 645 g, kJ: 24892, kcal: 5945

1 Glas Sauerkirschen (Abtropfgewicht 360 g)
100 g Nuss-Nougat

Für den Schüttelteig:
250 g Weizenmehl
3 gestr. TL Dr. Oetker Backin
125 g Zucker
1 Pck. Dr. Oetker Vanillin-Zucker
3 Eier (Größe M)
150 ml Speiseöl
75 ml Milch
10 g gesiebtes Kakaopulver
3 EL Milch

Für den Belag:
6 Blatt weiße Gelatine
500 g Speisequark (Magerstufe)
100 g Zucker
2 Pck. Dr. Oetker Vanillin-Zucker
250 g Schlagsahne

Für den Guss:
1 Pck. Tortenguss, klar, ungezuckert
250 ml (1/4 l) Sauerkirschsaft (aus dem Glas)

Zubereitungszeit: 65 Minuten, ohne Abkühl- und Kühlzeit
Backzeit: 35–40 Minuten

1. Die Sauerkirschen in einem Sieb abtropfen lassen und evtl. mit Küchenpapier trocken tupfen. Den Saft auffangen und 250 ml (1/4 l) abmessen. Nougat nach Packungsanleitung schmelzen und etwas abkühlen lassen.

2. Den Backofen vorheizen.
Ober-/Unterhitze: etwa 180 °C
Heißluft: etwa 160 °C

3. Für den Teig Mehl mit Backpulver mischen und in eine verschließbare Schüssel (3-Liter-Inhalt) geben, mit Zucker und Vanillin-Zucker mischen. Eier, Speiseöl und Milch hinzufügen.

4. Schüssel mit dem Deckel fest verschließen. Mehrmals (insgesamt 15–30 Sekunden) kräftig schütteln, sodass alle Zutaten gut vermischt sind. Den Teig mit einem Schneebesen oder Rührlöffel nochmals sorgfältig durchrühren, damit trockene Zutaten vom Rand mit untergerührt werden.

5. Zwei Drittel des Teiges in eine Springform (Ø 26 cm, Boden gefettet) geben und glatt streichen. Die abgetropften Sauerkirschen gleichmäßig darauf verteilen, dabei einen etwa 1 cm breiten Rand frei lassen. Den restlichen Teig mit Kakao, Milch und Nougat verrühren, auf die Sauerkirschen geben und glatt streichen. Die Form auf dem Rost in den vorgeheizten Backofen schieben. Gebäckboden **35–40 Minuten backen.**

6. Den Boden aus der Form lösen und auf einem mit Backpapier belegten Kuchenrost erkalten lassen.

7. Für den Belag die Gelatine in kaltem Wasser nach Packungsanleitung einweichen. Quark mit Zucker und Vanillin-Zucker verrühren. Gelatine leicht ausdrücken, in einem kleinen Topf unter Rühren erwärmen (nicht kochen), bis sie völlig gelöst ist. Gelatine mit 2–3 Esslöffeln der Quarkmasse verrühren, dann unter die restliche Quarkmasse rühren.

8. Sahne steif schlagen und vorsichtig unterheben. Die Quark-Sahne-Creme leicht kuppelartig auf den Gebäckboden streichen. Die Torte etwa 60 Minuten kalt stellen.

9. Für den Guss aus Tortengusspulver und Sauerkirschsaft (aber ohne Zucker) einen Guss nach Packungsanleitung zubereiten.

10. Den Guss nach und nach portionsweise auf der Quark-Sahne-Creme verteilen, sodass der Guss in dicken „Nasen“ an der Seite herunterläuft. Dabei die untere Schicht vor dem Auftragen der nächsten Schicht kurz fest werden lassen.

11. Den Guss fest werden lassen. Die Torte bis zum Servieren kalt stellen.

Orangen-Cointreau-Torte I

Dauert länger – mit Alkohol

Insgesamt:
E: 121 g, F: 535 g, Kh: 886 g, kJ: 37562, kcal: 8970

Für den Knetteig:
450 g Weizenmehl
2 gestr. TL Dr. Oetker Backin
120 g gesiebter Puderzucker
1 Pck. Dr. Oetker Vanillin-Zucker
3 Eier (Größe M)
½ Pck. Dr. Oetker Finesse Natürliches Orangenschalen-Aroma
225 g Butter oder Margarine

Für die Füllung:
3 Eier (Größe M)
125 g Zucker
150 ml Orangensaft
30 g Speisestärke
4–5 EL Cointreau (Orangenlikör)
100 g Butter

Zum Bestreichen:
200 g weiße Schokolade
100 g Schlagsahne
100 g Butter
etwa 2 EL Cointreau

100 g Marzipan-Rohmasse
½ Pck. Dr. Oetker Finesse Natürliches Orangenschalen-Aroma
1 EL gesiebter Puderzucker
50 g Orangenmarmelade
einige kandierte Orangenscheiben

Zubereitungszeit: 90 Minuten, ohne Abkühl- und Kühlzeit
Backzeit: etwa 12 Minuten je Boden

1. Den Backofen vorheizen.
Ober-/Unterhitze: etwa 200 °C
Heißluft: etwa 180 °C

2. Für den Teig Mehl mit Backpulver und Puderzucker mischen und in eine Rührschüssel geben. Restliche Zutaten hinzufügen und mit Handrührgerät mit Knethaken zunächst kurz auf niedrigster, dann auf höchster Stufe gut durcharbeiten. Anschließend auf einer leicht bemehlten Arbeitsfläche zu einem glatten Teig verkneten.

3. Den Teig in 5 Portionen teilen. Nacheinander jede Teigportion auf dem Boden einer Springform (Ø 26 cm, gefettet) ausrollen. Teigboden mehrmals mit einer Gabel einstechen. Springformböden (ohne Springformrand) nacheinander (bei Heißluft 2 Böden zusammen) auf dem Rost in den vorgeheizten Backofen schieben. Knetteigböden **je etwa 12 Minuten backen.**

4. Die Böden sofort vom Springformboden lösen, jeweils vorsichtig auf einen mit Backpapier belegten Kuchenrost legen und erkalten lassen.

5. Für die Füllung Eier mit Zucker, Orangensaft und Speisestärke in einem Topf unter ständigem Rühren zum Kochen bringen. Topf von der Kochstelle nehmen, Cointreau unterrühren. Butter nach und nach unterschlagen. Die Creme erkalten lassen.

6. Vier der Knetteigböden mit jeweils einem Viertel der Creme bestreichen und zu einer Torte zusammensetzen. Den nicht bestrichenen Boden darauflegen. Die Torte etwa 60 Minuten kalt stellen.

7. Zum Bestreichen Schokolade fein hacken. Sahne aufkochen lassen. Topf von der Kochstelle nehmen. Die Schokolade darin unter Rühren schmelzen, Butter unterrühren. Die Creme mit Cointreau abschmecken und kalt stellen. Kurz bevor die Creme fest ist, sie mit Handrührgerät mit Rührbesen cremig aufschlagen. Tortenoberfläche und -rand damit bestreichen. Die Torte 2–3 Stunden kalt stellen.

8. Das Marzipan in Stücke schneiden und mit Aroma und Puderzucker geschmeidig kneten. Das Marzipan auf einer mit Puderzucker bestäubten Arbeitsfläche dünn ausrollen. 12 Kreise mit Blütenrand (Ø etwa 4 cm) ausstechen. Die Kreise so zusammendrücken, dass eine große und eine kleine Öffnung entsteht. Die große Öffnung mit glatt gerührter Marmelade füllen. Zuerst die Orangenscheiben, dann die Tütchen auf den Tortenoberflächenrand legen.

Orangen-Herrentorte

Beliebt – mit Alkohol

Insgesamt:
E: 105 g, F: 386 g, Kh: 584 g, kJ: 26505, kcal: 6337

Für den All-in-Teig:
50 g Weizenmehl
1 Msp. Dr. Oetker Backin
40 g Zucker
1 Ei (Größe M)
50 g weiche Butter oder Margarine

Zum Bestreuen:
25 g Zartbitter-Raspelschokolade

Für den Knetteig:
125 g Weizenmehl
½ gestr. TL Dr. Oetker Backin
50 g Zucker
1 Pck. Dr. Oetker Vanillin-Zucker
1 Ei (Größe M)
50 g Butter

Zum Bestreichen:
150 g bittere Orangenmarmelade

Für die Füllung:
300 g Edelbitter-Schokolade (etwa 60 % Kakaoanteil)
5 Blatt weiße Gelatine
100 ml Milch
1 EL Zucker
3 Eigelb (Größe M)
400 g Schlagsahne
3–4 EL Cognac oder Grand Manier (Orangenlikör)

Für die Randverzierung:
3 Eiweiß (Größe M)
100 g Zucker
1 Pck. Dr. Oetker Finesse Natürliches Orangenschalen-Aroma

Zubereitungszeit: 50 Minuten, ohne Abkühl- und Kühlzeit
Backzeit: etwa 25 Minuten

1. Den Backofen vorheizen.
Ober-/Unterhitze: etwa 180 °C
Heißluft: etwa 160 °C

2. Für den All-in-Teig Mehl mit Backpulver mischen und in eine Rühschüssel geben. Die restlichen Zutaten hinzufügen und mit Handrührgerät mit Rührbesen auf höchster Stufe in etwa 2 Minuten zu einem glatten Teig verarbeiten.

3. Den Teig in eine Springform (Ø 26 cm, Boden gefettet) füllen, glatt streichen und mit Schokolade bestreuen. Die Form auf dem Rost in den vorgeheizten Backofen schieben. Den Gebäckboden **etwa 10 Minuten backen.**

4. Den Boden aus der Form lösen und auf einem mit Backpapier belegten Kuchenrost erkalten lassen.

5. Für den Knetteig das Mehl mit Backpulver mischen und in eine Rührschüssel geben. Die restlichen Zutaten hinzufügen und mit Handrührgerät mit Knethaken zunächst kurz auf niedrigster, dann auf höchster Stufe gut durcharbeiten. Den Teig auf einer leicht bemehlten Arbeitsfläche kurz verkneten und auf dem Boden einer Springform (Ø 26 cm, gefettet) ausrollen. Teigboden mehrmals mit einer Gabel einstechen. Springformrand darumlegen. Die Form auf dem Rost in den heißen Backofen schieben. Den Knetteigboden **bei gleicher Backofeneinstellung 12–15 Minuten backen.**

6. Den Knetteigboden vom Springformboden lösen, aber darauf etwas abkühlen lassen. Den Boden vorsichtig auf eine Tortenplatte gleiten lassen und noch warm mit Marmelade bestreichen. Boden erkalten lassen, einen Tortenring darumlegen.

7. Für die Füllung Schokolade in Stücke brechen, in einem kleinen Topf im heißen Wasserbad bei schwacher Hitze unter Rühren schmelzen, etwas abkühlen lassen. Die Gelatine in kaltem Wasser nach Packungsanleitung einweichen. Milch mit Zucker und Eigelb in eine Schüssel geben und im heißen Wasserbad mit Handrührgerät mit Rührbesen zu einer dicklichen Masse schlagen (etwa 5 Minuten). Die Schüssel aus dem Wasserbad nehmen. Gelatine leicht ausdrücken und in der Eigelbcreme unter Rühren auflösen.

8. Zwei Esslöffel der flüssigen Schokolade beiseitestellen. Die restliche Schokolade in 2 Portionen kurz unter die Eigelbcreme rühren. Die Schokoladencreme unter gelegentlichem Rühren abkühlen lassen.

9. Sahne steif schlagen und in 2 Portionen vorsichtig unter die Schokoladencreme heben, den Alkohol unterrühren. Knapp die Hälfte der Schokoladencreme auf den mit Marmelade bestrichenen Boden geben und glatt streichen. Dann den All-in-Teig-Boden darauflegen. Restliche Schokoladencreme daraufgeben und glatt streichen. Die Torte etwa 2 Stunden kalt stellen. Tortenring lösen und entfernen.

10. Für die Randverzierung Eiweiß mit Zucker sehr steif schlagen. Aroma unterrühren. Die Baisermasse portionsweise in einen Spritzbeutel mit kleiner Sterntülle füllen. Den Tortenrand damit verzieren. Anschließend das Baiser mit einem Flämmgerät goldgelb abflämmen.

11. Die beiseitegestellte Schokolade wieder leicht erwärmen. Die Torte damit besprenkeln. Schokolade fest werden lassen.

Tipp: Den Tortenrand mit steif geschlagener Sahne statt mit Baiser verzieren.

Ostpreußische Silvestertorte

Klassisch – gut vorzubereiten – mit Alkohol

Insgesamt:
E: 151 g, F: 400 g, Kh: 948 g, kJ: 33481, kcal: 7996

Für den Rührteig:
100 g Zartbitter-Schokolade
200 g weiche Butter oder Margarine
175 g Zucker
1 Prise Salz
10 g Pfefferkuchengewürz
4 Eier (Größe M)
375 g Weizenmehl
1 Pck. Dr. Oetker Backin
125 ml (1/8 l) Milch

Zum Bestreichen:
250 g Johannisbeergelee

Zum Garnieren:
400 g Marzipan-Rohmasse
100 g gesiebter Puderzucker
2–3 EL Rum
2 Eier (Größe M)
2 Eigelb (Größe M)

Zum Verzieren:
75 g Johannisbeergelee

Zubereitungszeit: 50 Minuten, ohne Abkühl- und Durchziehzeit
Backzeit: etwa 65 Minuten

1. Den Backofen vorheizen.
Ober-/Unterhitze: etwa 180 °C
Heißluft: etwa 160 °C

2. Für den Teig Schokolade auf einer Küchenreibe fein reiben. Butter oder Margarine mit Handrührgerät mit Rührbesen auf höchster Stufe geschmeidig rühren. Nach und nach Zucker, Salz und Pfefferkuchengewürz unterrühren. So lange rühren, bis eine gebundene Masse entstanden ist.

3. Die Eier nach und nach unterrühren (jedes Ei etwa 1/2 Minute). Mehl mit Backpulver mischen, in 2 Portionen abwechselnd mit der Milch kurz auf mittlerer Stufe unterrühren. Schokolade kurz unterrühren. Den Teig in eine Springform (Ø 26 cm, Boden gefettet) geben und glatt streichen. Die Form auf dem Rost in den vorgeheizten Backofen schieben. Den Gebäckboden **etwa 60 Minuten backen.**

4. Den Gebäckboden aus der Form lösen und auf einem mit Backpapier belegten Kuchenrost erkalten lassen. Boden einmal waagerecht durchschneiden.

5. Zum Bestreichen den unteren Gebäckboden auf eine Platte legen und mit knapp der Hälfte des glatt gerührten Gelees bestreichen. Den oberen Boden darauflegen und etwas andrücken. Tortenoberfläche und -rand mit dem restlichen Gelee bestreichen.

6. Den Backofengrill vorheizen.

7. Zum Garnieren Marzipan sehr klein schneiden und in eine Rührschüssel geben. Puderzucker, Rum, Eier und Eigelb nach und nach hinzugeben. Die Zutaten mit Handrührgerät mit Rührbesen zu einer geschmeidigen Masse verrühren. Die Marzipanmasse portionsweise in einen Spritzbeutel mit kleiner Sterntülle geben. Die Tortenoberfläche gitterartig damit verzieren. Den oberen Tortenrand mit gespritzten Herzen verzieren.

8. Die Torte vorsichtig auf dem Rost unter den vorgeheizten Backofengrill (unteres Drittel) schieben. Die Marzipanverzierung **etwa 5 Minuten goldgelb überbacken.**

9. Die Torte abkühlen lassen, dann in Alufolie verpackt mindestens 1 Tag an einem kühlen, trockenen Ort durchziehen lassen.

10. Zum Verzieren Gelee in einem kleinen Topf aufkochen und etwas abkühlen lassen. Gelee in ein Pergamentpapiertütchen oder einen kleinen Gefrierbeutel füllen. Eine kleine Ecke abschneiden. Kurz vor dem Servieren die Marzipanzwischenräume auf der Tortenoberfläche damit füllen.

Tipp: Das Johannisbeergelee können Sie auch durch Hagebuttenkonfitüre oder Holunderbeergelee ersetzen.

Petit-Four-Torte I

Raffiniert – zum Verschenken – mit Alkohol

Insgesamt:
E: 145 g, F: 655 g, Kh: 1031 g, kJ: 45109, kcal: 10770

Für den Biskuitteig:
(Teig 2 x zubereiten)
75 g Butter
4 Eier (Größe M)
3 EL Orangensaft
150 g Zucker
1 Pck. Dr. Oetker Vanillin-Zucker
100 g Weizenmehl
50 g Speisestärke
3 gestr. TL Dr. Oetker Backin
50 g abgezogene, gemahlene Mandeln

Für die Buttercreme:
500 ml (1/2 l) Milch
50 g Zucker
1 Pck. Dr. Oetker Pudding-Pulver Vanille-Geschmack
200 g weiche Butter
50 g Kokosfett

Zum Tränken und Bestreichen:
2 EL Wasser
30 g Zucker
75 ml Himbeergeist
150 g Himbeer- oder Waldfrucht-konfitüre

Für den Guss:
300 g weiße Kuvertüre
50 g Kokosfett

Zum Verzieren und Garnieren:
50 g Zartbitter-Kuvertüre
1 TL Speiseöl
verschiedene Garnierungen, z. B. kandierte Veilchen oder Rosen, Belegkirschen, gehackte Pistazienkerne, getrocknete Aprikosen- oder Ananasstückchen, Zuckerperlen

Zubereitungszeit: 80 Minuten, ohne Abkühl- und Kühlzeit
Backzeit: etwa 25 Minuten je Boden

1. Den Backofen vorheizen.
Ober-/Unterhitze: etwa 180 °C
Heißluft: etwa 160 °C

2. Für den Teig Butter zerlassen und abkühlen lassen. Die Eier und Orangensaft in eine Rührschüssel geben und mit Handrührgerät mit Rührbesen auf höchster Stufe in etwa 1 Minute schaumig schlagen. Zucker und Vanillin-Zucker mischen, in etwa 1 Minute einstreuen, dann noch etwa 2 Minuten weiterschlagen. Mehl mit Speisestärke und Backpulver mischen, die Hälfte davon auf die Eiercreme geben und kurz auf niedrigster Stufe unterrühren. Restliches Mehlgemisch auf die gleiche Weise unterarbeiten. Die Mandeln und zuletzt die Butter kurz unterrühren. Einen Backrahmen (etwa 26 x 26 cm) auf ein Backblech (mit Backpapier belegt) stellen. Den Teig hineingeben und glatt streichen. Das Backblech in den vorgeheizten Backofen schieben. Die Biskuitplatte **etwa 25 Minuten backen.**

3. Den Boden vom Backrahmenrand lösen, mit dem Backpapier auf einen Kuchenrost ziehen und erkalten lassen. Den zweiten Biskuitboden ebenso zubereiten, backen und erkalten lassen. Die Gebäckplatten jeweils einmal waagerecht durchschneiden.

4. Für die Buttercreme aus Milch, Zucker und Pudding-Pulver einen Pudding nach Packungsanleitung zubereiten. Den Pudding direkt mit Frischhaltefolie belegen, damit sich keine Haut bildet, und erkalten lassen (nicht kalt stellen). Butter mit Handrührgerät mit Rührbesen geschmeidig rühren. Den Pudding esslöffelweise unterschlagen. Dabei darauf achten, dass Butter und Pudding Zimmertemperatur haben, da die Creme sonst gerinnt. Kokosfett zerlassen und warm unter die Buttercreme schlagen.

5. Zum Tränken und Bestreichen Wasser mit Zucker aufkochen und abkühlen lassen. Himbeergeist unterrühren. Eine Biskuitplatte auf eine Tortenplatte legen und zuerst mit einem Drittel der Konfitüre bestreichen. Dann mit einem Drittel der Buttercreme bestreichen. Die zweite Biskuitplatte darauflegen. Die Biskuitplatte

mithilfe eines Pinsels mit einem Drittel der Tränkflüssigkeit bestreichen. Die Hälfte der restlichen Konfitüre daraufstreichen. Knapp die Hälfte der restlichen Buttercreme darauf verteilen. Die dritte Biskuitplatte darauflegen und mit der Hälfte der restlichen Tränkflüssigkeit bestreichen. Restliche Konfitüre und restliche Buttercreme (3 Esslöffel Creme beiseitestellen) daraufstreichen. Die vierte Biskuitplatte darauflegen und mit der restlichen Tränkflüssigkeit bestreichen oder beträufeln. Die Torte rundherum dünn mit der beiseitegestellten Buttercreme bestreichen. Die Torte etwa 2 Stunden kalt stellen.

6. Für den Guss weiße Kuvertüre in Stücke hacken, mit Kokosfett in einem kleinen Topf im heißen Wasserbad bei schwacher Hitze schmelzen. Tortenoberfläche und -rand mit dem Guss überziehen. Guss fest werden lassen.

7. Dunkle Kuvertüre mit Speiseöl wie zuvor beschrieben schmelzen. Kuvertüre in ein Pergamentpapiertütchen füllen und eine kleine Spitze abschneiden.

8. Die Tortenoberfläche mit der Kuvertüre in kleine angedeutete Petits Fours einteilen. Nach Belieben verzieren und garnieren.

Tipp: Anstelle des Himbeergeistes schmeckt auch sehr gut Kirschwasser. Dann auch Kirschkonfitüre verwenden.

Pflaumen-Knusperstreusel-Torte I

Beliebt

Insgesamt:
E: 72 g, F: 455 g, Kh: 564 g, kJ: 28040, kcal: 6693

Für den Streuselteig:

350 g Weizenmehl
1 gestr. TL Dr. Oetker Backin
150 g Zucker
2 Pck. Dr. Oetker Vanillin-Zucker
1 Ei (Größe M)
200 g Butter oder Margarine

Für den Belag:

1 Glas entsteinte Pflaumen (Abtropfgewicht 385 g)
500 g Mascarpone (ital. Frischkäse)
50 g Zucker
½ TL gemahlener Zimt
200 g Schlagsahne

Zubereitungszeit: 40 Minuten, ohne Abkühl- und Kühlzeit
Backzeit: 50–55 Minuten

1. Den Backofen vorheizen.
Ober-/Unterhitze: etwa 200 °C
Heißluft: etwa 180 °C

2. Für den Teig Mehl mit Backpulver mischen und in eine Rührschüssel geben. Restliche Zutaten hinzufügen und mit Handrührgerät mit Rührbesen zunächst kurz auf niedrigster, dann auf höchster Stufe zu Streuseln verarbeiten. Von den Streuseln 2–3 Esslöffel abnehmen und beiseitestellen. Die restliche Streuselmenge halbieren. Eine Streuselhälfte in einer Springform (Ø 26 cm, Boden gefettet) verteilen und mit einem Löffel zu einem Boden andrücken. Die Form auf dem Rost in den vorgeheizten Backofen schieben. Den Streuselboden **etwa 20 Minuten backen.**

3. Den Springformrand sofort nach dem Backen lösen und entfernen. Den Streuselboden vom Springformboden lösen, aber darauf auf einem Kuchenrost erkalten lassen.

4. In der Zwischenzeit die beiseitegestellten Streusel locker auf ein Backblech (mit Backpapier belegt) streuen und dann **bei gleicher Backofeneinstellung 10–15 Minuten backen.** Die Streusel mit dem Backpapier vom Backblech auf einen Kuchenrost ziehen und erkalten lassen.

5. Die zweite Streuselhälfte ebenso in der gefetteten Springform andrücken, **bei gleicher Backofeneinstellung etwa 20 Minuten backen** und erkalten lassen.

6. Für den Belag Pflaumen in einem Sieb gut abtropfen lassen. 2–3 Pflaumen zum Garnieren beiseitelegen. Mascarpone mit Zucker und Zimt verrühren. Die Sahne steif schlagen und unterheben. Einen Streuselboden auf eine Tortenplatte legen und mit der Hälfte der Pflaumen belegen. Die Hälfte der Mascarponecreme darauf verstreichen und den zweiten Streuselboden darauflegen. Restliche Pflaumen darauf verteilen. Die restliche Mascarponecreme locker daraufstreichen. Die beiseitegelegten Pflaumen in Streifen schneiden und auf der Tortenoberfläche verteilen. Die Torte etwa 60 Minuten kalt stellen. Vor dem Servieren die gebackenen Streusel auf die Torte streuen.

Tipp: Sie können Böden und Streusel 1–4 Tage vor dem Zubereiten der Torte backen, erkalten lassen und in Alufolie verpackt lagern.

Piña-Colada-Charlotte

Dauert länger – mit Alkohol

Insgesamt:
E: 106 g, F: 340 g, Kh: 858 g, kJ: 29123, kcal: 6953

Für den Boden:
3 Eier (Größe M)
125 g Zucker
100 ml Speiseöl
100 ml Kokosmilch (aus der Dose)
200 g Weizenmehl
3 gestr. TL Dr. Oetker Backin
20 g Kokosraspel, grob

Für die Biskuitrolle:
3 Eier (Größe M)
1 Eigelb (Größe M)
100 g Zucker
1 Pck. Dr. Oetker Vanillin-Zucker
100 g Weizenmehl
½ gestr. TL Dr. Oetker Backin

Zum Bestreichen und für den Fruchtbelag:
1 Dose Ananasstücke (Abtropfgewicht 340 g)
150 g Ananaskonfitüre

Für die Füllung:
6 Blatt weiße Gelatine
500 g Vanille-Sahnepudding (aus dem Kühlregal)
300 ml Kokosmilch (aus der Dose)
3 EL weißer Rum
50 g Kokosraspel, grob
1 EL Zucker
200 g Schlagsahne

Zum Bestreichen:
150 g Ananaskonfitüre
1 EL Wasser

Zum Garnieren:
100 g Schlagsahne
1–2 EL Ananassaft (aus der Dose)
2 EL Kokosraspel

Zubereitungszeit: 80 Minuten, ohne Abkühl- und Kühlzeit
Backzeit: 38–40 Minuten

1. Den Backofen vorheizen.
Ober-/Unterhitze: etwa 180 °C
Heißluft: etwa 160 °C

2. Für den Boden Eier mit Zucker, Speiseöl und Kokosmilch in eine Rührschüssel geben und mit Handrührgerät mit Rührbesen auf höchster Stufe verrühren. Das Mehl mit Backpulver mischen und auf mittlerer Stufe kurz unterrühren. Kokosraspel unterheben. Den Teig in eine Springform (Ø 26 cm, Boden gefettet, mit Backpapier belegt) geben und glatt streichen. Die Form auf dem Rost in den vorgeheizten Backofen schieben. Den Gebäckboden **etwa 30 Minuten backen.**

3. Gebäckboden aus der Form lösen, auf einen mit Backpapier belegten Kuchenrost stürzen und erkalten lassen. Mitgebackenes Backpapier abziehen. Dann die **Backofentemperatur auf Ober-/Unterhitze: etwa 200 °C, Heißluft etwa 180 °C erhöhen.**

4. Für die Biskuitrolle Eier und Eigelb mit Handrührgerät mit Rührbesen auf höchster Stufe in etwa 1 Minute schaumig schlagen. Zucker und Vanillin-Zucker mischen, in etwa 1 Minute einstreuen, dann noch etwa 2 Minuten weiterschlagen. Mehl mit Backpulver mischen, auf die Eiercreme geben und kurz auf niedrigster Stufe unterrühren. Den Teig auf ein Backblech (30 x 40 cm, gefettet, mit Backpapier belegt) geben und glatt streichen. Das Backblech in den heißen Backofen schieben. Die Biskuitplatte **8–10 Minuten backen.**

5. Die Biskuitplatte vom Backblechrand lösen und auf mit Zucker bestreutes Backpapier stürzen. Mitgebackenes Backpapier vorsichtig abziehen.

6. Zum Bestreichen und für den Belag Ananasstücke in einem Sieb abtropfen lassen, den Saft auffangen. Die Hälfte der Ananasstücke pürieren, mit Konfitüre verrühren und auf die warme Biskuitplatte streichen. Die Biskuitplatte von der längeren Seite aus fest aufrollen und erkalten lassen. Die Rolle in etwa 2 cm dicke Scheiben schneiden.

7. Den gestürzten Gebäckboden wieder umdrehen und mit einem Löffel gut 1 cm tief aushöhlen. Dabei einen etwa 1 cm breiten Rand stehen lassen. Ausgehöhltes Gebäck fein zerbröseln und beiseitelegen.

8. Die restlichen Ananasstücke klein schneiden und in dem Gebäckboden verteilen. Einen Tortenring darumlegen. Die Biskuitscheiben an den inneren Rand des Tortenrings stellen.

9. Für die Füllung Gelatine in kaltem Wasser nach Packungsanleitung einweichen. Pudding mit Kokosmilch, Rum, Kokosraspeln und Zucker verrühren. Die Gelatine leicht ausdrücken und in einem kleinen Topf unter Rühren erwärmen (nicht kochen), bis sie völlig gelöst ist. Gelatine mit 2–3 Esslöffeln der Puddingmasse verrühren, dann unter die restliche Puddingmasse rühren. Sahne steif schlagen und unterheben.

10. Creme auf dem Gebäckboden in der Form verstreichen, mit den restlichen Biskuitscheiben belegen.

11. Zum Bestreichen Konfitüre durch ein Sieb streichen, mit Wasser aufkochen lassen. Die Tortenoberfläche mithilfe eines Pinsels mit der Konfitüre bestreichen. Die Torte etwa 3 Stunden kalt stellen. Tortenring lösen und entfernen.

12. Zum Garnieren Sahne steif schlagen. Ananassaft und Gebäckbrösel untermischen. Aus der Sahne-Brösel-Masse 10–12 Kugeln formen und in Kokosraspeln wälzen. Die Tortenoberfläche damit garnieren.

Pralinentorte | Beliebt – mit Alkohol

Insgesamt:
E: 93 g, F: 602 g, Kh: 606 g, kJ: 34536, kcal: 8258

Zum Vorbereiten für die Füllung:
500 g Schlagsahne
100 g Nuss-Nougat
300 g Zartbitter-Kuvertüre
1–2 EL Orangenlikör

Für den All-in-Teig:
150 g Zartbitter-Kuvertüre
100 g Weizenmehl
25 g Speisestärke
3 gestr. TL Dr. Oetker Backin
125 g Zucker
1 Pck. Dr. Oetker Vanillin-Zucker
3 Eier (Größe M)
100 g weiche Butter oder Margarine

Zum Bestreichen und Garnieren:
400 g Schlagsahne
2 Pck. Dr. Oetker Sahnesteif
etwas Kakaopulver
einige Mini-Pralinen (Meeresfrüchte-Pralinen)

Zubereitungszeit: 50 Minuten, ohne Abkühl- und Kühlzeit
Backzeit: 30–35 Minuten

1. Zum Vorbereiten Sahne in einem Topf zum Kochen bringen. Topf von der Kochstelle nehmen. Nuss-Nougat und die in Stücke gehackte Kuvertüre darin unter Rühren schmelzen. Likör hinzufügen. Schokosahne in eine Rührschüssel geben, mit Frischhaltefolie belegen und erkalten lassen. Einige Stunden oder über Nacht kalt stellen.

2. Für den Teig Kuvertüre grob hacken, in einem kleinen Topf im heißen Wasserbad bei schwacher Hitze unter Rühren schmelzen, etwas abkühlen lassen.

3. Den Backofen vorheizen.
Ober-/Unterhitze: etwa 180 °C
Heißluft: etwa 160 °C

4. Mehl mit Speisestärke und Backpulver in einer Rührschüssel mischen. Zucker, Vanillin-Zucker, Eier und Butter oder Margarine hinzufügen. Die Zutaten mit Handrührgerät mit Rührbesen in etwa 2 Minuten auf höchster Stufe zu einem Teig verarbeiten. Zuletzt die geschmolzene Kuvertüre unterrühren. Den Teig in eine Springform (Ø 24 cm, gefettet, mit Backpapier belegt) geben und glatt streichen. Die Form auf dem Rost in den vorgeheizten Backofen schieben. Den Gebäckboden **30–35 Minuten backen.**

5. Gebäckboden aus der Form lösen, auf einen mit Backpapier belegten Kuchenrost stürzen und erkalten lassen. Mitgebackenes Backpapier abziehen. Gebäckboden einmal waagerecht durchschneiden.

6. Für die Füllung Schokosahne mit Handrührgerät mit Rührbesen cremig aufschlagen. Den unteren Gebäckboden auf eine Platte legen und mit der Schokocreme bestreichen. Den oberen Gebäckboden darauflegen und etwas andrücken. Die Torte 2 Stunden kalt stellen.

7. Zum Bestreichen und Garnieren Sahne mit Sahnesteif steif schlagen. Tortenrand und -oberfläche damit bestreichen. Den Tortenrand mit einem Tortenkamm verzieren. Die Torte nochmals 30 Minuten kalt stellen. Die Tortenoberfläche vor dem Servieren mit Kakao bestäuben und mit Pralinen garnieren.

Preiselbeer-Schokoladen-Torte

Beliebt

Insgesamt:
E: 75 g, F: 377 g, Kh: 570 g, kJ: 25453, kcal: 6088

Für den Biskuitteig:
4 Eier (Größe M)
3 EL heißes Wasser
100 g Zucker
1 Pck. Dr. Oetker Vanillin-Zucker
100 g Weizenmehl
25 g Speisestärke
10 g gesiebtes Kakaopulver
gut 1 Msp. gemahlener Zimt
½ gestr. TL Dr. Oetker Backin

Für die Füllung:
100 g Vollmilch-Kuvertüre
100 g Zartbitter-Kuvertüre
395 g Wild-Preiselbeeren (aus dem Glas)
2 EL Zitronensaft
800 g Schlagsahne
3 Pck. Dr. Oetker Sahnesteif

100 g Zartbitter-Schokolade

Zubereitungszeit: 45 Minuten, ohne Abkühl- und Kühlzeit
Backzeit: etwa 25 Minuten

1. Den Backofen vorheizen.
Ober-/Unterhitze: etwa 180 °C
Heißluft: etwa 160 °C

2. Für den Teig Eier und Wasser mit Handrührgerät mit Rührbesen auf höchster Stufe in etwa 1 Minute schaumig schlagen. Den Zucker mit Vanillin-Zucker mischen, in etwa 1 Minute einstreuen, dann noch etwa 2 Minuten weiterschlagen. Das Mehl mit Speisestärke, Kakao, Zimt und Backpulver mischen, die Hälfte davon auf die Eiercreme geben und kurz auf niedrigster Stufe unterrühren. Restliches Mehlgemisch auf die Weise unterarbeiten. Den Teig in eine Springform (Ø 26 cm, Boden gefettet, mit Backpapier belegt) geben und glatt streichen. Die Form auf dem Rost in den vorgeheizten Backofen schieben. Den Biskuitboden **etwa 25 Minuten backen.**

3. Den Boden aus der Form lösen, auf einen mit Backpapier belegten Kuchenrost stürzen und erkalten lassen. Mitgebackenes Backpapier abziehen. Biskuitboden einmal waagerecht durchschneiden.

4. Für die Füllung die Kuvertüre grob hacken und in einem kleinen Topf im heißen Wasserbad bei schwacher Hitze unter Rühren schmelzen, abkühlen lassen. Preiselbeeren mit Zitronensaft verrühren. Den unteren Biskuitboden auf eine Tortenplatte legen. Die Preiselbeermasse darauf verteilen, dabei einen etwa 1 cm breiten Rand frei lassen. Sahne mit Sahnesteif evtl. in 2 Portionen steif schlagen. Zunächst 2 Esslöffel von der Sahne mit der abgekühlten Kuvertüre verrühren, dann die Kuvertüre-Sahne-Mischung nach und nach unter die restliche Sahne rühren.

5. Die Hälfte der Schokoladensahne auf die Preiselbeermasse streichen. Dann den oberen Biskuitboden darauflegen. Tortenoberfläche und -rand mit der restlichen Schokoladensahne bestreichen und die Torte 2–3 Stunden kalt stellen.

6. Schokolade in Stücke brechen, in einem Topf im heißen Wasserbad bei schwacher Hitze unter Rühren schmelzen. Schokolade dünn auf eine Platte streichen und fest werden lassen (nicht kalt stellen). Mit einem breiten Spachtel Schokolocken abschaben und diese mithilfe von Gabeln auf die Torte legen.

Prinzregententorte, klassisch

Dauert länger

Insgesamt:
E: 82 g, F: 549 g, Kh: 666 g, kJ: 33194, kcal: 7924

Für den Rührteig:

250 g weiche Butter oder Margarine
250 g Zucker
1 Pck. Dr. Oetker Vanillin-Zucker
1 Prise Salz
4 Eier (Größe M)
200 g Weizenmehl
50 g Speisestärke
1 gestr. TL Dr. Oetker Backin

Für die Buttercreme:

1 Pck. Dr. Oetker Pudding-Pulver Schokoladen-Geschmack
100 g Zucker
500 ml (1/2 l) Milch
250 g weiche Butter

Für den Guss:

150 g Zartbitter-Schokolade
20 g Kokosfett

Zubereitungszeit: 80 Minuten, ohne Abkühlzeit
Backzeit: etwa 8 Minuten je Boden

1. Den Backofen vorheizen.
Ober-/Unterhitze: etwa 180 °C
Heißluft: etwa 160 °C

2. Für den Teig Butter oder Margarine mit Handrührgerät mit Rührbesen auf höchster Stufe geschmeidig rühren. Nach und nach Zucker, Vanillin-Zucker und Salz unterrühren. So lange rühren, bis eine gebundene Masse entstanden ist. Eier nach und nach unterrühren (jedes Ei etwa 1/2 Minute).

3. Mehl mit Speisestärke und Backpulver mischen, in 2 Portionen kurz auf mittlerer Stufe unterrühren. Aus dem Teig 7–8 Böden backen. Dafür jeweils gut 3 Esslöffel des Rührteiges auf dem Boden einer Springform (Ø 26 cm, gefettet) streichen (darauf achten, dass die Teiglage am Rand nicht zu dünn ist, damit der Boden dort nicht zu dunkel wird). Die Böden ohne Springformrand nacheinander (bei Heißluft 2 Böden zusammen) auf dem Rost in den vorgeheizten Backofen schieben. Die Gebäckböden **jeweils etwa 8 Minuten hellbraun backen.**

4. Die Böden sofort nach dem Backen von den Springformböden lösen und einzeln auf je einem Kuchenrost erkalten lassen.

5. Für die Buttercreme aus Pudding-Pulver, Zucker und Milch einen Pudding nach Packungsanleitung, aber mit 100 g Zucker, zubereiten. Pudding erkalten lassen (nicht kalt stellen), dabei ab und zu durchrühren. Die Butter mit Handrührgerät mit Rührbesen geschmeidig rühren. Den Pudding esslöffelweise unterrühren. Dabei darauf achten, dass Butter und Pudding Zimmertemperatur haben, da die Creme sonst gerinnt.

6. Die einzelnen Gebäckböden (einen Boden nicht bestreichen) mit der Buttercreme bestreichen und zu einer Torte zusammensetzen. Die oberste Schicht soll aus dem nicht bestrichenen Boden bestehen, die Torte etwa 60 Minuten kalt stellen.

7. Für den Guss Schokolade in kleine Stücke brechen, mit Kokosfett in einem kleinen Topf im heißen Wasserbad bei schwacher Hitze unter Rühren schmelzen.

8. Den Guss in die Mitte der Tortenoberfläche gießen und durch „Bewegen" der Torte auf der Oberfläche und am Rand gleichmäßig verlaufen lassen. Dabei den Guss evtl. am Rand mit einem Messer etwas verstreichen. Um eine gleichmäßige Oberfläche zu erhalten, die Torte auf der Arbeitsfläche „aufklopfen". Den Guss fest werden lassen. Die Torte bis zum Servieren kalt stellen.

Tipps: Etwas Buttercreme in einen Spritzbeutel füllen. Die Torte damit verzieren, mit Schokoladenplätzchen garnieren und Raspelschokolade bestreuen. Zeichnen Sie den Springformboden auf jeweils 1 Bogen Backpapier vor. Je 3 Esslöffel Rührteig darauf verstreichen und auf einem Backblech backen. Anstelle von Zartbitter-Schokolade können Sie auch Vollmilch-Schokolade verwenden.

Prinzregententorte, schnell | Einfach

Insgesamt:
E: 61 g, F: 405 g, Kh: 470 g, kJ: 24151, kcal: 5754

Für den Biskuitteig:
4 Eier (Größe M)
150 g Zucker
1 Pck. Dr. Oetker Vanillin-Zucker
75 g Weizenmehl
75 g Speisestärke
1 gestr. TL Dr. Oetker Backin
50 g Kokosraspel

Für die Füllung:
200 g weiche Butter
500 g Schokoladenpudding (aus dem Kühlregal, Zimmertemperatur)
50 g Kokosfett

Für den Guss:
100 g dunkle Schoko-Kuchenglasur
100 g helle Schoko-Kuchenglasur

Zubereitungszeit: 40 Minuten, ohne Abkühl- und Kühlzeit
Backzeit: etwa 25 Minuten

1. Den Backofen vorheizen.
Ober-/Unterhitze: etwa 180 °C
Heißluft: etwa 160 °C

2. Für den Teig Eier mit Handrührgerät mit Rührbesen auf höchster Stufe in etwa 1 Minute schaumig schlagen. Zucker und Vanillin-Zucker mischen, in etwa 1 Minute einstreuen, dann noch etwa 2 Minuten weiterschlagen.

3. Mehl mit Speisestärke und Backpulver mischen, die Hälfte davon auf die Eiercreme geben und kurz auf niedrigster Stufe unterrühren. Restliches Mehlgemisch auf die gleiche Weise unterarbeiten. Die Kokosraspel kurz unterheben. Den Teig in eine Springform (Ø 26 cm, gefettet, mit Backpapier belegt) geben und glatt streichen. Die Form auf dem Rost in den vorgeheizten Backofen schieben. Den Biskuitboden **etwa 25 Minuten backen.**

4. Den Boden aus der Form lösen, auf einen mit Backpapier belegten Kuchenrost stürzen und erkalten lassen. Mitgebackenes Backpapier abziehen. Biskuitboden zweimal waagerecht durchschneiden.

5. Für die Füllung Butter mit Handrührgerät mit Rührbesen geschmeidig rühren. Den Pudding esslöffelweise unterrühren. Dabei darauf achten, dass Butter und Pudding Zimmertemperatur haben, da die Creme sonst gerinnt. Kokosfett zerlassen, lauwarm unterrühren.

6. Unteren Biskuitboden auf eine Tortenplatte legen. Ein Drittel der Buttercreme auf den unteren Boden streichen. Den mittleren Boden darauflegen. Die Hälfte der restlichen Buttercreme daraufstreichen und mit dem oberen Boden belegen. Tortenoberfläche und -rand mit der restlichen Buttercreme bestreichen. Die Torte mindestens 60 Minuten kalt stellen.

7. Für den Guss dunkle und helle Glasur getrennt voneinander nach Packungsanleitung schmelzen. Die Glasur in Klecksen auf die Torte geben und vorsichtig mit einem Messer so verteilen, dass der Guss marmorartig über die ganze Torte und den Rand läuft. Den Guss fest werden lassen. Die Torte bis zum Servieren kalt stellen.

Tipp: Sie können die Böden vor dem Füllen mit insgesamt 75 ml Orangenlikör oder Cognac tränken.

Pumpernickeltorte mit Mandarinen | Raffiniert

Insgesamt:
E: 87 g, F: 205 g, Kh: 473 g, kJ: 17723, kcal: 4236

250 g Pumpernickel

Für den Schüttelteig:
100 g Butter oder Margarine
100 g Weizenmehl
2 gestr. TL Dr. Oetker Backin
120 g Zucker
1 Pck. Dr. Oetker Vanillin-Zucker
½ Pck. Dr. Oetker Finesse Natürliches Orangenschalen-Aroma
2 Eier (Größe M)
6 EL Orangensaft

Für den Belag:
2 Dosen Mandarinen (Abtropfgewicht je 175 g)
250 g Mascarpone (ital. Frischkäse)
½ TL Dr. Oetker Finesse Natürliches Orangenschalen-Aroma
250 g Speisequark (Magerstufe)
1 Pck. Dr. Oetker Sahnesteif
80 g gesiebter Puderzucker
2–3 EL Orangensaft

Zubereitungszeit: 50 Minuten, ohne Abkühl- und Kühlzeit
Backzeit: 35–40 Minuten

1. Pumpernickel in kleine Stücke brechen und fein hacken.

2. Den Backofen vorheizen.
Ober-/Unterhitze: etwa 180 °C
Heißluft: etwa 160 °C

3. Für den Teig Butter oder Margarine zerlassen und abkühlen lassen. Mehl mit Backpulver mischen und in eine verschließbare Schüssel (3–Liter-Inhalt) geben, mit Zucker, Vanillin-Zucker und Aroma mischen Eier, Butter oder Margarine und Orangensaft hinzufügen. Die Schüssel mit dem Deckel fest verschließen.

4. Schüssel mehrmals (insgesamt 15–30 Sekunden) kräftig schütteln, sodass alle Zutaten gut vermischt sind. Die Pumpernickelbrösel hinzufügen. Den Teig mit einem Schneebesen oder Rührlöffel nochmals sorgfältig durchrühren, damit trockene Zutaten vom Rand mit untergerührt werden.

5. Den Teig in eine Springform (Ø 26 cm, gefettet) geben und glatt streichen. Die Form auf dem Rost in den vorgeheizten Backofen schieben. Den Gebäckboden **35–40 Minuten backen.**

6. Die Form auf einen Kuchenrost stellen. Den Gebäckboden etwa 10 Minuten in der Form stehen lassen, dann vorsichtig aus der Form lösen und auf einem mit Backpapier belegten Kuchenrost erkalten lassen. Einen Tortenring darumlegen.

7. Für den Belag Mandarinen in einem Sieb gut abtropfen lassen. Die Hälfte der Mandarinen auf dem Gebäckboden verteilen. Mascarpone mit Aroma und Quark gut verrühren. Sahnesteif und den Puderzucker mischen, zur Quarkmasse geben und cremig rühren. Orangensaft ebenfalls unterrühren. Die Mascarponecreme auf den Gebäckboden geben und glatt streichen. Die restlichen Mandarinen darauf verteilen. Die Torte etwa 60 Minuten kalt stellen. Tortenring lösen und entfernen.

Quark-Aprikosen-Torte | Klassisch

Insgesamt:
E: 119 g, F: 204 g, Kh: 467 g, kJ: 17713, kcal: 4219

Für den All-in-Teig:
100 g Weizenmehl
25 g Speisestärke
3 gestr. TL Dr. Oetker Backin
125 g Zucker
1 Pck. Dr. Oetker Vanillin-Zucker
1 Prise Salz
3 Eier (Größe M)
125 g weiche Butter oder Margarine

Für die Füllung:
1 Dose Aprikosenhälften (Abtropfgewicht 480 g)
250 g Schlagsahne
1 Pck. Käse-Sahne-Tortencreme (Tortencremepulver)
1 Pck. Dr. Oetker Finesse Geriebene Zitronenschale
200 ml lauwarmes Wasser
500 g Speisequark (Magerstufe)

etwas Puderzucker

Zubereitungszeit: 45 Minuten, ohne Kühlzeit
Backzeit: etwa 25 Minuten

1. Den Backofen vorheizen.
Ober-/Unterhitze: etwa 180 °C
Heißluft: etwa 160 °C

2. Für den Teig Mehl mit Speisestärke und Backpulver mischen, in eine Rührschüssel geben. Zucker, Vanillin-Zucker, Salz, Eier und Butter oder Margarine hinzufügen. Die Zutaten mit Handrührgerät mit Rührbesen zunächst kurz auf niedrigster, dann auf höchster Stufe in etwa 2 Minuten zu einem glatten Teig verarbeiten.

3. Den Teig in eine Springform (Ø 26 cm, Boden gefettet, mit Backpapier belegt) geben und glatt streichen. Die Form auf dem Rost in den vorgeheizten Backofen schieben. Den Gebäckboden **etwa 25 Minuten backen.**

4. Gebäckboden aus der Form lösen, auf einen mit Backpapier belegten Kuchenrost stürzen und erkalten lassen. Mitgebackenes Backpapier abziehen. Den Gebäckboden einmal waagerecht durchschneiden. Den unteren Boden auf eine Tortenplatte legen. Einen Tortenring darumlegen. Den oberen Gebäckboden in 16 Tortenstücke schneiden.

5. Für die Füllung Aprikosenhälften in einem Sieb abtropfen lassen und in Streifen schneiden. Sahne steif schlagen. Tortencremepulver und Zitronenschale in einer großen Rührschüssel mischen. Wasser hinzufügen. Die Zutaten mit einem Schneebesen etwa 1 Minute gut verrühren. Quark in 2 Portionen unterrühren, zuletzt Sahne unterheben.

6. Zwei Drittel der Käse-Sahne-Creme auf den unteren Gebäckboden geben und glatt streichen. Aprikosenstreifen darauflegen. Restliche Käse-Sahne-Creme darauf verteilen und mit den 16 Tortenstücken belegen. Die Torte etwa 3 Stunden kalt stellen. Tortenring mithilfe eines Messers lösen und entfernen. Die Torte vor dem Servieren mit Puderzucker bestäuben.

Quark-Erdbeer-Torte mit Streuseln | Beliebt

Insgesamt:
E: 180 g, F: 308 g, Kh: 580 g, kJ: 24530, kcal: 5858

Für den Streuselteig:

300 g Weizenmehl
1 gestr. TL Dr. Oetker Backin
125 g Zucker
1 Pck. Dr. Oetker Vanillin-Zucker
1 Prise Salz
1 Ei (Größe M)
150 g Butter oder Margarine

Für die Füllung:

500 g Erdbeeren
10 Blatt weiße Gelatine
750 g Speisequark (Magerstufe)
250 ml (1/4 l) Milch
150 g Zucker
abgeriebene Schale und Saft von
1 Bio-Zitrone (unbehandelt, ungewachst)
500 g Schlagsahne

Zubereitungszeit: 60 Minuten, ohne Abkühl- und Kühlzeit
Backzeit: etwa 30 Minuten

1. Den Backofen vorheizen.
Ober-/Unterhitze: etwa 200 °C
Heißluft: etwa 180 °C

2. Für den Teig Mehl mit Backpulver mischen und in eine Rührschüssel geben. Zucker, Vanillin-Zucker, Salz, Ei und Butter oder Margarine hinzufügen. Die Zutaten mit Handrührgerät mit Rührbesen zu Streuseln verarbeiten. Die Hälfte der Teigstreusel in eine Springform (Ø 26 cm, Boden gefettet) geben und zu einem Boden andrücken. Die Form auf dem Rost in den vorgeheizten Backofen schieben. Den Streuselboden **etwa 20 Minuten backen.**

3. Den Springformrand lösen und entfernen. Den Boden sofort vom Springformboden lösen, aber darauf auf einem Kuchenrost erkalten lassen.

4. Restliche Teigstreusel auf einem Backblech (mit Backpapier belegt) verteilen. Das Backblech in den heißen Backofen schieben. Die Streusel **bei gleicher Backofeneinstellung etwa 10 Minuten backen.**

5. Die Streusel mit dem Backpapier auf einen Kuchenrost ziehen und erkalten lassen. Den Boden auf eine Platte legen, einen Tortenring darumlegen.

6. Für die Füllung Erdbeeren putzen, waschen, abtropfen lassen, entstielen und halbieren oder vierteln. Gelatine in kaltem Wasser nach Packungsanleitung einweichen. Quark mit Milch, Zucker, Zitronenschale und -saft gut verrühren. Gelatine leicht ausdrücken, in einem kleinen Topf unter Rühren erwärmen (nicht kochen), bis sie völlig gelöst ist. Gelatine mit etwa 2 Esslöffeln von der Quarkmasse verrühren, dann unter die restliche Quarkmasse rühren, kalt stellen. Sahne steif schlagen und unterheben. Die Hälfte der Quarkcreme auf den Streuselboden geben und glatt streichen. Erdbeeren darauf verteilen, dabei einen 1 cm breiten Rand frei lassen. Restliche Quarkcreme daraufgeben, glatt streichen. Streusel daraufstreuen.

7. Die Torte 2–3 Stunden kalt stellen. Tortenring mithilfe eines Messers lösen und entfernen.

Tipp: Nach Belieben vor dem Servieren 4–5 große Erdbeeren in dünne Scheiben schneiden und wie auf dem Foto an den Tortenrand legen.

Quark-Galetta-Torte

Erfrischend

Insgesamt:
E: 136 g, F: 405 g, Kh: 576 g, kJ: 27332, kcal: 6519

Für den Rührteig:

150 g weiche Butter oder Margarine
150 g Zucker
1 Pck. Dr. Oetker Vanillin-Zucker
1 Prise Salz
3 Eier (Größe M)
125 g Weizenmehl
25 g Speisestärke
1 gestr. TL Dr. Oetker Backin

Für die Füllung:

125 ml (1/8 l) Limettensirup
500 ml (1/2 l) Milch
500 g Schlagsahne
1 Pck. Dr. Oetker Finesse Geriebene Zitronenschale
2 Pck. Galetta Vanille-Geschmack (Pudding-Pulver ohne Kochen)
500 g Speisequark (Magerstufe)

Zum Verzieren:

250 g Schlagsahne
1 Pck. Dr. Oetker Sahnesteif

Zum Bestäuben und Garnieren:

etwas Puderzucker
1/2 Bio-Limette (unbehandelt, ungewachst)

Zubereitungszeit: 40 Minuten, ohne Abkühl- und Kühlzeit
Backzeit: etwa 25 Minuten

1. Den Backofen vorheizen.
Ober-/Unterhitze: etwa 180 °C
Heißluft: etwa 160 °C

2. Für den Teig Butter oder Margarine mit Handrührgerät mit Rührbesen geschmeidig rühren. Den Zucker, Vanillin-Zucker und Salz unterrühren. So lange rühren, bis eine gebundene Masse entstanden ist. Eier nach und nach unterrühren (jedes Ei etwa 1/2 Minute).

3. Mehl mit Speisestärke und Backpulver mischen, in 2 Portionen auf mittlerer Stufe unterrühren. Den Teig in eine Springform (Ø 26 cm, Boden gefettet) geben und glatt streichen.

4. Die Form auf dem Rost in den vorgeheizten Backofen schieben. Den Gebäckboden **etwa 25 Minuten backen.**

5. Den Boden aus der Form lösen und auf einem mit Backpapier belegten Kuchenrost erkalten lassen. Gebäckboden einmal waagerecht durchschneiden.

6. Den unteren Boden auf eine Tortenplatte legen, einen Tortenring darumlegen. Den oberen Boden in 12 Stücke schneiden.

7. Für die Füllung Limettensirup mit Milch, Sahne und Zitronenschale in eine Rührschüssel geben. Galetta hinzufügen und mit Handrührgerät mit Rührbesen auf niedrigster Stufe kurz vermischen. Dann auf höchster Stufe etwa 1 Minute schlagen.

8. Quark in 2 Portionen unterrühren. Die Quark-Galetta-Creme auf den unteren Boden geben und glatt streichen.

9. Zum Verzieren Sahne mit Sahnesteif steif schlagen, in einen Spritzbeutel mit Lochtülle füllen. Für 12 Tortenstücke wellenförmig Verzierungen auf die Tortenoberfläche spritzen. Die Torte etwa 2 Stunden kalt stellen. Tortenring lösen und entfernen.

10. Die geschnittenen Tortenstücke schräg an die Sahne setzen.

11. Die Torte vor dem Servieren mit Puderzucker bestäuben. Zum Garnieren Limette heiß abwaschen, abtrocknen und in Scheiben schneiden. Limettenscheiben vierteln. Die Torte mit den Limettenstückchen garnieren.

Tipp: Statt mit Limetten kann die Torte auch mit Johannisbeeren garniert werden.

Raupentorte | Gut vorzubereiten – mit Alkohol

Insgesamt:
E: 119 g, F: 586 g, Kh: 675 g, kJ: 36014, kcal: 8609

Für den Biskuitteig:
100 g Butter
6 Eier (Größe M)
6 EL heißes Wasser
250 g Zucker
1 Pck. Dr. Oetker Vanillin-Zucker
230 g Weizenmehl
1 Msp. Dr. Oetker Backin
2 gestr. EL gesiebtes Kakaopulver
1 gestr. TL gemahlener Zimt

Für die Buttercreme:
225 g Zartbitter-Kuvertüre
250 g weiche Butter
100 g gesiebter Puderzucker
3 Eier (Größe M)
6 EL Rum

500 g Schlagsahne
1 Pck. Dr. Oetker Sahnesteif
1 Pck. Dr. Oetker Vanillin-Zucker

Zubereitungszeit: 50 Minuten, ohne Abkühlzeit
Backzeit: etwa 40 Minuten

1. Den Backofen vorheizen.
Ober-/Unterhitze: etwa 180 °C
Heißluft: etwa 160 °C

2. Für den Teig Butter zerlassen und abkühlen lassen. Die Eier und Wasser mit Handrührgerät mit Rührbesen auf höchster Stufe in etwa 1 Minute schaumig schlagen. Zucker und Vanillin-Zucker mischen, in etwa 1 Minute einstreuen, noch etwa 2 Minuten weiterschlagen. Mehl mit Backpulver, Kakao und Zimt mischen, die Hälfte davon auf die Eiercreme geben, kurz auf niedrigster Stufe unterrühren. Restliches Mehlgemisch auf die gleiche Weise unterarbeiten. Butter kurz unterrühren. Teig in eine Springform (Ø 26 cm, Boden gefettet, mit Backpapier belegt) geben und glatt streichen. Die Form auf dem Rost in den vorgeheizten Backofen schieben. Biskuitboden **etwa 40 Minuten backen.**

3. Den Boden aus der Form lösen, auf einen mit Backpapier belegten Kuchenrost stürzen und erkalten lassen. Mitgebackenes Backpapier abziehen. Biskuitboden zweimal waagerecht durchschneiden.

4. Für die Buttercreme Kuvertüre hacken, in einem kleinen Topf im heißen Wasserbad bei schwacher Hitze unter Rühren schmelzen, abkühlen lassen. Die Butter in einer Rührschüssel mit Handrührgerät mit Rührbesen auf höchster Stufe geschmeidig rühren. Nach und nach Puderzucker unterrühren. So lange rühren, bis eine gebundene Masse entstanden ist. Eier nach und nach unterschlagen. Kuvertüre (1 Esslöffel zum Garnieren zurücklassen) langsam unter Rühren hinzufügen. Zuletzt den Rum gut unterrühren.

5. Den unteren Biskuitboden auf eine Tortenplatte legen. Die Hälfte der Buttercreme daraufstreichen. Den mittleren Boden darauflegen und etwas andrücken. Restliche Buttercreme daraufgeben, glatt streichen und mit dem oberen Boden belegen. Die Sahne mit Sahnesteif und Vanillin-Zucker steif schlagen. Knapp ein Drittel der Sahne in einen Spritzbeutel mit Lochtülle füllen. Tortenoberfläche und -rand mit der restlichen Sahne bestreichen. Die Tortenoberfläche mit der Sahne aus dem Spritzbeutel verzieren.

6. Restliche Kuvertüre evtl. nochmals kurz erwärmen. Die Torte damit besprenkeln. Torte kalt stellen und innerhalb von 24 Stunden verzehren.

Hinweis: Nur ganz frische Eier, die nicht älter als 5 Tage sind, verwenden (Legedatum beachten!).

Rosa-Birnen-Apfel-Torte | Fettarm

Insgesamt:
E: 52 g, F: 50 g, Kh: 348 g, kJ: 8887, kcal: 2123

Für den All-in-Teig:
100 g Weizenmehl
2 gestr. TL Dr. Oetker Backin
50 g Zucker
1 Pck. Dr. Oetker Vanillin-Zucker
3 Eier (Größe M)
2 EL Speiseöl
1 Pck. Dr. Oetker Finesse Geriebene Zitronenschale

Zum Bestreichen:
2 EL Aprikosenkonfitüre
2 EL Zitronensaft

Für den Belag:
3 Birnen (etwa 500 g)
2 kleine Äpfel (etwa 350 g)
250 ml (1/4 l) Apfelsaft
2 EL Instant-Getränkepulver mit Kirsch- oder Himbeer-Geschmack
2 EL Zitronensaft
30 g Zucker
6 Blatt weiße Gelatine
300 g fettarmer Joghurt

Zubereitungszeit: 50 Minuten, ohne Abkühlzeit
Backzeit: etwa 20 Minuten

1. Den Backofen vorheizen.
Ober-/Unterhitze: etwa 180 °C
Heißluft: etwa 160 °C

2. Für den Teig Mehl mit Backpulver mischen und in eine Rührschüssel geben. Restliche Zutaten hinzufügen und mit Handrührgerät mit Rührbesen zunächst kurz auf niedrigster, dann auf höchster Stufe in etwa 2 Minuten zu einem glatten Teig verarbeiten. Den Teig in eine Springform (Ø 26 cm, Boden gefettet, mit Backpapier belegt) geben und glatt streichen. Die Form auf dem Rost in den vorgeheizten Backofen schieben. Den Gebäckboden **etwa 20 Minuten backen.**

3. Den Boden aus der Form lösen, auf einen mit Backpapier belegten Kuchenrost stürzen und erkalten lassen. Mitgebackenes Backpapier abziehen. Gebäckboden auf eine Tortenplatte legen. Die Oberfläche mit einem Holzstäbchen mehrmals einstechen. Einen Tortenring darumlegen.

4. Zum Bestreichen Konfitüre durch ein Sieb streichen, mit Zitronensaft verrühren und auf den Gebäckboden streichen.

5. Für den Belag Birnen und Äpfel schälen, vierteln, entkernen und achteln. Apfelsaft mit Getränkepulver, Zitronensaft und Zucker in einem Topf verrühren, unter Rühren zum Kochen bringen. Apfel- und Birnenstücke hineingeben, etwa 5 Minuten leicht kochen lassen.

6. Gelatine in kaltem Wasser nach Packungsanleitung einweichen. Die Birnen-Apfel-Masse abtropfen lassen und den Saft auffangen. Gelatine leicht ausdrücken, sofort in dem heißen, aufgefangenen Saft unter Rühren auflösen. Den Gelatine-Fruchtsaft erkalten lassen.

7. Die Apfel- und Birnenstücke auf dem Gebäckboden verteilen, dabei einen etwa 1 cm breiten Rand frei lassen. Wenn der Gelatine-Fruchtsaft anfängt zu gelieren, den Joghurt unterrühren. Die Joghurtmasse auf den Apfel- und Birnenstücken verteilen. Die Torte etwa 3 Stunden kalt stellen. Tortenring lösen und entfernen.

Rosentorte mit Vanillecreme I

Zum Verschenken – mit Alkohol

Insgesamt:
E: 148 g, F: 520 g, Kh: 582 g, kJ: 31721, kcal: 7572

Für den Rührteig:

6	*Eiweiß (Größe M)*
175 g	*weiche Butter oder Margarine*
175 g	*Zucker*
1 Pck.	*Dr. Oetker Vanillin-Zucker*
6	*Eigelb (Größe M)*
75 g	*Weizenmehl*
4 gestr. TL	*Dr. Oetker Backin*
200 g	*abgezogene, gemahlene Mandeln*

Für die Vanillecreme:

4 Blatt	*weiße Gelatine*
1 Pck.	*Dr. Oetker Pudding-Pulver Vanille-Geschmack*
70 g	*Zucker*
375 ml (3/8 l)	*Milch*
400 g	*Schlagsahne*
1 Pck.	*Dr. Oetker Bourbon-Vanille-Zucker*

Zum Tränken:

25 g	*Zucker*
2 EL	*Wasser*
2 EL	*reines Rosenwasser (aus der Apotheke oder vom Türken)*

Zum Garnieren:

250 g	*Marzipan-Rohmasse*
1 EL	*reines Rosenwasser*
60 g	*gesiebter Puderzucker*
einige	*ungespritzte Rosenblüten*
etwas	*Wasser*
etwas	*feinkörniger Zucker*

Zubereitungszeit: 70 Minuten, ohne Abkühl- und Kühlzeit
Backzeit: etwa 40 Minuten

1. Den Backofen vorheizen.
Ober-/Unterhitze: etwa 180 °C
Heißluft: etwa 160 °C

2. Für den Teig Eiweiß sehr steif schlagen. Die Butter oder Margarine mit Handrührgerät mit Rührbesen auf höchster Stufe geschmeidig rühren. Nach und nach Zucker und Vanillin-Zucker unterrühren. So lange rühren, bis eine gebundene Masse entstanden ist. Das Eigelb nach und nach unterrühren (jedes Eigelb etwa 1/2 Minute). Mehl mit Backpulver mischen, in 2 Portionen mit den Mandeln auf mittlerer Stufe unterrühren. Eischnee unterheben.

3. Einen Backrahmen (etwa 26 x 26 cm) auf ein Backblech (mit Backpapier belegt) stellen. Den Teig hineingeben und glatt streichen. Das Backblech in den vorgeheizten Backofen schieben. Die Gebäckplatte **etwa 40 Minuten backen.**

4. Die Gebäckplatte aus dem Backrahmen lösen, auf einen mit Backpapier belegten Kuchenrost stürzen und erkalten lassen. Mitgebackenes Backpapier abziehen. Die Gebäckplatte zweimal waagerecht durchschneiden.

5. Für die Vanillecreme die Gelatine in kaltem Wasser nach Packungsanleitung einweichen. Aus dem Pudding-Pulver, Zucker und Milch einen Pudding nach Packungsanleitung zubereiten. Gelatine ausdrücken und in dem heißen Pudding unter Rühren auflösen. Frischhaltefolie direkt auf die Puddingoberfläche legen. Pudding erkalten lassen. Die Sahne mit Vanille-Zucker steif schlagen. Den erkalteten Pudding durchrühren und die Sahne unterheben.

6. Zum Tränken Zucker mit Wasser aufkochen lassen, bis der Zucker gelöst ist, Rosenwasser unterrühren.

7. Die untere Gebäckplatte auf eine Tortenplatte legen. Den gesäuberten Backrahmen darumstellen. Knapp ein Drittel der Vanillecreme abnehmen und beiseitestellen. Die Hälfte der restlichen Vanillecreme auf die untere Gebäckplatte streichen. Die zweite Gebäckplatte darauflegen und mithilfe eines Pinsels mit der Hälfte der Rosenwasser-Flüssigkeit bestreichen. Die restliche Creme daraufstreichen und mit der oberen Gebäckplatte belegen, leicht andrücken. Die restliche Rosenwasser-Flüssigkeit daraufstreichen. Die Tortenoberfläche mit der beiseitegestellten Vanillecreme bestreichen. Die Torte 1–2 Stunden kalt stellen.

8. Zum Garnieren das Marzipan mit Rosenwasser und Puderzucker verkneten, auf einer mit Puderzucker bestäubten Arbeitsfläche zu einem Quadrat (etwa 30 x 30 cm) ausrollen. Die Torte aus dem Backrahmen lösen. Die Marzipanplatte so auf die Torte legen, dass die Spitzen an den Tortenrändern „herunterfallen". Kurz vor dem Servieren die Rosenblüten fein mit Wasser bestreichen, mit etwas Zucker bestreut darauflegen.

Rote-Grütze-Kuppeltorte | Fruchtig

Insgesamt:
E: 86 g, F: 326 g, Kh: 532 g, kJ: 22791, kcal: 5428

Für den All-in-Teig:
100 g Weizenmehl
2 gestr. TL Dr. Oetker Backin
100 g Zucker
1 Pck. Dr. Oetker Vanillin-Zucker
3 Eier (Größe M)
100 g weiche Butter oder Margarine

Für die Kuppel:
1 TK-Erdbeer-Sahnecreme-Rolle (400 g)

Für die Joghurtfüllung:
6 Blatt weiße Gelatine
450 g Joghurt
etwa 150 g Rote Grütze (aus dem Kühlregal)
3–4 EL Zucker
500 g Schlagsahne

Für die Grützefüllung:
etwa 350 g Rote Grütze (aus dem Kühlregal)
50 ml Wasser
1 Pck. Tortenguss, klar, ungezuckert

Zubereitungszeit: 50 Minuten, ohne Abkühl- und Kühlzeit
Backzeit: etwa 20 Minuten

1. Den Backofen vorheizen.
Ober-/Unterhitze: etwa 180 °C
Heißluft: etwa 160 °C

2. Für den Teig das Mehl mit Backpulver in einer Rührschüssel mischen. Restliche Zutaten hinzufügen und mit Handrührgerät mit Rührbesen zunächst kurz auf niedrigster, dann auf höchster Stufe in etwa 2 Minuten zu einem glatten Teig verarbeiten. Den Teig in eine Springform (Ø 26 cm, Boden gefettet, mit Backpapier belegt) geben und glatt streichen. Die Form auf dem Rost in den vorgeheizten Backofen schieben. Den Gebäckboden **etwa 20 Minuten backen.**

3. Gebäckboden aus der Form lösen und auf einem Kuchenrost erkalten lassen. Dann eine kuppelförmige Schüssel (etwa 2 l, Ø etwa 24 cm) mit Frischhaltefolie auslegen. Die Biskuitrolle gefroren in etwa 15 Scheiben schneiden. Biskuitscheiben dicht aneinander bis zum Rand in die Schüssel legen.

4. Für die Joghurtfüllung Gelatine in kaltem Wasser nach Packungsanleitung einweichen. Den Joghurt mit Roter Grütze und Zucker verrühren. Gelatine in einem kleinen Topf unter Rühren erwärmen (nicht kochen), bis sie völlig gelöst ist. Gelatine mit etwa 3 Esslöffeln von der Joghurtmasse verrühren, dann unter die restliche Joghurtmasse rühren. Sahne steif schlagen und unterheben. Die Joghurt-Sahne-Creme in die Schüssel füllen und glatt streichen, 1–2 Stunden kalt stellen.

5. Für die Grützefüllung Rote Grütze in einen kleinen Topf geben. Wasser mit Tortengusspulver verrühren, hinzugeben und dann unter Rühren aufkochen lassen. Die Rote-Grütze-Masse vorsichtig auf die schon fest gewordene Joghurt-Sahne-Creme in der Schüssel geben. Nach einigen Minuten den Gebäckboden darauflegen und leicht andrücken. Die Torte nochmals 1–2 Stunden kalt stellen.

6. Vor dem Servieren mitgebackenes Backpapier vom Gebäckboden abziehen. Die Torte auf eine Tortenplatte stürzen und die Frischhaltefolie entfernen.

Rote-Grütze-Marmortorte | Raffiniert

Insgesamt:
E: 63 g, F: 320 g, Kh: 450 g, kJ: 21104, kcal: 5036

Für den All-in-Teig:
150 g Weizenmehl
3 gestr. TL Dr. Oetker Backin
150 g Butter oder Margarine
150 g Zucker
1 Pck. Dr. Oetker Vanillin-Zucker
3 Eier (Größe M)
20 g Kakaopulver
1 EL Milch

Für die Füllung:
2 Pck. Rote-Grütze-Pulver (Dessertpulver)
500 ml (1/2 l) Wasser
60 g Zucker
500 g gemischte Beerenfrüchte

Für den Belag:
2 Blatt weiße Gelatine
250 g Mascarpone (ital. Frischkäse)
1 TL Zucker
1 Pck. Dr. Oetker Vanillin-Zucker
200 g Schlagsahne

einige Beerenfrüchte

Zubereitungszeit: 60 Minuten, ohne Abkühl- und Kühlzeit
Backzeit: etwa 30 Minuten

1. Den Backofen vorheizen.
Ober-/Unterhitze: etwa 180 °C
Heißluft: etwa 160 °C

2. Für den Teig Mehl mit Backpulver in einer Rührschüssel mischen. Restliche Zutaten bis auf Kakao und Milch hinzufügen und alles mit Handrührgerät mit Rührbesen auf höchster Stufe in etwa 2 Minuten zu einem glatten Teig verarbeiten.

3. Gut die Hälfte des Teiges in eine Springform (Ø 26 cm, Boden gefettet, mit Backpapier belegt) geben und verstreichen. Restlichen Teig mit Kakao und Milch verrühren und auf den hellen Teig streichen. Mit einer Gabel den dunklen Teig durch den hellen Teig ziehen und die Oberfläche wieder etwas glatt streichen. Die Form auf dem Rost in den vorgeheizten Backofen schieben. Gebäckboden **etwa 30 Minuten backen.**

4. Gebäckboden aus der Form lösen, auf einen mit Backpapier belegten Kuchenrost stürzen und erkalten lassen. Mitgebackenes Backpapier abziehen, Boden einmal waagerecht durchschneiden.

5. Für die Füllung das Rote-Grütze-Pulver mit den im Rezept angegebenen Mengen Wasser und Zucker nach Packungsanleitung zubereiten. Die Beerenfrüchte verlesen und unter die Grütze heben. Den unteren Boden auf eine Tortenplatte legen und einen Tortenring darumstellen. Die warme Grütze einfüllen, oberen Boden auflegen, die Füllung erkalten lassen.

6. Für den Belag die Gelatine nach Packungsanleitung einweichen. Den Mascarpone mit Zucker und Vanillin-Zucker verrühren. Gelatine ausdrücken und in einem kleinen Topf bei schwacher Hitze unter Rühren auflösen. Die aufgelöste Gelatine mit etwas Mascarpone verrühren und dann die Mischung unter den restlichen Mascarpone rühren. Sahne steifschlagen, unterheben. Die Creme auf den oberen Boden geben, wellenförmig verstreichen. Die Torte 2–3 Stunden kalt stellen.

7. Vor dem Servieren Tortenring lösen und entfernen. Beeren verlesen und auf der Torte verteilen.

Rumtorte | Raffiniert – mit Alkohol

Insgesamt:
E: 81 g, F: 423 g, Kh: 663 g, kJ: 29386, kcal: 7017

Für den Rührteig:
250 g weiche Butter oder Margarine
250 g Zucker
1 Pck. Dr. Oetker Vanillin-Zucker
5 Eier (Größe M)
1 Eiweiß (Größe M)
150 g Weizenmehl
100 g Speisestärke
2 gestr. TL Dr. Oetker Backin

Zum Beträufeln:
5 EL Rum

Für die Buttercreme:
45 g Speisestärke
1 Eigelb (Größe M)
500 ml (½ l) Milch
100 g Zucker
½ Vanilleschote
150 g weiche Butter
3–4 EL Rum

Zum Bestäuben und Garnieren:
etwas Puderzucker
12 weiße Schokoladenblättchen

Zubereitungszeit: 50 Minuten, ohne Kühlzeit
Backzeit: etwa 12 Minuten je Boden

1. Den Backofen vorheizen.
Ober-/Unterhitze: etwa 180 °C
Heißluft: etwa 160 °C

2. Für den Teig Butter oder Margarine mit Handrührgerät mit Rührbesen auf höchster Stufe geschmeidig rühren. Nach und nach Zucker und Vanillin-Zucker unterrühren. So lange rühren, bis eine gebundene Masse entstanden ist.

3. Eier und Eiweiß nach und nach unterrühren (jedes Ei/Eiweiß etwa ½ Minute). Mehl mit Speisestärke und Backpulver mischen, in 2 Portionen kurz auf mittlerer Stufe unterrühren.

4. Aus dem Teig 6 Böden backen. Dafür jeweils etwa 2 Esslöffel des Teiges auf den Boden einer Springformboden (Ø 26 cm, gefettet) streichen. Darauf achten, dass die Teiglage am Rand nicht zu dünn ist, damit der Boden dort nicht zu dunkel wird.

5. Die Böden nacheinander (bei Heißluft 2 Böden zusammen) auf dem Rost in den vorgeheizten Backofen schieben. Böden **je etwa 12 Minuten backen.**

6. Die Böden sofort nach dem Backen vom Springformboden lösen und einzeln auf je einem mit Backpapier belegten Kuchenrost erkalten lassen. 5 Gebäckböden mit Rum beträufeln.

7. Für die Buttercreme Speisestärke mit Eigelb und etwas Milch anrühren. Restliche Milch mit Zucker und der aufgeschnittenen Vanilleschote in einem Topf zum Kochen bringen.

8. Angerührte Speisestärke in die von der Kochstelle genommenen Milch rühren und unter Rühren kurz aufkochen lassen. Vanilleschote entfernen. Puddingmasse erkalten lassen, dabei ab und zu umrühren.

9. Butter in einer Rührschüssel mit Handrührgerät mit Rührbesen geschmeidig rühren.

10. Puddingmasse esslöffelweise unterrühren. Dabei darauf achten, dass Butter und Puddingmasse Zimmertemperatur haben, da die Creme sonst gerinnt. Nach und nach Rum unterrühren.

11. Die getränkten Gebäckböden mit der Buttercreme bestreichen und zu einer Torte zusammensetzen. Den ungetränkten Gebäckboden darauflegen.

12. Tortenoberfläche mit Puderzucker bestäuben und mit Schokoladenblättchen garnieren. Die Torte etwa 60 Minuten kalt stellen.

Tipp: Gut schmeckt die Torte, wenn Sie statt des Rums die gleiche Menge Orangenlikör zum Beträufeln und für die Buttercreme verwenden.

Sacher

Sachertorte | Gut vorzubereiten

Insgesamt:
E: 7 g, F: 25 g, Kh: 47 g, kJ: 1855, kcal: 443

Für den Rührteig:
150 g Zartbitter-Schokolade
6 Eiweiß (Größe M)
160 g weiche Butter oder Margarine
160 g Zucker
1 Pck. Dr. Oetker Vanillin-Zucker
6 Eigelb (Größe M)
100 g Semmelbrösel

Zum Bestreichen:
125 g Aprikosenkonfitüre

Für den Guss:
60 g Zucker
7 EL Wasser
200 g Zartbitter-Schokolade

Zum Verzieren:
50 g Zartbitter-Schokolade

Zubereitungszeit: 45 Minuten, ohne Abkühlzeit
Backzeit: etwa 50 Minuten

1. Für den Teig die Schokolade in Stücke brechen, in einem kleinen Topf im heißen Wasserbad bei schwacher Hitze unter Rühren schmelzen. Die Schokolade abkühlen lassen.

2. Den Backofen vorheizen.
Ober-/Unterhitze: etwa 180 °C
Heißluft: etwa 160 °C

3. Eiweiß sehr steif schlagen. Butter oder Margarine in einer Rührschüssel mit Handrührgerät mit Rührbesen auf höchster Stufe geschmeidig rühren. Nach und nach Zucker und Vanillin-Zucker unterrühren. So lange rühren, bis eine gebundene Masse entstanden ist.

4. Eigelb nach und nach unterrühren (jedes Eigelb etwa 1/2 Minute). Schokolade und Semmelbrösel auf mittlerer Stufe unterrühren. Eischnee vorsichtig unterheben. Den Teig in eine Springform (Ø 26 cm, gefettet, mit Backpapier belegt) geben und glatt streichen. Die Form auf dem Rost in den vorgeheizten Backofen (unteres Drittel) schieben. Den Tortenboden **etwa 50 Minuten backen.**

5. Den Tortenboden aus der Form lösen, auf einen mit Backpapier belegten Kuchenrost stürzen und erkalten lassen. Mitgebackenes Backpapier vorsichtig abziehen. Tortenboden einmal waagerecht durchschneiden. Den unteren Boden auf eine Tortengarnierscheibe legen.

6. Zum Bestreichen den unteren Boden mit Konfitüre bestreichen und den oberen Boden darauflegen.

7. Für den Guss Zucker mit Wasser in einem Topf so lange kochen, bis der Zucker gelöst ist. Topf von der Kochstelle nehmen.

8. Schokolade in Stücke brechen, nach und nach unter die Zuckerlösung rühren, bis die Schokolade geschmolzen ist und der Guss glänzt.

9. Den Guss in die Mitte der Torte gießen. Den Guss durch „Bewegen" (leicht schräg halten) der Torte auf der Oberfläche und am Rand gleichmäßig verlaufen lassen. Evtl. am Rand mit einem Messer verstreichen. Um eine gleichmäßige Oberfläche zu erhalten, die Torte auf der Platte „aufklopfen" (dazu die Tortengarnierscheibe 1–2-mal etwas anheben und wieder „fallen" lassen).

10. Die Torte mit einem langen Messer von der Tortengarnierscheibe lösen, durch eine leichte Schrägstellung der Tortengarnierscheibe und Führung der Torte durch das Messer auf eine Tortenplatte gleiten lassen. Guss fest werden lassen.

11. Zum Verzieren die Schokolade in Stücke brechen und in einem kleinen Topf im heißen Wasserbad bei schwacher Hitze unter Rühren schmelzen. Die Torte in 12 Stücke einteilen.

12. Die Schokolade in ein Pergamentpapiertütchen oder einen kleinen Gefrierbeutel füllen und eine kleine Ecke abschneiden. Auf jedes Tortenstück „Sacher" schreiben. Die Torte bis zum Servieren kalt stellen.

Sandtorte mit Mohncreme

Dauert länger

Insgesamt:
E: 86 g, F: 467 g, Kh: 543 g, kJ: 29037, kcal: 6934

Zum Vorbereiten:

1 Glas	*Sauerkirschen (Abtropfgewicht 370 g)*

Für den Rührteig:

250 g	*weiche Butter oder Margarine*
150 g	*Zucker*
1 Pck.	*Dr. Oetker Vanillin-Zucker*
1 Prise	*Salz*
4	*Eier (Größe M)*
250 g	*Weizenmehl*
1 gestr. TL	*Dr. Oetker Backin*
2 EL	*Weizenmehl für die Sauerkirschen*

Für die Füllung:

500 ml (½ l)	*Milch*
1 Pck.	*Dr. Oetker Pudding-Pulver Vanille-Geschmack*
3 geh. EL	*Zucker*
250 g	*weiche Butter*
2 EL (20 g)	*Mohnsamen*

Zum Bestreuen und Garnieren:

etwas	*Mohnsamen*
einige	*vorbereitete Sauerkirschen mit Stiel*

Zubereitungszeit: 70 Minuten, ohne Abkühl- und Kühlzeit
Backzeit: etwa 50 Minuten

1. Zum Vorbereiten Sauerkirschen in einem Sieb gut abtropfen lassen.

2. Den Backofen vorheizen.
Ober-/Unterhitze: etwa 180 °C
Heißluft: etwa 160 °C

3. Für den Teig Butter oder Margarine mit Handrührgerät mit Rührbesen auf höchster Stufe geschmeidig rühren. Nach und nach Zucker, Vanillin-Zucker und Salz unterrühren. So lange rühren, bis eine gebundene Masse entstanden ist. Eier nach und nach unterrühren (jedes Ei etwa ½ Minute).

4. Mehl mit Backpulver mischen, in 2 Portionen kurz auf mittlerer Stufe unterrühren. Sauerkirschen in Mehl wälzen und unter den Teig heben. Den Teig in eine Springform (Ø 26 cm, Boden gefettet) geben und glatt streichen. Die Form auf dem Rost in den vorgeheizten Backofen schieben. Den Gebäckboden **etwa 50 Minuten backen.**

5. Die Form auf einen Kuchenrost stellen. Den Boden etwa 10 Minuten in der Form abkühlen lassen, dann aus der Form lösen und auf einem mit Backpapier belegten Kuchenrost erkalten lassen. Den Gebäckboden einmal waagerecht durchschneiden.

6. Für die Füllung aus Milch, Pudding-Pulver und Zucker einen Pudding nach Packungsanleitung zubereiten und in eine Schüssel füllen. Pudding sofort mit Frischhaltefolie belegen, damit sich keine Haut bildet. Pudding erkalten lassen.

7. Butter mit Handrührgerät mit Rührbesen geschmeidig rühren. Den Pudding esslöffelweise unterrühren. Dabei darauf achten, dass die Butter und der Pudding Zimmertemperatur haben, da die Creme sonst gerinnt. 6 Esslöffel Buttercreme zum Verzieren beiseitestellen. Den Mohn unter die restliche Buttercreme rühren.

8. Den unteren Gebäckboden auf eine Platte legen. Gut ein Drittel der Mohn-Buttercreme daraufstreichen und mit dem oberen Gebäckboden belegen. Die Tortenoberfläche und -rand mit der restlichen Mohn-Buttercreme bestreichen. Die beiseitegestellte Buttercreme in einen Spritzbeutel mit Sterntülle füllen und Tupfen auf die Tortenoberfläche spritzen. Die Torte 1–2 Stunden kalt stellen.

9. Die Torte vor dem Servieren mit Mohn bestreuen und mit Sauerkirschen garnieren.

Schneekönigin-Torte

Für Gäste – gut vorzubereiten

Insgesamt:
E: 39 g, F: 288 g, Kh: 334 g, kJ: 17105, kcal: 4084

Für den Knetteig:
75 g Weizenmehl
25 g Zucker
50 g Butter oder Margarine
1 Eigelb (Größe M)

Für die Baisertupfen:
50 g Zucker
1 Pck. Dr. Oetker Vanillin-Zucker
1 Eiweiß (Größe M)

Außerdem:
50 g Zartbitter-Schokolade

Für die Füllung:
100 g weiße Schokolade
600 g Schlagsahne
75 g Zucker
1 Pck. Dr. Oetker Vanillin-Zucker
1 Pck. Dr. Oetker Finesse Geriebene Zitronenschale

Zubereitungszeit: 45 Minuten, ohne Abkühl- und Gefrierzeit
Backzeit: etwa 10 Minuten
Trockenzeit: etwa 30 Minuten

1. Den Backofen vorheizen.
Ober-/Unterhitze: etwa 200 °C
Heißluft: etwa 180 °C

2. Für den Teig das Mehl in eine Rührschüssel geben. Restliche Zutaten hinzufügen und mit Handrührgerät mit Knethaken zunächst kurz auf niedrigster, dann auf höchster Stufe gut durcharbeiten. Anschließend auf einer leicht bemehlten Arbeitsfläche kurz verkneten und auf dem Boden einer Springform (Ø 22 cm, gefettet) ausrollen. Teigboden mehrmals mit einer Gabel einstechen. Springformrand darumlegen. Die Form auf dem Rost in den vorgeheizten Backofen schieben. Den Knetteigboden **etwa 10 Minuten backen.**

3. Den Springformrand entfernen. Den Knetteigboden vom Springformboden lösen, aber darauf auf einem Kuchenrost erkalten lassen. Die **Backofentemperatur um etwa 40 °C herunterschalten.**

4. Für die Baisertupfen Zucker mit Vanillin-Zucker mischen. Eiweiß mit Handrührgerät mit Rührbesen fast steif schlagen. Zuckermischung nach und nach unterrühren. Die Eiweißmasse sehr steif schlagen, in einen Spritzbeutel mit großer Lochtülle geben und walnussgroße Tupfen auf ein Backblech (gefettet, mit Backpapier belegt) spritzen. Das Backblech in den heißen Backofen schieben. Die Baisertupfen **etwa 30 Minuten trocknen lassen.**

5. Die Baisertupfen mit dem Backpapier vom Backblech auf einen Kuchenrost ziehen. Baisertupfen erkalten lassen. Den Knetteigboden auf eine Tortenplatte legen, einen Tortenring darumlegen.

6. Schokolade in Stücke brechen, in einem kleinen Topf im heißen Wasserbad bei schwacher Hitze unter Rühren schmelzen, etwas abkühlen lassen. Den Knetteigboden mit einem Teil der Schokolade bestreichen und fest werden lassen.

7. Restliche Schokolade dünn auf Backpapier streichen, zum Garnieren beiseitelegen (nicht kalt stellen).

8. Für die Füllung die weiße Schokolade fein hacken. Sahne mit Zucker, Vanillin- Zucker und Zitronenschale steif schlagen. Baisertupfen (8–10 Tupfen beiseitelegen) halbieren oder vierteln und mit der Schokolade unter die Sahne heben. Schokoladensahne auf dem Knetteigboden verteilen und mit einem Löffel wellenartig verzieren.

9. Beiseitegelegte Baisertupfen dekorativ auf der Torte verteilen. Die Torte mindestens 5 Stunden gefrieren lassen.

10. Vor dem Servieren die beiseitegelegte Schokolade in Locken vom Backpapier schaben. Die Torte damit garnieren.

Tipp: Lassen Sie die Torte vor dem Servieren etwa 15 Minuten antauen.

Schoko-Amarettini-Torte

Beliebt – mit Alkohol

Insgesamt:
E: 91 g, F: 373 g, Kh: 480 g, kJ: 23786, kcal: 5674

Für den Biskuitteig:

4 Eier (Größe M)
4 EL Amaretto oder heißes Wasser
150 g Zucker
1 Pck. Dr. Oetker Bourbon-Vanille-Zucker
150 g Weizenmehl
1 gestr. TL Dr. Oetker Backin
100 g gemahlene Haselnusskerne
100 g Zartbitter-Raspelschokolade

Für die Füllung:

75 g Amarettini (ital. Mandelmakronen)
400 g Schlagsahne
1 Pck. Dr. Oetker Vanillin-Zucker
1 Pck. Dr. Oetker Sahnesteif

Zum Verzieren und Bestreichen:

400 g Schlagsahne
1 Pck. Dr. Oetker Vanillin-Zucker
1 TL Zucker
1 Pck. Dr. Oetker Sahnesteif
1 leicht geh. TL Kakaopulver

Zum Garnieren:

einige Amarettini (ital. Mandelmakronen)
1 TL Kakaopulver

Zubereitungszeit: 50 Minuten, ohne Abkühlzeit
Backzeit: etwa 30 Minuten

1. Den Backofen vorheizen.
Ober-/Unterhitze: etwa 180 °C
Heißluft: etwa 160 °C

2. Für den Teig Eier und Amaretto oder Wasser mit Handrührgerät mit Rührbesen auf höchster Stufe in etwa 1 Minute schaumig schlagen. Den Zucker und Vanille-Zucker mischen, in etwa 1 Minute einstreuen, dann noch etwa 2 Minuten weiterschlagen.

3. Mehl mit Backpulver mischen, die Hälfte davon auf die Eiercreme geben und kurz auf niedrigster Stufe unterrühren. Restliches Mehlgemisch auf die gleiche Weise unterarbeiten. Die Nusskerne und Raspelschokolade kurz unterrühren.

4. Den Teig in eine Springform (Ø 26 cm, Boden gefettet, mit Backpapier belegt) geben und glatt streichen. Die Form auf dem Rost in den vorgeheizten Backofen schieben. Den Biskuitboden **etwa 30 Minuten backen.**

5. Den Boden aus der Form lösen, auf einen mit Backpapier belegten Kuchenrost stürzen und erkalten lassen. Mitgebackenes Backpapier abziehen. Den Biskuitboden zweimal waagerecht durchschneiden.

6. Für die Füllung Amarettini in einen Gefrierbeutel geben, Beutel fest verschließen. Amarettini mit einer Teigrolle fein zerbröseln. Die Sahne mit Vanillin-Zucker und Sahnesteif steif schlagen, Amarettinibrösel unterheben. Den unteren Biskuitboden auf eine Tortenplatte legen und mit der Hälfte der Creme bestreichen. Den mittleren Boden darauflegen und mit der restlichen Creme bestreichen. Mit dem oberen Boden belegen und leicht andrücken.

7. Zum Verzieren und Bestreichen Sahne mit Vanillin-Zucker, Zucker und Sahnesteif steif schlagen. Ein Drittel der Sahne abnehmen und mit Kakao verrühren. Kakaosahne in einen Spritzbeutel mit kleiner Lochtülle füllen. Die helle Sahne ebenfalls in einen Spritzbeutel mit kleiner Lochtülle füllen.

8. Abwechselnd helle und dunkle Stäbchen senkrecht an den Tortenrand spritzen. Restliche helle und dunkle Sahne auf die Tortenoberfläche geben und locker verstreichen. Die Torte bis zum Servieren kalt stellen.

9. Die Torte kurz vor dem Servieren mit Amarettini garnieren und mit Kakao bestäuben.

Tipp: Sie können die Böden mit je 1 Esslöffel Amaretto tränken.

Schoko-Baiser-Torte | Für Gäste

Insgesamt:
E: 61 g, F: 238 g, Kh: 430 g, kJ: 17237, kcal: 4113

100 g Edelbitter-Schokolade (60 % Kakaoanteil)
50 g Butter

Für den Biskuitteig:
3 Eier (Größe M)
3 EL heißes Wasser
100 g Zucker
1 Pck. Dr. Oetker Vanillin-Zucker
1 Prise Salz
60 g Weizenmehl
1 gestr. TL Dr. Oetker Backin
30 g Semmelbrösel

Für den Belag:
1 Dose Aprikosenhälften (Abtropfgewicht 250 g, natursüß)
400 g Schmand (Sauerrahm)
50 g Kandisfarin (brauner Zucker)
2 Pck. Dr. Oetker Sahnesteif
200 g Schlagsahne

100 g kleine Baisertupfen (fertig gekauft, Schaumkrönchen)

Zubereitungszeit: 45 Minuten, ohne Kühlzeit
Backzeit: etwa 20 Minuten

1. Schokolade in kleine Stücke brechen und mit der Butter in einem kleinen Topf im heißen Wasserbad bei schwacher Hitze unter Rühren schmelzen.

2. Den Backofen vorheizen.
Ober-/Unterhitze: etwa 180 °C
Heißluft: etwa 160 °C

3. Für den Teig Eier und Wasser mit Handrührgerät mit Rührbesen auf höchster Stufe in etwa 1 Minute schaumig schlagen. Den Zucker, Vanillin-Zucker und Salz mischen, in etwa 1 Minute einstreuen, dann noch etwa 2 Minuten weiterschlagen.

4. Mehl mit Backpulver mischen, auf die Eiercreme geben und mit den Semmelbröseln kurz auf niedrigster Stufe unterrühren. Die geschmolzene Schokolade (1 Esslöffel zum Garnieren beiseitestellen) unterheben. Den Teig in eine Obstbodenform (Ø etwa 30 cm, gefettet) geben und glatt streichen. Die Form auf dem Rost in den vorgeheizten Backofen schieben. Den Biskuitboden **etwa 20 Minuten backen.**

5. Die Form auf einen Kuchenrost stellen. Den Tortenboden etwa 10 Minuten in der Form stehen lassen, dann auf einen mit Backpapier belegten Kuchenrost stürzen. Biskuitboden erkalten lassen und auf eine Tortenplatte legen.

6. Für den Belag Aprikosenhälften in einem Sieb gut abtropfen lassen und in dünne Spalten schneiden. Die Aprikosenspalten auf dem Tortenboden verteilen. Den Schmand in eine Rührschüssel geben. Kandisfarin mit Sahnesteif mischen, hinzufügen und mit Handrührgerät mit Rührbesen zu einer Creme aufschlagen. Sahne steif schlagen und darunterheben. Die Schmandcreme kuppelartig auf den Aprikosenspalten verteilen. Die Torte mindestens 60 Minuten kalt stellen.

7. Die Baisertupfen auf der Cremekuppel verteilen und leicht andrücken. Die beiseitegestellte Schokoladenmasse nochmals schmelzen. Die Baisertupfen mithilfe eines Teelöffels mit der Schokolade besprenkeln. Schokolade fest werden lassen.

Schoko-Buttercreme-Torte I

Klassisch

Insgesamt:
E: 68 g, F: 346 g, Kh: 426 g, kJ: 21618, kcal: 5165

Für den Biskuitteig:

4 Eier (Größe M)
3 EL heißes Wasser
150 g Zucker
1 Pck. Dr. Oetker Vanillin-Zucker
100 g Weizenmehl
25 g gesiebte Speisestärke
2 gestr. TL Dr. Oetker Backin

Für die Buttercreme:

1 Pck. Gala Schokoladen-Pudding-Pulver
75 g Zucker
500 ml (1/2 l) Milch
100 g Edelbitter-Schokolade (72 % Kakaoanteil)
300 g weiche Butter

etwas geraspelte Edelbitter-Schokolade oder Schokoladenlocken

Zubereitungszeit: 60 Minuten, ohne Abkühlzeit
Backzeit: 25–30 Minuten

1. Den Backofen vorheizen.
Ober-/Unterhitze: etwa 180 °C
Heißluft: etwa 160 °C

2. Für den Teig Eier und Wasser mit Handrührgerät mit Rührbesen auf höchster Stufe in etwa 1 Minute schaumig schlagen. Zucker mit Vanillin-Zucker mischen, in etwa 1 Minute einstreuen, dann noch etwa 2 Minuten weiterschlagen. Das Mehl mit Speisestärke und Backpulver mischen, die Hälfte davon auf die Eiercreme geben und kurz auf niedrigster Stufe unterrühren. Restliches Mehlgemisch auf die gleiche Weise unterarbeiten. Den Teig in eine Springform (Ø 26 cm, Boden gefettet, mit Backpapier belegt) füllen und glatt streichen. Die Form auf dem Rost in den vorgeheizten Backofen schieben. Den Boden **25–30 Minuten backen.**

3. Den Boden aus der Form lösen, auf einen mit Backpapier belegten Kuchenrost stürzen und erkalten lassen. Mitgebackenes Backpapier abziehen. Biskuitboden zweimal waagerecht durchschneiden.

4. Für die Buttercreme aus Pudding-Pulver, Zucker und die Milch einen Pudding nach Packungsanleitung zubereiten. Die Schokolade in Stücke brechen und in dem heißen Pudding unter Rühren schmelzen. Frischhaltefolie direkt auf die Puddingoberfläche legen. Den Pudding erkalten lassen (nicht kalt stellen).

5. Die Butter mit Handrührgerät mit Rührbesen geschmeidig rühren. Den erkalteten Pudding esslöffelweise unterrühren. Dabei darauf achten, dass Butter und Pudding Zimmertemperatur haben, da die Creme sonst gerinnt.

6. Den unteren Biskuitboden mit knapp einem Drittel der Buttercreme bestreichen. Den mittleren Boden darauflegen und mit knapp der Hälfte der restlichen Buttercreme bestreichen. Mit dem oberen Boden belegen. Tortenoberfläche und -rand gleichmäßig mit der restlichen Creme bestreichen.

7. Den Tortenoberflächenrand und Tortenrand mithilfe einer Gabel verzieren. Den Tortenoberflächenrand zusätzlich mit geraspelter Schokolade oder Schokoladenlocken garnieren.

Schokocremetorte | Beliebt

Insgesamt:
E: 114 g, F: 519 g, Kh: 657 g, kJ: 32677, kcal: 7816

Zum Vorbereiten:
500 g Schlagsahne
300 g Zartbitter-Schokolade
75 g weiche Butter

Für den Biskuitteig:
100 g Butter
6 Eier (Größe M)
200 g Zucker
1 Pck. Dr. Oetker Vanillin-Zucker
1 Prise Salz
150 g Weizenmehl
100 g gesiebte Speisestärke
50 g gesiebtes Kakaopulver

Zum Garnieren und Bestäuben:
200 g Zartbitter-Kuvertüre
1 EL Kakaopulver

Zubereitungszeit: 40 Minuten, ohne Abkühl- und Kühlzeit
Backzeit: 35–40 Minuten

1. Zum Vorbereiten Sahne in einem Topf zum Kochen bringen. Topf von der Kochstelle nehmen. Schokolade in Stücke brechen, hinzugeben und unter Rühren schmelzen, bis eine geschmeidige Masse entstanden ist. Die Masse abkühlen lassen, dabei gelegentlich umrühren. Die Butter in die abgekühlte, aber noch nicht fest gewordene Schoko-Sahne-Masse rühren und zugedeckt mehrere Stunden oder am besten über Nacht kalt stellen.

2. Den Backofen vorheizen.
Ober-/Unterhitze: etwa 180 °C
Heißluft: etwa 160 °C

3. Für den Teig Butter zerlassen und abkühlen lassen. Eier mit Handrührgerät mit Rührbesen auf höchster Stufe in etwa 1 Minute schaumig schlagen. Zucker, Vanillin-Zucker und Salz mischen, in etwa 1 Minute einstreuen, dann noch etwa 2 Minuten weiterschlagen.

4. Das Mehl mit Speisestärke und Kakao mischen, die Hälfte davon auf die Eiercreme geben und kurz auf niedrigster Stufe unterrühren. Restliches Mehl-Kakao-Gemisch auf die gleiche Weise unterarbeiten. Die abgekühlte Butter vorsichtig unterrühren. Den Teig in eine Springform (Ø 26 cm, Boden gefettet, mit Backpapier belegt) füllen und glatt streichen. Die Form auf dem Rost in den vorgeheizten Backofen schieben. Den Biskuitboden **35–40 Minuten backen.**

5. Den Biskuitboden aus der Form lösen und auf einen mit Backpapier belegten Kuchenrost stürzen. Boden erkalten lassen. Mitgebackenes Backpapier abziehen. Biskuitboden zweimal waagerecht durchschneiden.

6. Die kalt gestellte Schoko-Sahne-Masse mit Handrührgerät mit Rührbesen zu einer Creme aufschlagen. Den unteren Biskuitboden auf eine Tortenplatte legen und mit knapp einem Drittel der Creme bestreichen. Den mittleren Boden darauflegen, etwas andrücken und knapp die Hälfte der restlichen Schokoladencreme daraufstreichen. Mit dem oberen Boden belegen und leicht andrücken. Tortenoberfläche und -rand mit der restlichen Schokocreme bestreichen. Torte kalt stellen.

7. Zum Garnieren und Bestäuben Kuvertüre in grobe Stücke hacken. Zwei Drittel davon in einem kleinen Topf im heißen Wasserbad bei schwacher Hitze unter Rühren schmelzen. Den Topf aus dem Wasserbad nehmen. Restliche Kuvertüre fein hacken und in die geschmolzene Kuvertüre rühren, bis sie ebenfalls aufgelöst ist.

8. Kuvertüre nochmals ganz kurz erwärmen, auf ein rundes Stück Backpapier (Ø etwa 35 cm) geben und gleichmäßig dick verstreichen. Dabei einen etwa 2 cm breiten Rand frei lassen. Kuvertüre leicht fest werden lassen, dann noch weich mit dem Backpapier nach oben auf die Torte legen. Das Backpapier am Rand in lockere Falten legen und leicht andrücken. Die Torte 10–15 Minuten kalt stellen, bis die Kuvertüre vollständig fest geworden ist, dann das Backpapier vorsichtig abziehen. Die Tortenoberfläche vor dem Servieren mit Kakao bestäuben.

Tipp: Tränken Sie die Tortenböden vor dem Zusammensetzen mit Kirschwasser.

Schoko-Käsetorte | Beliebt

Insgesamt:
E: 161 g, F: 260 g, Kh: 384 g, kJ: 18988, kcal: 4532

Für den Knetteig:
150 g Weizenmehl
75 g Zucker
100 g gemahlene Haselnusskerne
125 g Butter oder Margarine
1 EL Wasser

Für den Belag:
3 Eiweiß (Größe M)
750 g Speisequark (Magerstufe)
100 g Zucker
1 Pck. Dr. Oetker Bourbon-Vanille-Zucker
3 Eigelb (Größe M)
100 ml Milch
1 Pck. Dr. Oetker Pudding-Pulver Schokoladen-Geschmack

Zum Verzieren:
200 g Schlagsahne
1 Pck. Dr. Oetker Vanillin-Zucker

Zum Bestäuben:
etwas Kakaopulver

Zubereitungszeit: 60 Minuten, ohne Abkühlzeit
Backzeit: etwa 65 Minuten

1. Den Backofen vorheizen.
Ober-/Unterhitze: etwa 180 °C
Heißluft: etwa 160 °C

2. Für den Teig das Mehl in eine Rührschüssel geben. Restliche Zutaten hinzufügen und mit Handrührgerät mit Knethaken zunächst kurz auf niedrigster, dann auf höchster Stufe gut durcharbeiten. Anschließend auf einer leicht bemehlten Arbeitsfläche zu einem glatten Teig verkneten.

3. Gut die Hälfte des Knetteiges auf dem Boden einer Springform (Ø 26 cm, Boden gefettet) ausrollen. Einen Springformrand darumlegen. Teigboden mehrmals mit einer Gabel einstechen. Die Form auf dem Rost in den vorgeheizten Backofen schieben. Den Knetteigboden **etwa 15 Minuten vorbacken.**

4. Die Form auf einen Kuchenrost stellen. Den Boden etwas abkühlen lassen. Restlichen Teig zu einer Rolle formen, als Rand auf den vorgebackenen Boden legen und so an die Form drücken, dass ein etwa 4 cm hoher Rand entsteht.

5. Für den Belag das Eiweiß sehr steif schlagen. Den Quark mit Zucker, Vanille-Zucker, Eigelb und Milch mit Handrührgerät mit Rührbesen zu einer glatten Masse verrühren. Das Pudding-Pulver unterrühren. Eischnee unterheben. Die Quarkmasse auf den vorgebackenen Boden geben und glatt streichen. Die Form wieder auf dem Rost in den heißen Backofen schieben. Den Käsekuchen **bei gleicher Backofeneinstellung in etwa 50 Minuten fertig backen.**

6. Die Torte etwa 10 Minuten im ausgeschalteten Backofen stehen lassen, dann herausnehmen und in der Form erkalten lassen. Torte aus der Form lösen.

7. Zum Verzieren die Sahne mit Vanillin-Zucker steif schlagen, in einen Spritzbeutel mit Lochtülle füllen. Dicke Tuffs auf die Tortenoberfläche spritzen. Käsetorte vor dem Servieren mit etwas Kakao bestäuben.

Schokoladen-Buttermilch-Torte

Für Gäste

Insgesamt:
E: 77 g, F: 377 g, Kh: 538 g, kJ: 24637, kcal: 5897

Für den Schüttelteig:
150 g Butter oder Margarine
200 g Weizenmehl
2 gestr. TL Dr. Oetker Backin
30 g gesiebtes Kakaopulver
170 g Zucker
1 Pck. Dr. Oetker Vanillin-Zucker
4 Eier (Größe M)
125 ml (1/8 l) Buttermilch

Für die Füllung:
100 g Butter
200 g Zartbitter-Kuvertüre
200 g Schlagsahne
70 g gesiebter Puderzucker

einige Zuckerperlen
etwas Kakaopulver

Zubereitungszeit: 60 Minuten, ohne Abkühl- und Kühlzeit
Backzeit: etwa 45 Minuten

1. Den Backofen vorheizen.
Ober-/Unterhitze: etwa 180 °C
Heißluft: etwa 160 °C

2. Für den Teig die Butter oder Margarine zerlassen und abkühlen lassen. Das Mehl mit Backpulver und Kakao mischen, in eine verschließbare Schüssel (etwa 3-Liter-Inhalt) geben. Mit Zucker und Vanillin-Zucker mischen. Eier, Butter oder Margarine und Buttermilch hinzufügen und die Schüssel mit dem Deckel fest verschließen.

3. Schüssel mehrmals (insgesamt 15–30 Sekunden) kräftig schütteln, sodass alle Zutaten gut vermischt sind. Den Teig mit einem Schneebesen oder Rührlöffel nochmals sorgfältig durchrühren, damit trockene Zutaten vom Rand mit untergerührt werden. Den Teig in eine Springform (Ø 22 cm, Boden gefettet) füllen und glatt streichen. Die Form auf dem Rost in den vorgeheizten Backofen schieben. Den Gebäckboden **etwa 45 Minuten backen.**

4. Die Springform auf einen Kuchenrost stellen. Den Gebäckboden etwa 5 Minuten in der Form stehen lassen, dann aus der Form lösen und auf dem mit Backpapier belegten Kuchenrost erkalten lassen.

5. Für die Füllung die Butter und Kuvertüre in kleine Stücke schneiden bzw. hacken, mit Sahne und Puderzucker in einem Topf bei schwacher Hitze unter gelegentlichen Rühren zerlassen, bis eine geschmeidige Masse entstanden ist. Die Schokomasse abkühlen lassen, dann mit einem Kochlöffel so lange rühren, bis sie streichfähig ist.

6. Den Gebäckboden zweimal waagerecht durchschneiden. Die Schokocreme halbieren. Eine Hälfte der Creme auf zwei der Gebäckböden streichen. Die Böden zusammensetzen und den dritten Boden darauflegen. Von der restlichen Creme 2 Esslöffel zum Verzieren in einen Spritzbeutel mit kleiner Sterntülle füllen. Tortenoberfläche und -rand mit der restlichen Schokocreme bestreichen. Torte kurz kalt stellen.

7. Die Torte auf eine Tortenplatte setzen. Den oberen und unteren Rand mit Cremetupfen verzieren. Die Torte kalt stellen. Zum Garnieren und Bestäuben die Torte vor dem Servieren mit Zuckerperlen garnieren und mit Kakao bestäuben.

Schokoladencremetorte | Für Gäste

Insgesamt:
E: 90 g, F: 414 g, Kh: 463 g, kJ: 24872, kcal: 5937

Für den Rührteig:
250 g weiche Butter oder Margarine
150 g Zucker
2 Pck. Dr. Oetker Vanillin-Zucker
1 Msp. Salz
5 Eier (Größe M)
150 g Vollkorn-Weizenmehl
50 g gesiebtes Kakaopulver
2 gestr. TL Dr. Oetker Backin

Für die Buttercreme:
30 g Speisestärke
2 EL Rohrzucker (brauner Zucker)
2 Pck. Dr. Oetker Bourbon-Vanille-Zucker
30 g gesiebtes Kakaopulver
1 Ei (Größe M)
300 ml Milch
150 g weiche Butter
100 g gesiebter Puderzucker

Zum Bestreuen:
20 g Vollmilch-Raspelschokolade

Zubereitungszeit: 50 Minuten, ohne Abkühlzeit
Backzeit: etwa 40 Minuten

1. Den Backofen vorheizen.
Ober-/Unterhitze: etwa 180 °C
Heißluft: etwa 160 °C

2. Für den Teig Butter oder Margarine mit Handrührgerät mit Rührbesen auf höchster Stufe geschmeidig rühren. Nach und nach Zucker, Vanillin-Zucker und Salz unterrühren. So lange rühren, bis eine gebundene Masse entstanden ist. Eier nach und nach unterrühren (jedes Ei etwa 1/2 Minute).

3. Das Mehl mit Kakao und Backpulver mischen, in 2 Portionen kurz auf mittlerer Stufe unterrühren. Dann den Teig halbieren. Eine Teighälfte in eine Springform (Ø 26 cm, Boden gefettet) geben und glatt streichen. Die Form auf dem Rost in den vorgeheizten Backofen schieben. **Gebäckboden etwa 20 Minuten backen.**

4. Den Gebäckboden etwa 5 Minuten in der Form stehen lassen, dann aus der Form lösen, auf einen mit Backpapier belegten Kuchenrost stürzen. Den Boden erkalten lassen. Die zweite Teighälfte ebenso in die Form geben und **bei gleicher Backofeneinstellung etwa 20 Minuten backen.**

5. Für die Buttercreme die Speisestärke mit Zucker, Vanille-Zucker und Kakao in einem Topf verrühren. Ei und Milch unter Rühren hinzugeben. Die Masse unter ständigem Rühren zum Kochen bringen und gut aufkochen lassen. Pudding in eine Schüssel füllen. Frischhaltefolie direkt auf den Pudding legen, damit sich keine Haut bildet. Pudding erkalten lassen (nicht kalt stellen).

6. Butter und Puderzucker mit Handrührgerät mit Rührbesen schaumig schlagen. Pudding durchrühren und esslöffelweise unterrühren. Dabei darauf achten, dass Butter und Pudding Zimmertemperatur haben, da die Creme sonst gerinnt.

7. Einen Gebäckboden auf eine Tortenplatte legen. Zwei Drittel der Buttercreme daraufgeben und glatt streichen. Den zweiten Gebäckboden darauflegen und leicht andrücken. Tortenoberfläche und -rand mit der restlichen Creme bestreichen. Die Tortenoberfläche mit einem Esslöffel wellenartig verzieren, mit Raspelschokolade bestreuen.

Schokoladen-Preiselbeer-Torte I

Fettarm

Insgesamt:
E: 56 g, F: 55 g, Kh: 454 g, kJ: 10685, kcal: 2548

Für den Biskuitteig:
2 Eier (Größe M)
75 g Zucker
1 Pck. Dr. Oetker Vanillin-Zucker
75 g Weizenmehl
1 gestr. TL Dr. Oetker Backin

Für den Belag:
400 g Wild-Preiselbeeren (aus dem Glas)
4 Blatt weiße Gelatine
2 Pck. Paradiescreme Schokoladen-Geschmack (Dessertpulver)
500 ml (1/2 l) Milch

Zum Garnieren:
25 g weiße Schokolade

Zubereitungszeit: 50 Minuten, ohne Abkühl- und Kühlzeit
Backzeit: etwa 25 Minuten

1. Den Backofen vorheizen.
Ober-/Unterhitze: etwa 180 °C
Heißluft: etwa 160 °C

2. Für den Teig Eier mit Handrührgerät mit Rührbesen auf höchster Stufe in etwa 1 Minute schaumig schlagen. Den Zucker und Vanillin-Zucker mischen, in etwa 1 Minute einstreuen, dann noch etwa 2 Minuten weiterschlagen.

3. Mehl mit Backpulver mischen, auf die Eiercreme geben und kurz auf niedrigster Stufe unterrühren. Den Teig in eine Springform (Ø 26 cm, Boden gefettet, mit Backpapier belegt) geben und glatt streichen. Form auf dem Rost in den vorgeheizten Backofen schieben. Den Biskuitboden **etwa 25 Minuten backen.**

4. Den Biskuitboden aus der Form lösen, auf einen mit Backpapier belegten Kuchenrost stürzen und erkalten lassen. Mitgebackenes Backpapier abziehen. Biskuitboden auf eine Tortenplatte legen, einen Tortenring darumlegen.

5. Für den Belag die Preiselbeeren (2 Esslöffel zum Garnieren beiseitestellen) auf den Biskuitboden geben und glatt streichen, dabei einen etwa 1 cm breiten Rand frei lassen. Die Gelatine in kaltem Wasser nach Packungsanleitung einweichen. Das Dessertpulver mit Milch nach Packungsanleitung zubereiten. Die Gelatine in einem kleinen Topf unter Rühren erwärmen (nicht kochen), bis sie völlig gelöst ist. Gelatine zunächst mit 2–3 Esslöffeln der Creme verrühren, dann unter die restliche Creme rühren.

6. Die Creme vom Rand aus auf den mit Preiselbeeren bestrichenen Boden geben und glatt streichen. Anschließend mithilfe eines Teelöffels Spitzen ziehen. Die Torte mindestens 3 Stunden kalt stellen.

7. Zum Garnieren die Schokolade in Stücke brechen, in einem kleinen Gefrierbeutel im heißen Wasserbad bei schwacher Hitze schmelzen. Beutel abtrocknen, etwas durchkneten, eine kleine Ecke abschneiden. Ornamente auf Backpapier spritzen, fest werden lassen.

8. Vor dem Servieren den Tortenring lösen und entfernen. Die beiseitegestellten Preiselbeeren in Klecksen auf die Tortenoberfläche geben. Torte mit den Schokoladen-Ornamenten garnieren.

Schokoladentorte, fein

Für Gäste – einfach

Insgesamt:
E: 88 g, F: 267 g, Kh: 431 g, kJ: 19373, kcal: 4627

Für den Rührteig:
150 g Zartbitter-Schokolade
150 g weiche Butter oder Margarine
75 g Zucker
1 Pck. Dr. Oetker Vanillin-Zucker
2 Eier (Größe M)
4 Eigelb (Größe M)
150 g Weizenmehl
15 g gesiebtes Kakaopulver
1 gestr. TL Dr. Oetker Backin
4 Eiweiß (Größe M)
75 g Zucker

Zum Bestreichen:
4–6 EL Johannisbeergelee

Für den Guss:
100 g Zartbitter-Schokolade
5 EL Schlagsahne

Zubereitungszeit: 30 Minuten, ohne Abkühlzeit
Backzeit: etwa 45 Minuten

1. Für den Teig die Schokolade in Stücke brechen, in einem kleinen Topf im heißen Wasserbad bei schwacher Hitze unter Rühren schmelzen, abkühlen lassen.

2. Den Backofen vorheizen.
Ober-/Unterhitze: etwa 180 °C
Heißluft: etwa 160 °C

3. Butter oder Margarine mit Handrührgerät mit Rührbesen auf höchster Stufe geschmeidig rühren. Nach und nach Zucker, Vanillin-Zucker und die Schokolade unterrühren. So lange rühren, bis eine gebundene Masse entstanden ist. Eier und Eigelb nach und nach unterrühren (jedes Ei/Eigelb etwa ½ Minute).

4. Mehl mit Kakao und Backpulver mischen, in 2 Portionen kurz auf mittlerer Stufe unterrühren. Das Eiweiß sehr steif schlagen. Zucker nach und nach kurz unterschlagen. Eischnee vorsichtig unter den Teig heben. Den Teig in eine Springform (Ø 26 oder 28 cm, Boden gefettet, mit Backpapier belegt) geben und glatt streichen. Dann die Form auf dem Rost in den vorgeheizten Backofen schieben. Den Gebäckboden **etwa 45 Minuten backen.**

5. Den Boden aus der Form lösen, auf einen mit Backpapier belegten Kuchenrost stürzen und erkalten lassen. Mitgebackenes Backpapier abziehen. Den Gebäckboden einmal waagerecht durchschneiden.

6. Den unteren Boden auf eine Tortenplatte legen und mit der Hälfte des Gelees bestreichen. Den oberen Boden darauflegen. Tortenrand und -oberfläche mit dem restlichen Gelee bestreichen.

7. Für den Guss Schokolade wie unter Punkt 1 beschrieben schmelzen. Die Sahne unterrühren, bis die Masse wieder glatt ist. Die Torte mit dem Guss überziehen. Den Guss fest werden lassen.

Tipps: Sie können die Schokoladentorte 2–3 Tage vor dem Servieren zubereiten und in Alufolie verpackt an einem kühlen, trockenen Ort lagern. Anstelle von Johannisbeergelee schmeckt zum Bestreichen auch passierte Aprikosenkonfitüre.

Schoko-Trauben-Nuss-Torte I

Schnell – einfach

Insgesamt:
E: 64 g, F: 253 g, Kh: 296 g, kJ: 15545, kcal: 3710

Für den Biskuitteig:

200 g kernlose, grüne Weintrauben
3 Eier (Größe M)
60 g Zucker
1 Pck. Dr. Oetker Vanillin-Zucker
60 g Weizenmehl
15 g gesiebtes Kakaopulver
2 gestr. TL Dr. Oetker Backin
100 g gemahlene Haselnusskerne

Für den Belag:

100 g Trauben-Nuss-Schokolade
400 g Schlagsahne
30 g Zucker
1 Pck. Dr. Oetker Vanillin-Zucker
2 Pck. Dr. Oetker Sahnesteif

Zum Garnieren:

etwa 25 g Zartbitter-Schokolade
75–100 g kernlose, grüne Weintrauben

Zubereitungszeit: 30 Minuten, ohne Abkühl- und Kühlzeit
Backzeit: etwa 25 Minuten

1. Den Backofen vorheizen.
Ober-/Unterhitze: etwa 180 °C
Heißluft: etwa 160 °C

2. Für den Teig Weintrauben waschen, trocken tupfen, entstielen und halbieren. Eier in einer Rührschüssel mit Handrührgerät mit Rührbesen auf höchster Stufe in etwa 1 Minute schaumig schlagen. Zucker mit Vanillin-Zucker mischen, in etwa 1 Minute einstreuen, dann noch etwa 2 Minuten weiterschlagen.

3. Mehl mit Kakao und Backpulver mischen, kurz auf niedrigster Stufe unterrühren. Haselnusskerne unterheben. Den Teig in eine Springform (Ø 26 cm, Boden gefettet, mit Backpapier belegt) geben und glatt streichen. Weintraubenhälften darauf verteilen. Die Form

auf dem Rost in den vorgeheizten Backofen schieben. Den Biskuitboden **etwa 25 Minuten backen.**

4. Springformrand lösen und entfernen. Den Boden auf dem Springformboden auf einem Kuchenrost erkalten lassen. Den Boden vom Backpapier lösen und auf eine Tortenplatte legen.

5. Für den Belag die Trauben-Nuss-Schokolade fein hacken. Die Sahne mit Zucker, Vanillin-Zucker und Sahnesteif steif schlagen. Die gehackte Schokolade unterheben. Die Schokosahne auf den Biskuitboden geben und wellenartig verstreichen. Die Torte etwa 60 Minuten kalt stellen.

6. Zum Garnieren Schokolade in Stücke brechen, in einem Topf im heißen Wasserbad bei schwacher Hitze unter Rühren schmelzen. Weintrauben waschen, trocken tupfen und entstielen. Weintrauben zur Hälfte in die Schokolade tauchen und auf ein Stück Backpapier legen. Schokolade fest werden lassen. Die Tortenoberfläche vor dem Servieren mit den Schoko-Weintrauben garnieren.

Tipp: Bestreuen Sie die Oberfläche zusätzlich mit 25–50 g gerösteten, gehackten Haselnusskernen.

Schwarz-Weiß-Zitronentorte I
Dauert länger

Insgesamt:
E: 112 g, F: 308 g, Kh: 487 g, kJ: 21746, kcal: 5193

Für den Knetteig:
250 g Weizenmehl
1 gestr. TL Dr. Oetker Backin
75 g Zucker
1 Pck. Dr. Oetker Bourbon-Vanille-Zucker
1 Ei (Größe M)
125 g Butter oder Margarine
2 gestr. TL gesiebtes Kakaopulver

Für die Füllung:
8 Blatt weiße Gelatine
500 g Zitronenjoghurt
250 g Speisequark (Magerstufe)
150 g Lemon Curd oder Zitronenmarmelade
einige Zitronenmelisseblättchen
500 g Schlagsahne

Zum Verzieren und Garnieren:
30 g Zartbitter-Schokolade
1 TL Speiseöl
etwas Puderzucker
evtl. ½ Bio-Zitrone und einige Zitronenzesten (unbehandelt, ungewachst)

Zubereitungszeit: 70 Minuten, ohne Kühlzeit
Backzeit: etwa 12 Minuten je Boden

1. Den Backofen vorheizen.
Ober-/Unterhitze: etwa 180 °C
Heißluft: etwa 160 °C

2. Für den Teig Mehl mit Backpulver mischen und in eine Rührschüssel geben. Restliche Zutaten außer Kakaopulver hinzufügen und mit Handrührgerät mit Knethaken zunächst kurz auf niedrigster, dann auf höchster Stufe gut durcharbeiten. Anschließend auf einer leicht bemehlten Arbeitsfläche zu einem glatten Teig verkneten. Die Hälfte des Teiges mit dem Kakao verkneten. Den hellen und dunklen Teig in 2 helle und 2 dunkle gleich große Portionen aufteilen.

3. Eine helle und dunkle Teigportion in kleinen Mengen auf einer leicht bemehlten Arbeitsfläche zu knapp bleistiftdünnen Strängen rollen. Die dunklen und hellen Stränge auf dem Boden einer Springform (Ø 26 cm, gefettet) zur Schnecke legen. Mit einer Holzrolle vorsichtig darüberrollen, sodass der Boden gleichmäßig dick ist. Den Springformrand darumlegen. Die Form auf dem Rost in den vorgeheizten Backofen schieben und den Gebäckboden **etwa 12 Minuten backen.** Den zweiten Boden aus den restlichen Teigportionen **ebenso** ausrollen und **backen**.

4. Die Böden sofort mit einem langen Messer oder einer Tortenpalette vom Springformboden lösen, aber darauf auf einem Kuchenrost erkalten lassen. Den zweiten Boden noch warm in 12 Tortenstücke schneiden. Den ganzen Boden auf eine Tortenplatte legen, einen Tortenring darumlegen.

5. Für die Füllung die Gelatine in kaltem Wasser nach Packungsanleitung einweichen. Joghurt mit Quark und Lemon Curd oder Marmelade mit Handrührgerät mit Rührbesen zu einer glatten Creme verrühren. Gelatine leicht ausdrücken und in einem kleinen Topf unter Rühren erwärmen (nicht kochen), bis sie völlig gelöst ist. Gelatine mit 2–3 Esslöffeln von der Joghurtmasse verrühren, dann unter die restliche Joghurtmasse rühren. Zitronenmelisse abspülen und trocken tupfen. Blättchen fein hacken und unter die Joghurtmasse rühren.

6. Die Sahne steif schlagen. Wenn die Joghurtmasse anfängt zu gelieren, Sahne unterheben. Die Joghurtcreme auf den Gebäckboden geben und glatt streichen. Den geschnittenen Gebäckboden darauflegen und leicht andrücken. Die Torte 2–3 Stunden kalt stellen. Tortenring mit einem Messer lösen und entfernen.

7. Zum Verzieren und Garnieren die Schokolade mit dem Speiseöl in einem Topf im heißen Wasserbad bei schwacher Hitze unter Rühren schmelzen. Schokolade mithilfe eines Teelöffels auf den oberen Tortenrand sprenkeln, sodass die Schokolade etwas herunterläuft. Schokolade fest werden lassen.

8. Den oberen Tortenrand mit Puderzucker bestäuben. Die abgewaschene und trocken getupfte Zitronenhälfte in Spalten schneiden. Die Torte nach Belieben mit Zitronenspalten und -zesten garnieren.

Schwedenpunsch-Torte

Für Gäste – etwas aufwendiger – mit Alkohol

Insgesamt:
E: 91 g, F: 311 g, Kh: 599 g, kJ: 24757, kcal: 5911

Für den Knetteig:
150 g Weizenmehl
100 g Butter oder Margarine
50 g Zucker

Für den Biskuitteig:
4 Eier (Größe M)
1 Eigelb (Größe M)
60 g Zucker
80 g Weizenmehl
1 gestr. TL Dr. Oetker Backin

Für die Schwedenpunschcreme:
60 g gestiftelte Mandeln
25 g Zucker
5 Blatt weiße Gelatine
50 g Zucker
3 EL Sherry
1 Pck. Dr. Oetker Finesse Natürliches Orangenschalen-Aroma
1 Zimtstange
½ gestr. TL gemahlene Nelken
1 Msp. Kardamom
100 ml Portwein
50 ml Weinbrand
500 g Schlagsahne
50 g Rosinen

150 g Aprikosenkonfitüre

Für den Guss:
1 Pck. Tortenguss, klar, ungezuckert
30 g Zucker
200 ml Apfelsaft oder Wasser
50 ml Weinbrand oder Sherry

evtl. einige Rosinen

Zubereitungszeit: 60 Minuten, ohne Abkühl- und Kühlzeit
Backzeit: etwa 24 Minuten

1. Den Backofen vorheizen.
Ober-/Unterhitze: etwa 200 °C
Heißluft: etwa 180 °C

2. Für den Knetteig Mehl in eine Rührschüssel geben. Restliche Zutaten hinzufügen und mit Handrührgerät mit Knethaken zunächst kurz auf niedrigster, dann auf höchster Stufe gut durcharbeiten. Anschließend auf einer leicht bemehlten Arbeitsfläche zu einem glatten Teig verkneten.

3. Den Teig auf dem Boden einer Springform (Ø 26 cm, gefettet) ausrollen. Teigboden mehrmals mit einer Gabel einstechen. Den Springformrand darumlegen. Die Form auf dem Rost in den vorgeheizten Backofen schieben. Dann den Knetteigboden **etwa 12 Minuten backen.**

4. Den Springformrand entfernen. Den Boden sofort vom Springformboden lösen, aber darauf auf einem Kuchenrost erkalten lassen.

5. Für den Biskuitteig die Eier und Eigelb in eine Rührschüssel geben und mit Handrührgerät mit Rührbesen auf höchster Stufe in etwa 1 Minute schaumig schlagen. Zucker in etwa 1 Minute einstreuen, dann noch etwa 2 Minuten weiterschlagen. Mehl mit Backpulver mischen, auf die Eiercreme geben und kurz auf niedrigster Stufe unterrühren. Den Teig auf ein Backblech (30 x 40 cm, gefettet, mit Backpapier belegt) geben und glatt streichen. Das Backblech in den heißen Backofen schieben. Die Biskuitplatte **bei gleicher Backofeneinstellung etwa 12 Minuten backen.** Biskuitplatte auf mit Zucker bestreutes Backpapier stürzen und erkalten lassen. Mitgebackenes Backpapier abziehen.

6. Für die Schwedenpunschcreme die Mandeln mit Zucker in einer Pfanne unter Rühren leicht bräunen, herausnehmen und auf einem Teller erkalten lassen. Gelatine in kaltem Wasser nach Packungsanleitung einweichen. Den Zucker in einem Topf karamellisieren lassen, dann Sherry hinzugießen. Gewürze hinzufügen und aufkochen lassen. Gelatine ausdrücken und in der heißen Flüssigkeit unter Rühren auflösen, abkühlen lassen. Portwein und Weinbrand unterrühren, die Zimtstange entfernen. Die Flüssigkeit kalt stellen.

7. Sahne steif schlagen. Sobald die Punschflüssigkeit anfängt zu gelieren, Sahne unterheben. Rosinen und die Hälfte der gerösteten Mandeln (evtl. etwas zerstoßen) unterheben.

8. Den Knetteigboden auf eine Tortenplatte legen und dünn mit etwas von der Konfitüre bestreichen. Biskuitplatte mit der restlichen Konfitüre bestreichen und von der kürzeren Seite aus fest aufrollen. Die Biskuitrolle in dünne Scheiben (etwa 1 cm) schneiden. Den Knetteigboden mit der Hälfte der Biskuitrollenscheiben belegen, einen Tortenring darumlegen. Die Schwedenpunschcreme daraufgeben und glatt streichen. Die Tortenoberfläche mit den restlichen Biskuitrollenscheiben belegen. Die Torte 2–3 Stunden kalt stellen.

9. Für den Guss aus Tortengusspulver, Zucker und Apfelsaft oder Wasser und Weinbrand oder Sherry einen Guss nach Packungsanleitung zubereiten, kurz abkühlen lassen. Den Guss mithilfe eines Backpinsels dick auf den Biskuitrollenscheiben verteilen. Auf den oberen Tortenrand die restlichen Mandelstifte und nach Belieben Rosinen streuen. Den Guss fest werden lassen. Tortenring lösen und entfernen.

Sekt-Sahne-Torte | Für Gäste – mit Alkohol

Insgesamt:
E: 94 g, F: 500 g, Kh: 671 g, kJ: 32228, kcal: 7687

Für den All-in-Teig:
250 g Butter oder Margarine
250 g Weizenmehl
50 g Speisestärke
3 gestr. TL Dr. Oetker Backin
250 g Zucker
2 Pck. Dr. Oetker Vanillin-Zucker
5 Eier (Größe M)

Für die Füllung:
1 Pck. Käse-Sahne-Tortencreme (Tortencremepulver)
200 ml trockener Sekt
750–800 g Schlagsahne

Zum Bestäuben:
etwas Puderzucker

Zum Garnieren:
einige Schoko-Dekor-Blätter
einige vorbereitete Weintrauben

Zubereitungszeit: 60 Minuten, ohne Abkühlzeit
Backzeit: 12–15 Minuten je Boden

1. Den Backofen vorheizen.
Ober-/Unterhitze: etwa 180 °C
Heißluft: etwa 160 °C

2. Für den Teig die Butter oder Margarine zerlassen und abkühlen lassen. Das Mehl mit Speisestärke und Backpulver mischen, in eine Rührschüssel geben. Den Zucker, Vanillin-Zucker, Eier und Butter oder Margarine hinzufügen. Zutaten mit Handrührgerät mit Rührbesen zunächst kurz auf niedrigster, dann auf höchster Stufe in etwa 2 Minuten zu einem glatten Teig verarbeiten.

3. Aus dem Teig 3 Böden backen. Dazu je ein Drittel des Teiges auf je einen Springformboden (Ø 26 cm, Boden gefettet) streichen und jeweils einen Springformrand darumlegen. Die Formen nacheinander (bei Heißluft zusammen) auf dem Rost in den vorgeheizten Backofen schieben. Die Gebäckböden **12–15 Minuten je Boden backen.**

4. Die Gebäckböden aus den Formen lösen und einzeln auf je einem mit Backpapier belegten Kuchenrost erkalten lassen.

5. Für die Füllung das Tortencremepulver mit Sekt und Sahne nach Packungsanleitung, aber nur mit den hier angegebenen Zutaten, zubereiten. Knapp ein Drittel der Creme in einen Spritzbeutel mit Sterntülle füllen. Einen Gebäckboden auf eine Tortenplatte legen, mit gut einem Drittel der Creme bestreichen, dabei einen etwa 2 cm breiten Rand frei lassen. Am äußeren Rand einen Kreis aufspritzen.

6. Den zweiten Gebäckboden darauflegen und leicht andrücken. Wieder mit gut einem Drittel der Creme bestreichen und am Rand einen Kreis aufspritzen. Mit dem dritten Gebäckboden belegen, leicht andrücken und mit Puderzucker bestäuben. Mit der restlichen Creme einen großen und kleinen Kreis auf die Tortenoberfläche spritzen. In die Mitte einen Tuff spritzen.

7. Die Torte mit Schoko-Dekor-Blättern und Weintrauben garnieren. Die Torte 2–3 Stunden kalt stellen.

Sherrytorte mit Zuckerkruste I

Mit Alkohol

Insgesamt:
E: 80 g, F: 224 g, Kh: 513 g, kJ: 18624, kcal: 4448

Für den All-in-Teig:
150 g Weizenmehl
50 g gesiebte Speisestärke
2 gestr. TL Dr. Oetker Backin
150 g Zucker
2 Eier (Größe M)
120 g zerlassene, abgekühlte Butter oder Margarine
5 EL trockener Sherry

Für den Belag:
1 kg Sahnepudding Bourbon-Vanille (aus dem Kühlregal)
4 Eier (Größe M)

Für die Zuckerkruste:
60 g Zucker

Zubereitungszeit: 40 Minuten, ohne Kühlzeit
Backzeit: etwa 65 Minuten

1. Den Backofen vorheizen.
Ober-/Unterhitze: etwa 180 °C
Heißluft: etwa 160 °C

2. Für den Teig Mehl mit Speisestärke und Backpulver mischen, in eine Rührschüssel geben. Restliche Zutaten hinzufügen und mit Handrührgerät mit Rührbesen zunächst kurz auf niedrigster, dann auf höchster Stufe in etwa 2 Minuten zu einem glatten Teig verarbeiten. Den Teig in eine Springform (Ø 26 cm, gefettet) geben und glatt streichen. Die Form auf dem Rost in den vorgeheizten Backofen schieben. Den Gebäckboden **etwa 15 Minuten vorbacken.**

3. Für den Belag den Pudding in eine Schüssel geben, Eier gut unterrühren. Die Pudding-Eier-Masse auf den vorgebackenen Boden geben und glatt streichen. Die Form wieder auf dem Rost in den heißen Backofen schieben. Die Torte **bei gleicher Backofeneinstellung in etwa 50 Minuten fertig backen.**

4. Torte in der Form auf einem Kuchenrost im Kühlschrank erkalten lassen. Den Backofengrill vorheizen. Die erkaltete Torte mit Zucker bestreuen. Die Form auf dem Rost unter den vorgeheizten Grill schieben. Die Torte so lange überbacken, bis der Zucker hellbraun karamellisiert ist. Torte erkalten lassen.

Silvia-Torte | Gut vorzubereiten – mit Alkohol

Insgesamt:
E: 93 g, F: 450 g, Kh: 785 g, kJ: 33098, kcal: 7903

Für den Rührteig:
300 g weiche Butter oder Margarine
300 g Zucker
1 Pck. Dr. Oetker Bourbon-Vanille-Zucker
etwas abgeriebene Zitronenschale von
1 Bio-Zitrone (unbehandelt, ungewachst)
5 Eier (Größe M)
225 g Weizenmehl
75 g Speisestärke
2 1/2 gestr. TL Dr. Oetker Backin

Zum Tränken:
3 EL Wasser
30 g Zucker
150 ml Kirschwasser

Zum Bestreichen:
50 g weiche Butter
30 g gesiebter Puderzucker

Für den Belag:
150 g Marzipan-Rohmasse
50 g gesiebter Puderzucker

Für den Guss:
150 g Zartbitter-Schokolade
2 TL Speiseöl

Zum Garnieren:
einige Dekoblüten und -blätter

Zubereitungszeit: 60 Minuten, ohne Abkühl- und Kühlzeit
Backzeit: etwa 50 Minuten

1. Den Backofen vorheizen.
Ober-/Unterhitze: etwa 180 °C
Heißluft: etwa 160 °C

2. Für den Teig Butter oder Margarine mit Handrührgerät mit Rührbesen auf höchster Stufe geschmeidig rühren. Nach und nach Zucker, Vanille-Zucker und Zitronenschale unterrühren. So lange rühren, bis eine gebundene Masse entstanden ist.

3. Die Eier nach und nach unterrühren (jedes Ei etwa 1/2 Minute). Das Mehl mit Speisestärke und Backpulver mischen, in 2 Portionen kurz auf mittlerer Stufe unterrühren. Den Teig in eine Springform (Ø 26 cm, Boden gefettet) geben und glatt streichen. Die Form auf dem Rost in den vorgeheizten Backofen schieben. Die Torte **etwa 50 Minuten backen.**

4. Die Form kurz auf einen Kuchenrost stellen. Die Torte aus der Form lösen und auf einem mit Backpapier belegten Kuchenrost etwas abkühlen lassen. Tortenoberfläche mehrmals mit einem Holzstäbchen einstechen.

5. In der Zwischenzeit zum Tränken das Wasser mit dem Zucker in einem kleinen Topf aufkochen, bis sich der Zucker gelöst hat. Dann abkühlen lassen. Das Kirschwasser hinzufügen. Die noch warme Torte mit der Kirschwasserlösung beträufeln (am besten mit einem Backpinsel), bis die gesamte Flüssigkeit aufgesogen ist. Torte erkalten lassen.

6. Zum Bestreichen Butter mit Puderzucker cremig aufschlagen. Den Tortenrand damit bestreichen. Die Torte etwa 30 Minuten kalt stellen.

7. Für den Belag Marzipan in Stücke schneiden, in eine Rührschüssel geben und mit Puderzucker gut verkneten. Marzipan auf einer mit Puderzucker bestäubten Arbeitsfläche dünn ausrollen.

8. Eine runde Platte in Größe des Tortenbodens und 1 Streifen in Höhe und Umfang des Tortenrandes ausschneiden. Die Torte damit einkleiden.

9. Für den Guss die Schokolade in kleine Stücke brechen, mit Speiseöl in einem kleinen Topf im heißen Wasserbad bei schwacher Hitze unter Rühren schmelzen. Die Torte mit dem Guss überziehen.
Die Tortenoberfläche mit Dekoblüten und -blättern garnieren. Guss fest werden lassen.

Sirup-Erdnuss-Torte | Für Kinder

Insgesamt:
E: 50 g, F: 282 g, Kh: 203 g, kJ: 14845, kcal: 3542

Für den All-in-Teig:

80 g Weizenmehl
1 Pck. Dr. Oetker Pudding-Pulver Sahne-Geschmack
1 gestr. TL Dr. Oetker Backin
50 g gesiebter Puderzucker
1 Eigelb (Größe M)
1 EL Wasser
1 EL Rübenkraut (Zuckerrübensirup)
80 g weiche Butter oder Margarine

1 EL Rübenkraut (Zuckerrübensirup)

100 g Honig-Erdnusskerne
1/2 TL Dr. Oetker Finesse Geriebene Zitronenschale
500 g Schlagsahne
1 EL gesiebter Puderzucker
2 Pck. Dr. Oetker Sahnesteif

Zubereitungszeit: 40 Minuten, ohne Abkühlzeit
Backzeit: 8–10 Minuten je Boden

1. Den Backofen vorheizen.
Ober-/Unterhitze: etwa 200 °C
Heißluft: etwa 180 °C

2. Für den Teig Mehl mit Pudding-Pulver und Backpulver mischen, in eine Rührschüssel geben. Puderzucker, Eigelb, Wasser, Rübenkraut und Butter oder Margarine hinzufügen. Die Zutaten mit Handrührgerät mit Rührbesen zunächst kurz auf niedrigster, dann auf höchster Stufe in etwa 2 Minuten zu einem glatten Teig verarbeiten.

3. Aus dem Teig 3 dünne Böden backen. Dazu jeweils ein Drittel des Teiges dünn auf je einen Springformboden (Ø 26 cm, gefettet, gemehlt) streichen, dabei einen 1 cm breiten Rand frei lassen. Die Springformböden ohne Springformrand nacheinander (bei Heißluft 2 Böden zusammen) auf dem Rost in den vorgeheizten Backofen schieben. Dann die Böden **jeweils 8–10 Minuten backen.**

4. Die Böden von den Springformböden lösen und einzeln auf mit Backpapier belegte Kuchenroste legen. Rübenkraut in einen kleinen Gefrierbeutel füllen, eine kleine Ecke abschneiden. Einen Gebäckboden sofort nach dem Backen in 12 Tortenstücke schneiden. Die Stücke wieder zu einem Boden zusammensetzen und mit dem Rübenkraut eine Spirale aufspritzen. Alle Gebäckböden auf dem Backpapier erkalten lassen.

5. Erdnusskerne hacken, mit Zitronenschale mischen. Sahne mit Puderzucker und Sahnesteif steif schlagen.

6. Einen Gebäckboden auf eine Platte legen. Die Hälfte der Sahne auf den Gebäckboden streichen und mit der Hälfte der Erdnusskerne bestreuen. Den zweiten Gebäckboden auf den bestrichenen Gebäckboden legen. Restliche Sahne darauf verteilen und mit den restlichen Erdnusskernen bestreuen. Die mit Rübenkraut verzierten Gebäckstücke schräg in die Sahne setzen. Die Torte mit einem Sägemesser in Stücke teilen und sofort servieren.

Tipp: Damit die Torte knusprig bleibt, die Böden erst kurz vor dem Servieren mit der Sahne bestreichen.

Snowball-Kuppel | Für Gäste – mit Alkohol

Insgesamt:
E: 89 g, F: 269 g, Kh: 520 g, kJ: 22460, kcal: 5364

Für den Teig:
3 Eier (Größe M)
125 g Zucker
100 ml Speiseöl
100 ml Eierlikör
200 g Weizenmehl
3 gestr. TL Dr. Oetker Backin

Für die Fruchtfüllung:
300 g Himbeeren

Für den Belag:
6 Blatt weiße Gelatine
1 Pck. Dr. Oetker Pudding-Pulver Vanille-Geschmack
50 g Zucker
150 ml Eierlikör
300 ml Milch
400 g Schlagsahne

50–75 g Puderzucker

Zubereitungszeit: 60 Minuten, ohne Abkühl- und Kühlzeit
Backzeit: etwa 30 Minuten

1. Den Backofen vorheizen.
Ober-/Unterhitze: etwa 180 °C
Heißluft: etwa 160 °C

2. Für den Teig Eier mit Zucker, Speiseöl und Eierlikör in einer Rührschüssel mit Handrührgerät mit Rührbesen auf höchster Stufe verrühren. Mehl mit Backpulver mischen, in 2 Portionen kurz auf mittlerer Stufe unterrühren. Den Teig in eine Springform (Ø 26 cm, Boden gefettet, mit Backpapier belegt) geben und glatt streichen. Form auf dem Rost in den vorgeheizten Backofen schieben. Boden **etwa 30 Minuten backen.**

3. Den Gebäckboden auf einen mit Backpapier belegten Kuchenrost stürzen und erkalten lassen. Mitgebackenes Backpapier abziehen.

4. Den Gebäckboden wieder umdrehen und gut 1 cm tief aushöhlen. Dabei einen etwa 1 cm breiten Rand stehen lassen. Das herausgenommene Gebäck fein zerbröseln und beiseitestellen.

5. Für die Fruchtfüllung Himbeeren verlesen und auf dem Gebäckboden verteilen.

6. Für den Belag die Gelatine in kaltem Wasser nach Packungsanleitung einweichen. Pudding-Pulver mit Zucker und Eierlikör anrühren. Milch in einem Topf zum Kochen bringen. Das angerührte Pudding-Pulver unterrühren und unter Rühren aufkochen lassen. Den Topf von der Kochstelle nehmen. Die Gelatine leicht ausdrücken und unter Rühren in dem heißen Pudding auflösen. Pudding erkalten lassen, dabei gelegentlich durchrühren.

7. Sahne steif schlagen. Sobald der Pudding völlig erkaltet ist, Sahne unterheben. Die Creme kuppelartig auf die Himbeeren streichen. Die Kuppel mit den beiseitegestellten Bröseln bestreuen. Die Kuppel etwa 3 Stunden kalt stellen. Torte kurz vor dem Servieren dick mit Puderzucker bestäuben.

Tipps: Die Kuppel kann am Vortag zubereitet werden. Für eine alkoholfreie Variante einfach den Eierlikör im Teig und in der Creme durch Orangensaft ersetzen.

Sommertorte mit Hippenblüten

Dauert länger

Insgesamt:
E: 103 g, F: 465 g, Kh: 525 g, kJ: 28108, kcal: 6727

Für den Biskuitteig:

75 g Butter
3 Eier (Größe M)
3 EL Orangensaft
125 g Zucker
1 Pck. Dr. Oetker Vanillin-Zucker
125 g Weizenmehl
50 g Speisestärke
3 gestr. TL Dr. Oetker Backin

Für die Füllung:

8 Blatt weiße Gelatine
300 g gemischte Beeren
400 g Crème fraîche
75 g Zucker
1 Pck. Dr. Oetker Vanillin-Zucker
550 g Schlagsahne

Für den Spiegelguss:

3 Blatt weiße Gelatine
250 ml (1/4 l) roter Saft, z. B. Himbeer-, Kirsch- oder Johannisbeersaft
evtl. etwas Zucker

Für die Hippenblüten:

50 g gesiebter Puderzucker
1 Ei (Größe M)
50 g Weizenmehl
40–50 g Schlagsahne
etwas Kakaopulver

Zum Verzieren und Garnieren:

200 g Schlagsahne
1 Pck. Dr. Oetker Vanillin-Zucker
einige Beeren

Zubereitungszeit: 100 Minuten, ohne Abkühl- und Kühlzeit
Backzeit Biskuitboden: etwa 30 Minuten
Backzeit Hippenblüten: 3–5 Minuten

1. Den Backofen vorheizen.
Ober-/Unterhitze: etwa 180 °C
Heißluft: etwa 160 °C

2. Für den Teig Butter zerlassen und abkühlen lassen. Die Eier und Orangensaft in eine Rührschüssel geben und mit Handrührgerät mit Rührbesen auf höchster Stufe in etwa 1 Minute schaumig schlagen. Dann den Zucker und Vanillin-Zucker mischen, in etwa 1 Minute einstreuen, dann noch etwa 2 Minuten weiterschlagen. Mehl mit Speisestärke und Backpulver mischen, die Hälfte davon auf die Eiercreme geben und kurz auf niedrigster Stufe unterrühren. Restliches Mehlgemisch auf die gleiche Weise unterarbeiten. Zuletzt Butter unterziehen.

3. Den Teig in eine Springform (Ø 26 cm, Boden gefettet, mit Backpapier belegt) geben und glatt streichen. Die Form auf dem Rost in den vorgeheizten Backofen schieben. Den Biskuitboden **etwa 30 Minuten backen.**

4. Den Biskuitboden aus der Form lösen, auf einen mit Backpapier belegten Kuchenrost stürzen und erkalten lassen. Mitgebackenes Backpapier abziehen. Biskuitboden einmal waagerecht durchschneiden.

5. Für die Füllung die Gelatine in kaltem Wasser nach Packungsanleitung einweichen. Die Beeren verlesen. 150 g der Beeren pürieren und durch ein Sieb passieren. Beerenpüree mit Crème fraîche, Zucker und Vanillin-Zucker verrühren. Gelatine in einem kleinen Topf unter Rühren erwärmen (nicht kochen), bis sie völlig gelöst ist. Gelatine zunächst mit 2–3 Esslöffeln von der Crème-fraîche-Masse verrühren, dann unter die restliche Crème-fraîche-Masse rühren.

6. Sahne steif schlagen. Sobald die Masse anfängt zu gelieren, Sahne unterheben. Den unteren Biskuitboden auf eine Tortenplatte legen, einen Tortenring darumlegen. Ein Drittel der Beerencreme auf den Biskuitboden geben und glatt streichen. Restliche Beeren darauf verteilen. Dann die Hälfte der restlichen Beerencreme daraufgeben und verstreichen. Den zweiten Biskuitboden darauflegen. Restliche Beerencreme darauf verteilen und glatt streichen. Die Torte etwa 60 Minuten kalt stellen.

7. Für den Spiegelguss Gelatine wie unter Punkt 5 beschrieben einweichen und ausdrücken. Den Saft nach und nach unterrühren. Den Guss nach Belieben mit Zucker abschmecken und vorsichtig auf die Beerencreme gießen. Die Torte nochmals etwa 60 Minuten kalt stellen. Guss fest werden lassen.

8. Für die Hippenblüten aus dünner Pappe eine Blütenschablone schneiden. Puderzucker und Ei mit Handrührgerät mit Rührbesen gut verrühren, Mehl unterrühren. So viel Sahne unterrühren, dass die Masse streichfähig ist, aber nicht auseinanderläuft. 2 Esslöffel des Teiges abnehmen und mit etwas Kakaopulver verrühren. Dunklen Teig in einen Gefrierbeutel geben und eine kleine Ecke abschneiden. Einige Hippenblüten mithilfe der Schablone auf ein mit Backpapier belegtes Backblech streichen (am besten mit einer Palette) und mit etwas dunklem Teig verzieren. Das Backblech in den vorgeheizten Backofen schieben. Die Hippenblüten **bei gleicher Backofeneinstellung in 3–5 Minuten goldgelb backen.**

9. Die Hippenblüten sofort vom Backpapier lösen und auf einem Kuchenrost erkalten lassen. Einige Blüten dazu über einen runden Kochlöffelstiel oder in einen Eierbecher legen, damit sie plastischer werden.

10. Zum Verzieren und Garnieren den Tortenring lösen und entfernen. Sahne mit Vanillin-Zucker steif schlagen. Tortenrand damit bestreichen, dabei mit einem Messerrücken ein Muster eindrücken. Restliche Sahne in einen Spritzbeutel mit Sterntülle füllen. Tortenoberfläche damit verzieren. Kurz vor dem Servieren Hippen und Beeren auf der Tortenoberfläche verteilen.

Sommertorte mit Joghurt | Beliebt

Insgesamt:
E: 63 g, F: 134 g, Kh: 255 g, kJ: 10384, kcal: 2480

Für den Brandteig:
125 ml (1/8 l) Wasser
25 g Butter oder Margarine
75 g Weizenmehl
25 g Speisestärke
2–3 Eier (Größe M)

Für die Füllung:
6 Blatt weiße Gelatine
250 g Pfirsich-Maracuja-Joghurt
250 g Zitronenjoghurt
75 g Zucker
250 g Schlagsahne

1 Pfirsich
etwas Zitronensaft
etwas Puderzucker

Zubereitungszeit: 45 Minuten, ohne Abkühl- und Kühlzeit
Backzeit: etwa 25 Minuten je Boden

1. Den Backofen vorheizen.
Ober-/Unterhitze: etwa 200 °C
Heißluft: etwa 180 °C

2. Für den Teig Wasser mit Butter oder Margarine am besten in einem Stieltopf zum Kochen bringen. Mehl mit Speisestärke mischen, auf einmal in die von der Kochstelle genommene Flüssigkeit schütten, zu einem glatten Kloß rühren, unter Rühren etwa 1 Minute erhitzen. Heißen Kloß sofort in eine Rührschüssel geben.

3. Nach und nach Eier mit Handrührgerät mit Knethaken auf höchster Stufe unterarbeiten. Nur so viel Ei unter den Teig arbeiten, bis er stark glänzt und so vom Löffel abreißt, dass lange Spitzen hängen bleiben.

4. Aus dem Teig nacheinander 3 Böden backen. Dazu jeweils ein Drittel des Brandteiges auf den Boden einer Springform (Ø 26 cm, gefettet, gemehlt) streichen. Den Springformboden (ohne Springformrand) auf dem Rost in den vorgeheizten Backofen schieben. Die Brandteigböden **jeweils etwa 25 Minuten backen.**

5. Die Böden sofort mit einem Tafelmesser vom Springformboden lösen und einzeln auf je einem mit Backpapier belegten Kuchenrost erkalten lassen.

6. Für die Füllung Gelatine in kaltem Wasser nach Packungsanleitung einweichen. Beide Joghurtsorten mit Zucker in einer Schüssel verrühren. Die Gelatine leicht ausdrücken, in einem kleinen Topf unter Rühren erwärmen (nicht kochen), bis sie völlig gelöst ist. Die Gelatine mit 3–4 Esslöffeln von der Joghurtmasse verrühren, dann unter die restliche Joghurtmasse rühren.

7. Sahne steif schlagen. Sobald die Masse anfängt zu gelieren, Sahne unterheben. Die Creme kurz kalt stellen, bis sie etwas anzieht.

8. Die Joghurtcreme kurz durchrühren, auf 2 der Brandteigböden verteilen und glatt streichen. Die Böden aufeinandersetzen. Die Creme auf dem oberen Boden mit einem Teelöffel in Spitzen hochziehen. Die Torte etwa 60 Minuten kalt stellen.

9. Den dritten Brandteigboden in Stücke brechen und auf der Tortenoberfläche verteilen. Pfirsich waschen, abtrocknen, halbieren, entsteinen, in feine Spalten schneiden, mit Zitronensaft beträufeln. Die Torte mit Pfirsichspalten garnieren, mit Puderzucker bestäuben.

Splitter-Torte | Raffiniert

Insgesamt:
E: 63 g, F: 284 g, Kh: 411 g, kJ: 18630, kcal: 4445

Für den Schüttelteig:

170 g Weizenmehl
2 gestr. EL gesiebtes Kakaopulver
2 gestr. TL Dr. Oetker Backin
150 g Zucker
1 Pck. Dr. Oetker Bourbon-Vanille-Zucker
3 Eier (Größe M)
100 ml Speiseöl
6 EL Milch

Für den Belag:

250 g Schlagsahne
125 g Mascarpone (ital. Frischkäse)
2 EL gesiebter Puderzucker
etwa 60 ml Karamell-Dessertsauce
6–8 dünne, belgische Waffeln

Zubereitungszeit: 30 Minuten, ohne Abkühl- und Kühlzeit
Backzeit: 25–30 Minuten

1. Den Backofen vorheizen.
Ober-/Unterhitze: etwa 180 °C
Heißluft: etwa 160 °C

2. Für den Teig das Mehl mit Kakao und Backpulver mischen und in eine verschließbare Schüssel (etwa 3-Liter-Inhalt) geben. Mit Zucker und Vanille-Zucker mischen. Eier, Speiseöl und Milch hinzufügen. Die Schüssel mit dem Deckel fest verschließen.

3. Die Schüssel mehrmals kräftig schütteln (insgesamt 15–30 Sekunden), sodass alle Zutaten gut vermischt sind. Den Teig mit einem Schneebesen oder Rührlöffel nochmals sorgfältig durchrühren, damit trockene Zutaten vom Rand mit untergerührt werden.

4. Den Teig in eine Springform (Ø 26 cm, Boden gefettet) geben und glatt streichen. Die Form auf dem Rost in den vorgeheizten Backofen schieben. Den Tortenboden **25–30 Minuten backen.**

5. Die Form auf einen Kuchenrost stellen. Den Tortenboden etwa 10 Minuten in der Form stehen lassen, dann aus der Form lösen und auf dem Kuchenrost erkalten lassen.

6. Für den Belag Sahne mit Mascarpone und Puderzucker in einen hohen Rührbecher geben und mit Handrührgerät mit Rührbesen zu einer steifen Creme aufschlagen. Die Creme mit einem Esslöffel auf den Tortenboden streichen. Karamell-Dessertsauce daraufsprenkeln und mit einem Löffel vorsichtig unterheben, sodass ein Marmormuster entsteht. Torte in Stücke einteilen und kalt stellen.

7. Vor dem Servieren die Waffeln in große Splitter brechen. Die Waffelsplitter in die Tortenstücke stecken. Die Torte sofort servieren.

Stachelbeer-Pudding-Schichttorte | Raffiniert

Insgesamt:
E: 91 g, F: 333 g, Kh: 604 g, kJ: 24311, kcal: 5801

Für den Rührteig:
200 g weiche Butter oder Margarine
200 g Zucker
1 Pck. Dr. Oetker Vanillin-Zucker
2 Eier (Größe M)
200 g Weizenmehl
1 gestr. TL Dr. Oetker Backin

Zum Bestreuen:
150 g gehobelte Mandeln
30 g Zucker

Für die Füllung:
1 Pck. Dr. Oetker Pudding-Pulver Vanille-Geschmack
400 ml Apfelsaft
20 g Zucker
200 g Doppelrahm-Frischkäse
1 Glas Stachelbeeren (Abtropfgewicht 360 g)

Für den Guss:
1 Pck. Tortenguss, klar, ungezuckert
20 g Zucker
250 ml (1/4 l) Stachelbeersaft (aus dem Glas)

Zubereitungszeit: 60 Minuten, ohne Abkühlzeit
Backzeit: etwa 15 Minuten je Boden

1. Den Backofen vorheizen.
Ober-/Unterhitze: etwa 180 °C
Heißluft: etwa 160 °C

2. Für den Teig Butter oder Margarine mit Handrührgerät mit Rührbesen auf höchster Stufe geschmeidig rühren. Nach und nach Zucker und Vanillin-Zucker unterrühren. So lange rühren, bis eine gebundene Masse entstanden ist. Eier nach und nach unterrühren (jedes Ei etwa 1/2 Minute). Mehl mit Backpulver mischen, in 2 Portionen kurz auf mittlerer Stufe unterrühren.

3. Aus dem Teig 3 Böden backen. Dazu jeweils ein Drittel des Teiges auf dem Boden einer Springform (Ø 26 cm, gefettet) verteilen und anschließend glatt streichen.

4. Zum Bestreuen je ein Drittel der Mandeln und des Zuckers auf den Teigboden streuen. Jeweils den Springformrand darumlegen. Die Formen nacheinander (bei Heißluft 2 Böden zusammen) auf dem Rost in den vorgeheizten Backofen schieben. Die Gebäckböden **jeweils etwa 15 Minuten backen.**

5. Die Gebäckböden sofort aus den Formen lösen und einzeln auf je einem mit Backpapier belegten Kuchenrost erkalten lassen.

6. Für die Füllung aus Pudding-Pulver, Apfelsaft und Zucker einen Pudding nach Packungsanleitung, aber nur mit 400 ml Flüssigkeit, zubereiten. Den Frischkäse sofort unterrühren. Die Oberfläche der Pudding-Frischkäse-Masse sofort mit Frischhaltefolie belegen, damit sich keine Haut bildet. Pudding-Frischkäse-Masse erkalten lassen.

7. Stachelbeeren in einem Sieb abtropfen lassen, den Saft auffangen und 250 ml (1/4 l) abmessen.

8. Für den Guss aus Tortengusspulver, Zucker und dem Saft einen Guss nach Packungsanleitung zubereiten. Stachelbeeren unterheben.

9. Die Stachelbeermasse auf 2 der Gebäckböden verteilen. Etwa 30 Minuten kalt stellen.

10. Pudding-Frischkäse-Masse durchrühren. Knapp die Hälfte davon in einen Spritzbeutel mit großer Sterntülle füllen. Jeweils einen Rand auf die Stachelbeermasse spritzen. Restliche Pudding-Frischkäse-Masse jeweils in die Mitte geben und verstreichen.

11. Die Böden zu einer Torte zusammensetzen, dabei leicht andrücken. Den letzten, nicht bestrichenen Boden darauflegen. Die Torte bis zum Servieren mindestens 60 Minuten kalt stellen.

Tipp: Den oberen Tortenboden vor dem Belegen mit einem Sägemesser in 12 Tortenstücke teilen.

Stachelbeertorte | Fruchtig

Insgesamt:
E: 89 g, F: 238 g, Kh: 422 g, kJ: 17738, kcal: 4223

Zum Vorbereiten:
120 g Zwieback
150 g Butter

Für den All-in-Teig:
80 g Weizenmehl
2 gestr. TL Dr. Oetker Backin
1 gestr. TL gemahlener Zimt
100 g Zucker
1 Prise Salz
1 Pck. Dr. Oetker Vanillin-Zucker
3 Eier (Größe M)
2 EL Milch

Für die Füllung:
1 Glas Stachelbeeren (Abtropfgewicht 360 g)
2 gestr. TL Speisestärke
125 ml (1/8 l) Stachelbeersaft (aus dem Glas)

Für den Belag:
2 EL gesiebter Puderzucker
2 Pck. Dr. Oetker Sahnesteif
150 g Vanillejoghurt
250 g Speisequark (20 % Fett)
200 g Schlagsahne

Zum Garnieren:
20 g Gewürz- oder Zimtschokolade

Zubereitungszeit: 45 Minuten, ohne Abkühl- und Kühlzeit
Backzeit: 25–30 Minuten

1. Den Backofen vorheizen.
Ober-/Unterhitze: etwa 180 °C
Heißluft: etwa 160 °C

2. Zum Vorbereiten Zwiebäcke in kleine Stücke brechen und in einen Gefrierbeutel geben. Beutel fest verschließen. Zwiebackstücke mit einer Teigrolle fein zerbröseln. Butter in einer großen Pfanne zerlassen, Zwiebackbrösel darin unter Rühren kurz anrösten, auf einen Teller geben und abkühlen lassen.

3. Für den Teig das Mehl mit Backpulver und Zimt mischen, in eine Rührschüssel geben. Restliche Zutaten und die Zwiebackbrösel hinzufügen. Die Zutaten mit Handrührgerät mit Rührbesen zunächst kurz auf niedrigster, dann auf höchster Stufe in etwa 2 Minuten zu einem glatten Teig verarbeiten. Teig in eine Springform (Ø 26 cm, gefettet) geben, glatt streichen. Die Form auf dem Rost in den vorgeheizten Backofen schieben. Gebäckboden **25–30 Minuten backen.**

4. Den Boden aus der Form lösen, auf einen mit Backpapier belegten Kuchenrost stürzen und erkalten lassen. Die Gebäckboden einmal waagerecht durchschneiden. Den unteren Boden auf eine Tortenplatte legen.

5. Für die Füllung Stachelbeeren in einem Sieb abtropfen lassen, den Saft auffangen und 125 ml (1/8 l) abmessen. Speisestärke mit etwas von dem Saft anrühren. Den restlichen Saft in einem Topf zum Kochen bringen. Angerührte Speisestärke unter Rühren in den von der Kochstelle genommenen Saft rühren und unter Rühren nochmals kurz aufkochen lassen. Den Topf von der Kochstelle nehmen, die Stachelbeeren unterheben.

6. Die Stachelbeermasse auf den unteren Gebäckboden geben, glatt streichen und etwa 30 Minuten kalt stellen. Den oberen Gebäckboden darauflegen und leicht andrücken.

7. Für den Belag den Puderzucker mit Sahnesteif mischen. Den Joghurt mit Quark verrühren. Die Hälfte der Puderzucker-Sahnesteif-Mischung unterrühren. Sahne mit der restlichen Puderzucker-Sahnesteif-Mischung steif schlagen und unter die Joghurt-Quark-Masse heben. Tortenoberfläche und -rand damit bestreichen. Mit einem Tortengarnierkamm oder einer Teelöffelspitze ein spiralförmiges Muster durch die Creme ziehen. Die Torte mindestens 60 Minuten kalt stellen.

8. Zum Garnieren Schokolade mit einem Sparschäler in feine Späne hobeln. Die Tortenoberfläche damit garnieren.

Stachelbeer-Vanille-Torte | Einfach

Insgesamt:
E: 55 g, F: 175 g, Kh: 492 g, kJ: 15893, kcal: 3796

Zum Vorbereiten:
1 Glas Stachelbeeren (Abtropfgewicht 385 g)

Für den Knetteig:
300 g Weizenmehl
1 gestr. TL Dr. Oetker Backin
25 g gesiebtes Kakaopulver
125 g Zucker
1 Pck. Dr. Oetker Vanillin-Zucker
175 g Butter oder Margarine
1 Ei (Größe M)

Für die Füllung:
1 Pck. backfeste Puddingcreme
250 ml (1/4 l) Milch

Zum Bestäuben:
etwas Puderzucker

Zubereitungszeit: 30 Minuten, ohne Abkühlzeit
Backzeit: etwa 40 Minuten

1. Zum Vorbereiten Stachelbeeren in einem Sieb abtropfen lassen.

2. Den Backofen vorheizen.
Ober-/Unterhitze: etwa 200 °C
Heißluft: etwa 180 °C

3. Für den Teig das Mehl mit Backpulver und Kakao in einer Rührschüssel mischen. Zucker, Vanillin-Zucker, Butter oder Margarine und Ei hinzufügen. Die Zutaten mit Handrührgerät mit Knethaken zunächst kurz auf niedrigster, dann auf höchster Stufe gut durcharbeiten. Anschließend auf einer leicht bemehlten Arbeitsfläche zu einem glatten Teig verkneten.

4. Gut zwei Drittel des Teiges auf der leicht bemehlten Arbeitsfläche zu einer runden Platte (Ø etwa 28 cm) ausrollen und in eine Tarteform (Ø 26 cm, gefettet) legen. Den Rand andrücken.

5. Für die Füllung aus Puddingcreme und Milch eine Creme nach Packungsanleitung zubereiten und auf den Teigboden streichen. Stachelbeeren gleichmäßig darauf verteilen. Restlichen Teig in kleine Stücke zupfen und auf die Stachelbeeren geben. Die Form auf dem Rost in den vorgeheizten Backofen schieben. Die Torte **etwa 40 Minuten backen.**

6. Die Form auf einen Kuchenrost stellen. Die Torte erkalten lassen und mit Puderzucker bestäuben.

Tipps: Die Stachelbeer-Vanille-Torte schmeckt am besten frisch. Statt Stachelbeeren Kirschen oder Aprikosenhälften verwenden. Statt der backfesten Puddingcreme kann auch ein selbst hergestellter Pudding verwendet werden. Dafür aus 1 Päckchen Saucen-Pulver Vanille-Geschmack (zum Kochen), 30 g Zucker und 250 ml (1/4 l) Milch einen Vanille-Pudding nach Packungsanleitung zubereiten.

Sunshine-Torte | Schnell

Insgesamt:
E: 50 g, F: 259 g, Kh: 375 g, kJ: 17399, kcal: 4159

Für den All-in-Teig:
100 g Weizenmehl
2 gestr. TL Dr. Oetker Backin
100 g Zucker
1 Pck. Dr. Oetker Vanillin-Zucker
3 Eier (Größe M)
100 g weiche Butter oder Margarine

Für den Belag:
1 Dose Pfirsichhälften (Abtropfgewicht 500 g)
500 g Schlagsahne
2 Pck. Dr. Oetker Sahnesteif
1 Pck. Dr. Oetker Vanillin-Zucker

Für den Guss:
275 ml Pfirsich-Maracujasaft oder Multivitaminsaft
1 Pck. Galetta Vanille-Geschmack (Pudding-Pulver ohne Kochen)
1 Pck. Saucenpulver Vanille-Geschmack, ohne Kochen

Zubereitungszeit: 20 Minuten, ohne Abkühl- und Kühlzeit
Backzeit: 15–20 Minuten

1. Den Backofen vorheizen.
Ober-/Unterhitze: etwa 200 °C
Heißluft: etwa 180 °C

2. Für den Teig Mehl und Backpulver mischen, in eine Rührschüssel geben. Die restlichen Zutaten hinzufügen und mit Handrührgerät mit Rührbesen zunächst kurz auf niedrigster, dann auf höchster Stufe in etwa 2 Minuten zu einem glatten Teig verarbeiten.

3. Den Teig in eine Springform (Ø 26 cm, Boden gefettet, mit Backpapier belegt) geben und glatt streichen. Die Form auf dem Rost in den vorgeheizten Backofen schieben. Gebäckboden **15–20 Minuten backen.**

4. Den Boden aus der Form lösen, auf einen mit Backpapier belegten Kuchenrost stürzen und erkalten lassen. Mitgebackenes Backpapier entfernen.

5. Für den Belag Pfirsichhälften sehr gut abtropfen lassen und in kleine Stückchen schneiden. Sahne mit Sahnesteif und Vanillin-Zucker steif schlagen. Pfirsichstückchen unterheben.

6. Die Creme kuppelartig auf den Gebäckboden streichen und kalt stellen.

7. Für den Guss aus Saft, Pudding-Pulver und Saucenpulver einen Guss nach Packungsanleitung, aber nur mit 275 ml Saft, mit dem Schneebesen gut verrühren. Den Guss auf die Sahnekuppel geben. Torte nochmals 60 Minuten kalt stellen.

Tipps: Sie können auch den Saft der abgetropften Pfirsiche nehmen, allerdings ist Pfirsich-Maracujasaft oder Multivitaminsaft kräftiger in der Farbe und aromatischer. Nach Belieben den Tortenrand mit gebräunten, gehobelten Mandeln garnieren. Es können auch Aprikosenhälften aus der Dose und Aprikosennektar verwendet werden.

Surprise-Torte | Für Gäste – mit Alkohol

Insgesamt:
E: 74 g, F: 280 g, Kh: 467 g, kJ: 21353, kcal: 5094

Zum Vorbereiten:
1 Glas Sauerkirschen (Abtropfgewicht 350 g)
150 ml Kirschlikör (20 Vol.-%)

Für den Rührteig:
100 g weiche Butter oder Margarine
75 g Zucker
2 Eier (Größe M)
50 g aufgelöste Zartbitter-Schokolade
80 g Weizenmehl
1 gestr. TL Dr. Oetker Backin
3 EL Kirschlikör (20 Vol.-%)

Für den Belag:
1 Pck. Tortenguss, rot, ungezuckert
20 g Zucker
275 ml Sauerkirsch-Marinier-Flüssigkeit (Saft aus dem Glas)
3 EL Kirschlikör (20 Vol.-%)
1 Pck. Mousse à la Vanille
200 ml Milch
100 g Schlagsahne
200 g Doppelrahm-Frischkäse
2 EL Milch

150 g Schlagsahne
100 g kandierte Ingwerstäbchen mit Schokoladenüberzug

Zubereitungszeit: 60 Minuten, ohne Marinier-, Abkühl- und Kühlzeit
Backzeit: etwa 25 Minuten

1. Zum Vorbereiten die Sauerkirschen in einem Sieb abtropfen lassen, den Saft auffangen und beiseitestellen. Die Sauerkirschen mit Likör vermischen und etwa 60 Minuten marinieren.

2. Den Backofen vorheizen.
Ober-/Unterhitze: etwa 180 °C
Heißluft: etwa 160 °C

3. Für den Teig Butter oder Margarine in eine Rührschüssel geben und mit Handrührgerät mit Rührbesen auf höchster Stufe geschmeidig rühren. Nach und nach Zucker unterrühren. So lange rühren, bis eine gebundene Masse entstanden ist.

4. Die Eier nach und nach unterrühren (jedes Ei etwa ½ Minute). Die Schokolade unterrühren. Das Mehl mit Backpulver mischen, in 2 Portionen mit dem Likör kurz auf mittlerer Stufe unterrühren. Den Teig in eine Springform (Ø 26 cm, gefettet, mit Backpapier belegt) geben und glatt streichen. Die Form auf dem Rost in den vorgeheizten Backofen schieben. Den Gebäckboden **etwa 25 Minuten backen.**

5. Den Boden aus der Form lösen, auf einen Kuchenrost stürzen und erkalten lassen. Das mitgebackene Backpapier abziehen. Gebäckboden auf eine Tortenplatte legen. Tortenring um den Boden legen. Die marinierten Sauerkirschen abtropfen lassen, Marinierflüssigkeit auffangen und mit dem beiseitegestellten Sauerkirschsaft auf 275 ml auffüllen.

6. Für den Belag aus Tortengusspulver, Zucker und der abgemessenen Flüssigkeit einen Guss nach Packungsanleitung zubereiten. 5 Esslöffel von dem Guss abnehmen und mit dem Likör verrühren, zugedeckt kalt stellen. Sauerkirschen unter den restlichen Guss rühren und auf dem Gebäckboden verteilen, etwa 30 Minuten kalt stellen.

7. Die Mousse nach Packungsanleitung, aber mit den hier angegebenen Mengen Milch und Sahne, zubereiten. Frischkäse mit Milch verrühren, unter die Mousse heben und auf den Sauerkirschen verstreichen.

8. Mit einem Löffel leichte Vertiefungen in die Tortenoberfläche eindrücken, in diese etwa zwei Drittel der kalt gestellten Likör-Guss-Mischung träufeln. Mit einem Esslöffelstiel den Guss durch die Creme ziehen, sodass „Schlieren“ entstehen. Die Torte etwa 2 Stunden kalt stellen. Tortenring lösen und entfernen.

9. Sahne steif schlagen und in einen Spritzbeutel mit Lochtülle füllen. Dicke Tuffs auf die Tortenoberfläche setzen. Die Ingwerstäbchen darauflegen. Restliche Likör-Guss-Mischung daraufträufeln.

Tausendundeine-Nacht-Torte

Raffiniert – etwas aufwendiger

Insgesamt:
E: 81 g, F: 413 g, Kh: 495 g, kJ: 25194, kcal: 6022

Für den All-in-Teig:
130 g Weizenmehl
3 gestr. TL Dr. Oetker Backin
20 g gesiebtes Kakaopulver
30 g Zartbitter-Raspelschokolade
100 g Zucker
2 EL flüssiger Honig
3 Eier (Größe M)
130 g weiche Butter oder Margarine

Zum Garnieren:
125 g Zartbitter-Kuvertüre
1 EL Speiseöl
50 g Johannisbeergelee
100 g Marzipan-Rohmasse
etwas Puderzucker

Für die Honigsahne:
3 Blatt weiße Gelatine
500 g Schlagsahne
50–75 g flüssiger Honig

Zum Bestreichen und Verzieren:
100 g Johannisbeergelee
100 g Schlagsahne

Zubereitungszeit: 70 Minuten, ohne Abkühl- und Kühlzeit
Backzeit: etwa 30 Minuten

1. Den Backofen vorheizen.
Ober-/Unterhitze: etwa 180 °C
Heißluft: etwa 160 °C

2. Für den Teig alle Zutaten in eine Rührschüssel geben und mit Handrührgerät mit Rührbesen zunächst kurz auf niedrigster, dann auf höchster Stufe in etwa 2 Minuten zu einem glatten Teig verarbeiten. Den Teig in eine Springform (Ø 26 cm, Boden gefettet, mit Backpapier belegt) geben, glatt streichen. Die Form auf dem Rost in den vorgeheizten Backofen schieben. Den Gebäckboden **etwa 30 Minuten backen.**

3. Den Boden aus der Form lösen, auf einen mit Backpapier belegten Kuchenrost stürzen und erkalten lassen. Mitgebackenes Backpapier abziehen. Gebäckboden einmal waagerecht so durchschneiden, dass der untere Boden etwas dicker ist.

4. Den Rand des oberen Bodens abschneiden, sodass eine Platte (Ø 18–20 cm) entsteht. Abgeschnittenen Gebäckrand fein zerbröseln.

5. Zum Garnieren die Kuvertüre grob hacken und mit Speiseöl in einem kleinen Topf im heißen Wasserbad bei schwacher Hitze unter Rühren schmelzen. Kleine Bodenplatte dünn mit Johannisbeergelee bestreichen. Marzipan auf einer mit Puderzucker bestäubten Arbeitsfläche in Größe der Platte ausrollen, darauflegen.

6. Etwas von der Kuvertüre dick daraufstreichen, etwas anziehen lassen und mit einem Tortengarnierkamm in Wellen verzieren. Kuvertüre vollständig fest werden lassen. Restliche Kuvertüre dünn auf Backpapier streichen und fest werden lassen (nicht kalt stellen). Den mit Kuvertüre bestrichenen Boden mit einem angewärmten Messer vorsichtig in 12 Tortenstücke einteilen, aber nicht vollständig durchschneiden.

7. Für die Honigsahne Gelatine in kaltem Wasser nach Packungsanleitung einweichen. Gelatine leicht ausdrücken und in einem kleinen Topf unter Rühren erwärmen (nicht kochen), bis sie völlig gelöst ist. Sahne fast steif schlagen, zunächst die flüssige Gelatine, dann Honig unter Schlagen hinzugeben. Sahne vollständig steif schlagen. Den unteren Gebäckboden auf eine Tortenplatte legen und mit Gelee bestreichen. Dann die Sahne konisch (kegelförmig) daraufstreichen, sodass der obere Boden aufgelegt werden kann, leicht andrücken. Torte etwa 2 Stunden kalt stellen.

8. Die Gebäckbrösel auf den oberen Tortenrand auf die Honigsahne streuen, leicht andrücken. Zum Verzieren Sahne steif schlagen und in einen Spritzbeutel mit großer Lochtülle füllen. Je einen Sahnetuff auf die angedeuteten Tortenstücke spritzen. Aus der Kuvertüre Halbmonde ausstechen und auf die Tuffs legen.

Terrassentorte mit Sekt I

Etwas aufwendiger – mit Alkohol

Insgesamt:
E: 67 g, F: 328 g, Kh: 481 g, kJ: 22272, kcal: 5315

Für den Biskuitteig:
3 Eier (Größe M)
3 EL Sekt
125 g Zucker
1 Pck. Dr. Oetker Vanillin-Zucker
125 g Weizenmehl
25 g Speisestärke
2 gestr. TL Dr. Oetker Backin
50 g Kokosraspel

Für die karamellisierten Früchte:
1 Mango
1 Papaya
1 Kiwi
25 g Butter
1 EL Zucker

Für die Füllung:
3 Blatt weiße Gelatine
400 g Schlagsahne
25 g Zucker
1 Pck. Paradiescreme Pfirsich-Geschmack (Dessertpulver)
200 ml trockener Sekt

Zum Bestreichen und Garnieren:
350 g Schlagsahne
1 Pck. Dr. Oetker Sahnesteif
2 Pck. Dr. Oetker Vanillin-Zucker
1 Kiwi
etwas Zucker zum Karamellisieren
1–2 EL Kokosraspel

Zubereitungszeit: 90 Minuten, ohne Abkühl- und Kühlzeit
Backzeit: etwa 30 Minuten

1. Den Backofen vorheizen.
Ober-/Unterhitze: etwa 180 °C
Heißluft: etwa 160 °C

2. Für den Teig Eier und Sekt mit Handrührgerät mit Rührbesen auf höchster Stufe in etwa 1 Minute schaumig schlagen. Zucker und Vanillin-Zucker mischen, in etwa 1 Minute einstreuen, dann noch etwa 2 Minuten weiterschlagen. Mehl mit Speisestärke und Backpulver mischen, die Hälfte davon auf die Eiercreme geben und kurz auf niedrigster Stufe unterrühren. Restliches Mehlgemisch auf die gleiche Weise unterarbeiten. Kokosraspel unterrühren. Den Teig in eine Springform (Ø 26 cm, Boden gefettet, mit Backpapier belegt) geben und glatt streichen. Die Form auf dem Rost in den vorgeheizten Backofen schieben. Den Biskuitboden **etwa 30 Minuten backen.**

3. Den Biskuitboden aus der Form lösen, auf einen mit Backpapier belegten Kuchenrost stürzen und erkalten lassen. Mitgebackenes Backpapier abziehen. Biskuitboden einmal waagerecht durchschneiden. Den unteren Boden auf eine Tortenplatte legen und den oberen Boden in dünne, etwa 3 cm breite Ringe schneiden (ergibt 3 Ringe und 1 Mittelstück).

4. Für die karamellisierten Früchte Mangofruchtfleisch vom Stein schneiden. Die Mangostücke, Papaya und Kiwi schälen, bei der Papaya Kerne entfernen. Die Fruchtstücke zuerst in Spalten, dann in Würfel schneiden (einige Mango- und Papayaspalten zum Garnieren beiseitelegen). Butter in einer Pfanne zerlassen. Den Zucker und die Fruchtwürfel unter Rühren darin leicht karamellisieren und erkalten lassen.

5. Für die Füllung die Gelatine in kaltem Wasser nach Packungsanleitung einweichen. Die Sahne mit Zucker fast steif schlagen. Die Gelatine in einem kleinen Topf unter Rühren erwärmen (nicht kochen), bis sie völlig gelöst ist. Gelatine unter die Sahne schlagen. Sahne vollständig steif schlagen. Dessertpulver und Sekt mit Handrührgerät mit Rührbesen auf höchster Stufe etwa 2 Minuten verrühren und kurz unter die Sahne rühren. Erkaltete Fruchtwürfel unterheben.

6. Einen Tortenring um den unteren Tortenboden legen. Knapp die Hälfte der Creme auf den Biskuitboden geben und glatt streichen. Den äußeren Ring auflegen und mit Creme ausfüllen. Den mittleren Ring auflegen und wieder mit Creme ausstreichen. Den dritten Ring darauflegen und mit der restlichen Creme ausfüllen.

Das Mittelstück darauflegen. Die Torte etwa 2 Stunden kalt stellen. Tortenring lösen und entfernen.

7. Zum Bestreichen und Garnieren Sahne mit Sahnesteif und Vanillin-Zucker steif schlagen. Die Torte und die „Terrassen" (evtl. mit einem Tafelmesser) damit bestreichen. Beiseitegelegte Fruchtspalten und die geschälte, in Scheiben oder halbe Scheiben geschnittene Kiwi auf die Torte legen. Kurz vor dem Servieren die Früchte mit karamellisiertem Zucker besprenkeln und abkühlen lassen. die Torte mit Kokosraspeln bestreuen.

Terrazzo-Torte | Fruchtig

Insgesamt:
E: 72 g, F: 317 g, Kh: 423 g, kJ: 20511, kcal: 4894

1 Glas Sauerkirschen (Abtropfgewicht 370 g)

Für den All-in-Teig:
150 g Weizenmehl
2 gestr. TL Dr. Oetker Backin
1/2 TL gemahlener Zimt
80 g Zucker
1 TL Dr. Oetker Finesse Geriebene Zitronenschale
3 Eier (Größe M)
120 g weiche Butter oder Margarine
2 EL Sauerkirschsaft (aus dem Glas)

Für den Belag:
50 g gehackte Mandeln
50 g gehobelte Haselnusskerne
1 Dose Mandarinen (Abtropfgewicht 175 g)
325 g Mascarpone (ital. Frischkäse)
50 g gesiebter Puderzucker
10 EL Sauerkirschsaft (aus dem Glas)

1 Pck. Tortenguss, klar, ungezuckert
2 EL Zucker
250 ml (1/4 l) Mandarinensaft (aus der Dose, evtl. mit Wasser aufgefüllt)

Zubereitungszeit: 40 Minuten, ohne Abkühlzeit
Backzeit: 20–25 Minuten

1. Sauerkirschen in einem Sieb abtropfen lassen, den Saft dabei auffangen.

2. Den Backofen vorheizen.
Ober-/Unterhitze: etwa 180 °C
Heißluft: etwa 160 °C

3. Für den Teig das Mehl mit Backpulver und Zimt mischen, in eine Rührschüssel geben. Restliche Zutaten hinzufügen und mit Handrührgerät mit Rührbesen zunächst kurz auf niedrigster, dann auf höchster Stufe in etwa 2 Minuten zu einem glatten Teig verarbeiten. Den Teig in eine Springform (Ø 26 cm, Boden gefettet, mit Backpapier belegt) geben und glatt streichen. Die Form auf dem Rost in den vorgeheizten Backofen schieben. Tortenboden **20–25 Minuten backen.**

4. Den Tortenboden aus der Form lösen und auf einen mit Backpapier belegten Kuchenrost stürzen. Tortenboden erkalten lassen. Mitgebackenes Backpapier abziehen. Tortenboden auf eine Platte legen und einen Tortenring darumlegen.

5. Für den Belag nacheinander Mandeln und Haselnusskerne in einer Pfanne ohne Fett goldbraun rösten, herausnehmen und auf einem Teller erkalten lassen. Mandarinen in einem Sieb abtropfen lassen, den Saft dabei auffangen und 250 ml (1/4 l) davon abmessen, evtl. mit Wasser auffüllen. Mascarpone, Puderzucker und Sauerkirschsaft in einen hohen Rührbecher geben und zu einer Creme aufschlagen. Die Creme auf den Tortenboden geben und glatt streichen.

6. Mandeln, Haselnusskerne, Kirschen und Mandarinen vorsichtig vermengen und auf die Creme geben. Aus Tortengusspulver, Zucker und Mandarinensaft einen Guss nach Packungsanleitung zubereiten und auf der Frucht-Nuss-Masse verteilen. Die Torte etwa 30 Minuten kalt stellen. Tortenring lösen und entfernen.

Träublestorte | Fruchtig

Insgesamt:
E: 72 g, F: 168 g, Kh: 528 g, kJ: 16752, kcal: 4008

Für den Knetteig:
250 g Weizenmehl
65 g Zucker
1 Pck. Dr. Oetker Vanillin-Zucker
1 Prise Salz
1 Ei (Größe M)
125 g Butter oder Margarine

1 EL Weizenmehl

Für den Belag:
500 g rote Johannisbeeren
5 Eiweiß (Größe M)
175 g Zucker
100 g abgezogene, gemahlene Mandeln
60 g gesiebte Speisestärke

Zubereitungszeit: 45 Minuten
Backzeit: etwa 72 Minuten

1. Den Backofen vorheizen.
Ober-/Unterhitze: etwa 200 °C
Heißluft: etwa 180 °C

2. Für den Teig das Mehl in eine Rührschüssel geben. Restliche Zutaten hinzufügen und mit Handrührgerät mit Knethaken zunächst kurz auf niedrigster, dann auf höchster Stufe zu einem glatten Teig verarbeiten.

3. Zwei Drittel des Teiges auf dem Boden einer Springform (Ø 26 cm, gefettet) ausrollen. Den Springformrand darumlegen.

4. Unter den restlichen Teig 1 Esslöffel Mehl kneten. Den Teig zu einer langen Rolle formen, auf den Teigboden legen und so an die Form drücken, dass ein etwa 4 cm hoher Rand entsteht. Den Teigboden mehrmals mit einer Gabel einstechen.

5. Die Form auf dem Rost in den vorgeheizten Backofen (untere Schiene) schieben. Dann den Boden **etwa 12 Minuten vorbacken.**

6. Die Form auf einen Kuchenrost stellen. Die **Backofentemperatur um etwa 20 °C herunterschalten.**

7. In der Zwischenzeit für den Belag Johannisbeeren putzen, waschen, abtropfen lassen und entstielen. Eiweiß so steif schlagen, dass ein Messerschnitt sichtbar bleibt. Nach und nach Zucker kurz unterschlagen. Mandeln und Speisestärke vorsichtig unterrühren, Johannisbeeren unterheben.

8. Die Johannisbeer-Baiser-Masse kuppelartig auf dem vorgebackenen Boden verteilen. Die Form wieder in den heißen Backofen schieben. Die Torte **in etwa 60 Minuten fertig backen** (die Baisermasse sollte goldbraun sein).

9. Die Form auf einen Kuchenrost stellen. Die Torte 1–2 Stunden in der Form stehen lassen, dann vorsichtig aus der Form lösen und auf eine Tortenplatte setzen.

Tipps: Steif geschlagene Schlagsahne dazureichen. Zum Steifschlagen von Eiweiß müssen Schüssel und Rührbesen absolut fettfrei sein und es darf keine Spur von Eigelb im Eiweiß sein.

Trüffeltorte | Raffiniert

Insgesamt:
E: 118 g, F: 585 g, Kh: 546 g, kJ: 34280, kcal: 8193

Zum Vorbereiten für die Trüffelsahne:
750 g Schlagsahne
300 g Zartbitter-Schokolade

Zum Vorbereiten für den Teig:
150 g Zartbitter-Kuvertüre
150 g Butter
1 EL Instant-Espresso-Pulver

Für den Schüttelteig:
200 g Weizenmehl
3 gestr. TL Dr. Backin
125 g Zucker
3 Eier (Größe M)
1 Pck. Dr. Oetker Finesse Bourbon-Vanille-Aroma
100 g ungesalzene, fein gehackte Erdnusskerne

Für die Trüffelsahne:
6 Blatt weiße Gelatine

Zum Bestäuben und Garnieren:
1 EL Kakaopulver
einige Mini-Trüffel

Zubereitungszeit: 40 Minuten, ohne Abkühl- und Kühlzeit
Backzeit: etwa 40 Minuten

1. Zum Vorbereiten für die Trüffelsahne die Sahne in einem Topf gut erhitzen. Topf von der Kochstelle nehmen. Schokolade in Stücke brechen und unter Rühren in der Sahne auflösen. Die Schokoladensahne in eine Rührschüssel geben, mit Frischhaltefolie zudecken und über Nacht kalt stellen.

2. Zum Vorbereiten für den Teig Kuvertüre in kleine Stücke hacken, mit Butter und dem Espresso-Pulver in einem kleinen Topf im heißen Wasserbad bei schwacher Hitze unter Rühren schmelzen, etwas abkühlen lassen.

3. Den Backofen vorheizen.
Ober-/Unterhitze: etwa 180 °C
Heißluft: etwa 160 °C

4. Für den Teig Mehl mit Backpulver mischen, in eine verschließbare Schüssel (3-Liter-Inhalt) geben und mit Zucker mischen. Eier, Aroma und die Schokoladenmasse hinzufügen. Die Schüssel mit dem Deckel fest verschließen.

5. Die Schüssel mehrmals (insgesamt 15–30 Sekunden) kräftig schütteln, sodass alle Zutaten gut vermischt sind. Erdnusskerne hinzugeben. Den Teig mit einem Schneebesen oder Rührlöffel nochmals sorgfältig durchrühren, damit trockene Zutaten vom Rand mit untergerührt werden.

6. Den Teig in eine Springform (Ø 28 cm, Boden gefettet) geben und glatt streichen. Die Form auf dem Rost in den vorgeheizten Backofen schieben. Den Gebäckboden **etwa 40 Minuten backen.**

7. Den Boden aus der Form lösen und auf einem mit Backpapier belegten Kuchenrost erkalten lassen.

8. Für die Trüffelsahne Gelatine in kaltem Wasser nach Packungsanleitung einweichen. Gelatine leicht ausdrücken und in einem kleinen Topf unter Rühren erwärmen (nicht kochen), bis sie völlig gelöst ist. 1 Esslöffel Trüffelsahne unterrühren.

9. Restliche Trüffelsahne mit Handrührgerät mit Rührbesen fast steif schlagen. Die Gelatinemischung unter Rühren hinzufügen. Die Trüffelsahne vollständig steif schlagen.

10. Die Trüffelsahne auf dem Gebäckboden verteilen und glatt streichen. Auf der Tortenoberfläche mit einer Gabel oder einem Tortengarnierkamm ein Gittermuster ziehen. Die Trüffeltorte 2–3 Stunden kalt stellen.

11. Die Torte vor dem Servieren mit Kakao bestäuben und mit den Mini-Trüffeln garnieren.

Tipp: Besonders raffiniert schmeckt die Torte, wenn Sie 2–3 Esslöffel Rum unter die aufgeschlagene Trüffelsahne rühren.

Vanille-Knusper-Torte | Mit Alkohol

Insgesamt:
E: 73 g, F: 266 g, Kh: 453 g, kJ: 19686, kcal: 4694

Für den All-in-Teig:
150 g Weizenmehl
2 Pck. Gala Vanille-Pudding-Pulver
4 gestr. TL Dr. Oetker Backin
170 g Zucker
1 Prise Salz
4 Eier (Größe M)
170 g weiche Butter oder Margarine

Zum Beträufeln:
3 EL Vanille-Sahne-Likör (15 Vol.-%)

Für den Belag:
4 Blatt weiße Gelatine
50 ml Vanille-Sahne-Likör
300 g Knusper Joghurt Vanille-Geschmack mit Schokoballs
250 g Schlagsahne
1 EL gesiebter Puderzucker

Zubereitungszeit: 50 Minuten, ohne Abkühl- und Kühlzeit
Backzeit: 30–35 Minuten

1. Den Backofen vorheizen.
Ober-/Unterhitze: etwa 180 °C
Heißluft: etwa 160 °C

2. Für den Teig das Mehl mit Pudding-Pulver und Backpulver mischen, in eine Rührschüssel geben. Zucker, Salz, Eier und Butter oder Margarine hinzufügen. Die Zutaten mit Handrührgerät mit Rührbesen zunächst kurz auf niedrigster, dann auf höchster Stufe in etwa 2 Minuten zu einem glatten Teig verarbeiten.

3. Den Teig in eine Tarte- oder flache Blütenform (Ø 28 cm, gefettet, gemehlt) geben und glatt streichen. Die Form auf dem Rost in den vorgeheizten Backofen schieben. Tortenboden **30–35 Minuten backen.**

4. Den Tortenboden aus der Form lösen und auf einen mit Backpapier belegten Kuchenrost stürzen, Boden erkalten lassen. Die Torte mehrmals mit einem Holzstäbchen einstechen und mit Likör beträufeln.

5. Für den Belag Gelatine in kaltem Wasser nach Packungsanleitung einweichen. Likör mit Joghurt verrühren. Schokoballs beiseitelegen. Gelatine leicht ausdrücken, in einem Topf unter Rühren erwärmen (nicht kochen), bis sie völlig gelöst ist. Gelatine mit 4–5 Esslöffeln von der Joghurtmasse verrühren, dann unter die restliche Joghurtmasse rühren. Creme kalt stellen.

6. Sahne mit Puderzucker steif schlagen. Sobald die Creme anfängt zu gelieren, Sahne unterheben. Die Joghurt-Sahne-Masse wellenartig auf den Boden streichen. Torte etwa 2 Stunden kalt stellen.

7. Beiseitegelegte Schokoballs kurz vor dem Servieren auf der Torte verteilen.

Tipp: Für diese Torte benötigen Sie insgesamt 270 g Vanille-Joghurt. Wer keinen Joghurt mit Schokoballs bekommt, kann die Schokoballs z. B. durch Choco-Crossies, gehackte Florentiner oder Cornflakes mit Nusskernen ersetzen.

Waldfruchttorte | Erfrischend

Insgesamt:
E: 87 g, F: 209 g, Kh: 338 g, kJ: 15256, kcal: 3647

Für den All-in-Teig:

100 g Weizenmehl
3 gestr. TL Dr. Oetker Backin
75 g Zucker
1 Pck. Dr. Oetker Vanillin-Zucker
3 Eier (Größe M)
2 EL Speiseöl
1 EL Weißweinessig

Für die Füllung:

300 g gemischte Beerenfrüchte
1 Beutel aus
1 Pck. Götterspeise Himbeer-Geschmack
200 ml Kirschsaft
50 g Zucker
400 g Schmand (Sauerrahm)
200 g Schlagsahne

1 Beutel aus
1 Pck. Götterspeise Himbeer-Geschmack
350 ml Kirschsaft
30 g Zucker

Zubereitungszeit: 50 Minuten, ohne Abkühl- und Kühlzeit
Backzeit: etwa 20 Minuten

1. Den Backofen vorheizen.
Ober-/Unterhitze: etwa 180 °C
Heißluft: etwa 160 °C

2. Für den Teig Mehl mit Backpulver mischen und in eine Rührschüssel geben. Restliche Zutaten hinzufügen und mit Handrührgerät mit Rührbesen zunächst kurz auf niedrigster, dann auf höchster Stufe in etwa 2 Minuten zu einem glatten Teig verarbeiten. Den Teig in eine Springform (Ø 26 cm, Boden gefettet) geben und glatt streichen. Die Form auf dem Rost in den vorgeheizten Backofen schieben. Den Gebäckboden **etwa 20 Minuten backen.**

3. Den Boden aus der Form lösen und auf einem mit Backpapier belegten Kuchenrost erkalten lassen. Den Gebäckboden auf eine Tortenplatte legen, einen Tortenring darumlegen.

4. Für die Füllung Beeren verlesen, abspülen und trocken tupfen. Einige Beeren beiseitelegen.

5. Götterspeise mit Saft und Zucker nach Packungsanleitung, aber mit den hier angegebenen Mengen zubereiten. Schmand unterrühren. Die Masse kalt stellen.

6. Sahne steif schlagen. Wenn die Götterspeisemasse anfängt zu gelieren, Sahne unterheben. Dann Beeren vorsichtig unterheben. Die Creme auf den Gebäckboden geben, glatt streichen, etwa 2 Stunden kalt stellen.

7. Zum Garnieren in der Zwischenzeit Götterspeise mit Saft und Zucker nach Packungsanleitung, aber mit den hier angegebenen Mengen, zubereiten. Gut ein Drittel der Götterspeise in eine flache Schale gießen und bis zum Servieren kalt stellen. Restliche Götterspeiseflüssigkeit abkühlen lassen und auf die Tortenoberfläche gießen. Torte kalt stellen, bis der Guss fest geworden ist.

8. Vor dem Servieren Tortenring lösen und entfernen. Götterspeise in der Schale in kleine Würfel schneiden. Götterspeisewürfel mit den beiseitegelegten Beeren auf der Tortenoberfläche verteilen.

Waldmeisterwürfel-Torte

Für Kinder

Insgesamt:
E: 102 g, F: 252 g, Kh: 409 g, kJ: 18518, kcal: 4416

Zum Vorbereiten:

1 Beutel aus
1 Pck. Götterspeise Waldmeister-Geschmack
250 ml (1/4 l) kaltes Wasser
30 g Zucker

Für den All-in-Teig:

100 g Weizenmehl
25 g Speisestärke
3 gestr. TL Dr. Oetker Backin
125 g Zucker
1 Pck. Dr. Oetker Vanillin-Zucker
1 Prise Salz
3 Eier (Größe M)
125 g weiche Butter oder Margarine

Für den Belag:

400 g Schlagsahne
1 Pck. Käse-Sahne-Tortencreme (Tortencremepulver)
100 ml lauwarmes Wasser
250 g Speisequark (Margerstufe)
150 g Naturjoghurt

Zubereitungszeit: 40 Minuten, ohne Abkühlzeit
Backzeit: etwa 25 Minuten

1. Zum Vorbereiten die Götterspeise mit Wasser und Zucker nach Packungsanleitung zubereiten. Die Götterspeiseflüssigkeit in einen kalt ausgespülten Suppenteller füllen und 2–3 Stunden kalt stellen, bis die Götterspeise schnittfest ist.

2. Den Backofen vorheizen.
Ober-/Unterhitze: etwa 180 °C
Heißluft: etwa 160 °C

3. Für den Teig Mehl mit Speisestärke und Backpulver mischen, in eine Rührschüssel geben. Zucker, Vanillin-Zucker, Salz, Eier und Butter oder Margarine hinzufügen. Die Zutaten mit Handrührgerät mit Rührbesen zunächst kurz auf niedrigster, dann auf höchster Stufe in etwa 2 Minuten zu einem glatten Teig verarbeiten. Den Teig in eine Springform (Ø 26 cm, Boden gefettet, mit Backpapier belegt) geben und glatt streichen. Die Form auf dem Rost in den vorgeheizten Backofen schieben. Boden **etwa 25 Minuten backen.**

4. Den Gebäckboden etwa 5 Minuten in der Form stehen lassen, dann aus der Form lösen und auf einen mit Backpapier belegten Kuchenrost stürzen. Boden erkalten lassen. Mitgebackenes Backpapier abziehen. Den Gebäckboden einmal waagerecht durchschneiden. Den unteren Boden auf eine Tortenplatte legen. Einen Tortenring darumlegen.

5. Für den Belag die fest gewordene Götterspeise in dem Teller mit einem angefeuchteten Messer in etwa 1 cm große Würfel schneiden. Sahne steif schlagen. Tortencreme mit Wasser, Quark und Joghurt in einer großen Schüssel nach Packungsanleitung zubereiten. Die steif geschlagene Sahne unterheben.

6. Die Hälfte der Creme auf den unteren Gebäckboden streichen. Die Hälfte der Götterspeisewürfel auf der Creme verteilen. Den oberen Gebäckboden darauflegen und etwas andrücken. Die restliche Creme daraufgeben, glatt streichen und mithilfe einer Gabel oder eines Tortengarnierkamms verzieren. Die restlichen Götterspeisewürfel darauf verteilen. Die Torte etwa 3 Stunden kalt stellen. Tortenring mit einem Messer lösen und entfernen.

Walnuss-Früchte-Torte I

Gut vorzubereiten

Insgesamt:
E: 156 g, F: 411 g, Kh: 805 g, kJ: 31659, kcal: 7556

Für den Rührteig:

150 g Walnusskerne
100 g weiche, getrocknete Pflaumen (ohne Stein)
200 g weiche Butter oder Margarine
240 g Rohrzucker (brauner Zucker)
½ gestr. TL Salz
½ TL gemahlener Zimt
1 Msp. gemahlene Gewürznelken
1 TL Dr. Oetker Finesse Natürliches Orangenschalen-Aroma
4 Eier (Größe M)
380 g Weizenmehl
2 geh. TL Dr. Oetker Backin
1 Glas Apfelkompott mit Stücken (Abtropfgewicht 370 g)

Für die Quarkcreme:

1 Pck. weiße, gemahlene Gelatine
500 g Speisequark (40 % Fett)
80 g gesiebter Puderzucker
40–50 ml frisch gepresster Orangensaft
100 ml Ahornsirup
200 g Schlagsahne

Zubereitungszeit: 60 Minuten, ohne Abkühl- und Kühlzeit
Backzeit: etwa 15 Minuten je Boden

1. Den Backofen vorheizen.
Ober-/Unterhitze: etwa 200 °C
Heißluft: etwa 180 °C

2. Für den Teig Walnusskerne klein hacken, in einer Pfanne ohne Fett leicht rösten, herausnehmen und auf einem Teller erkalten lassen. Pflaumen in kleine Stücke schneiden. Butter oder Margarine mit Handrührgerät mit Rührbesen auf höchster Stufe geschmeidig rühren. Nach und nach Zucker, Salz, Zimt, Nelken und Aroma unterrühren. So lange rühren, bis eine gebundene Masse entstanden ist.

3. Die Eier nach und nach unterrühren (jedes Ei etwa ½ Minute). Das Mehl mit Backpulver mischen und in 2 Portionen kurz auf mittlerer Stufe unterrühren. Apfelkompott, die Hälfte der Walnusskerne und alle Pflaumenstücke unterheben.

4. Aus dem Teig 3 Böden backen. Dafür jeweils eine Teigportion in eine Springform (Ø 26 cm, mit Backpapier belegt) geben und glatt streichen.

5. Die Formen nacheinander (bei Heißluft 2 Böden zusammen) auf dem Rost in den vorgeheizten Backofen schieben. Gebäckböden **etwa 15 Minuten je Boden backen.**

6. Die Gebäckböden in den Formen etwas abkühlen lassen, dann aus den Formen und vom Backpapier lösen. Die Gebäckböden auf je einem mit Backpapier belegten Kuchenrost erkalten lassen.

7. Für die Creme die Gelatine mit kaltem Wasser nach Packungsanleitung in einem kleinen Topf anrühren, etwa 10 Minuten quellen lassen. Quark mit Puderzucker und Orangensaft gut verrühren.

8. Ahornsirup zur Gelatine geben und unter Rühren erwärmen (nicht kochen), bis die Gelatine völlig gelöst ist. 3–4 Esslöffel der Quarkmasse mit der Sirup-Gelatine-Mischung verrühren, danach unter die restliche Quarkmasse rühren und beiseitestellen.

9. Sahne steif schlagen. Sobald die Quarkmasse anfängt zu gelieren, Sahne unterheben.

10. Einen Gebäckboden auf eine Platte legen. Ein Drittel der Quarkcreme darauf verteilen. Den zweiten Gebäckboden darauflegen, wieder mit einem Drittel der Quarkcreme bestreichen und mit dem letzten Gebäckboden belegen, leicht andrücken.

11. Tortenoberfläche und -rand mit der restlichen Quarkcreme bestreichen und mit den restlichen Walnusskernen bestreuen. Torte etwa 2 Stunden kalt stellen.

Tipp: Die Gebäckböden können schon am Vortag gebacken werden.

Walnuss-Whisky-Torte | Mit Alkohol

Insgesamt:
E: 94 g, F: 443 g, Kh: 431 g, kJ: 26524, kcal: 6334

Zum Vorbereiten:
150 g Walnusskerne

Für den Biskuitteig:
3 Eier (Größe M)
2 EL heißes Wasser
125 g Zucker
1 Pck. Dr. Oetker Vanillin-Zucker
75 g Weizenmehl
1 Pck. Gala Schokoladen-Pudding-Pulver
1 gestr. TL Dr. Oetker Backin

Zum Beträufeln:
6 EL Whisky

Für die Füllung:
3 Blatt weiße Gelatine
4 EL Schokoladensirup
300 g Schlagsahne
20 g gesiebter Puderzucker
100 g Vollmilch-Schokolade

Zum Garnieren und Verzieren:
150 g Zartbitter-Schokolade
500 g Schlagsahne

Zubereitungszeit: 50 Minuten, ohne Abkühl- und Kühlzeit
Backzeit: 25–30 Minuten

1. Zum Vorbereiten 16 Walnusskerne zum Garnieren beiseitelegen. Die restlichen Walnusskerne mahlen, in einer Pfanne ohne Fett leicht bräunen, herausnehmen und auf einem Teller erkalten lassen.

2. Den Backofen vorheizen.
Ober-/Unterhitze: etwa 180 °C
Heißluft: etwa 160 °C

3. Für den Teig Eier und Wasser mit Handrührgerät mit Rührbesen auf höchster Stufe in etwa 1 Minute schaumig schlagen. Zucker und Vanillin-Zucker mischen, in etwa 1 Minute einstreuen, dann noch etwa 2 Minuten weiterschlagen.

4. Mehl mit Pudding-Pulver und Backpulver mischen, auf die Eiercreme geben und kurz auf niedrigster Stufe unterrühren. 50 g der gerösteten Walnusskerne unterheben. Den Teig in eine Springform (Ø 24 cm, Boden gefettet, mit Backpapier belegt) füllen und glatt streichen. Die Form auf dem Rost in den vorgeheizten Backofen schieben. Den Biskuitboden **25–30 Minuten backen.**

5. Den Biskuitboden aus der Form lösen, auf einen mit Backpapier belegten Kuchenrost stürzen. Biskuitboden erkalten lassen. Mitgebackenes Backpapier entfernen. Biskuitboden einmal waagerecht durchschneiden.

6. Zum Beträufeln den unteren Biskuitboden auf eine Tortenplatte legen und mit der Hälfte des Whiskys beträufeln.

7. Für die Füllung Gelatine in kaltem Wasser nach Packungsanleitung einweichen. Eingeweichte Gelatine leicht ausdrücken, in einem kleinen Topf bei schwacher Hitze unter Rühren erwärmen (nicht kochen), bis sie völlig gelöst ist. Nach und nach Schokoladensirup unterrühren. Sahne steif schlagen. Die Sirupmischung hinzugeben und mit dem Puderzucker unterrühren.

8. Schokolade fein hacken und mit den restlichen gerösteten Walnusskernen unter die Sirupsahne heben. Die Creme auf den unteren Biskuitboden geben und glatt streichen. Den oberen Biskuitboden darauflegen und mit dem restlichen Whisky beträufeln. Die Torte etwa 60 Minuten kalt stellen.

9. Zum Garnieren und Verzieren Schokolade in kleine Stücke brechen, in einem kleinen Topf im heißen Wasserbad bei schwacher Hitze unter Rühren schmelzen. 2 Teelöffel der Schokolade zum Besprenkeln in einen kleinen Gefrierbeutel geben. Restliche Schokolade abkühlen lassen. Sahne steif schlagen. Abgekühlte, flüssige Schokolade mit 1–2 Esslöffeln von der Sahne verrühren, dann mithilfe eines Schneebesens kurz mit der restlichen Sahne verrühren.

10. Sahne portionsweise in einen Spritzbeutel mit großer Sterntülle füllen. Tortenoberfläche und -rand mit Rosetten verzieren. Schokolade in dem Gefrierbeutel etwas durchkneten (evtl. leicht im Wasserbad erwärmen) und eine kleine Ecke abschneiden. Die Rosetten mit der Schokolade besprenkeln und mit den beiseitegelegten Walnusskernen garnieren.

Tipp: Schmecken Sie die Schokoladensahne mit 2 Esslöffeln Whisky ab.

Weincreme-Lagentorte I

Für Gäste – gut vorzubereiten – mit Alkohol

Insgesamt:
E: 99 g, F: 506 g, Kh: 700 g, kJ: 33891, kcal: 8094

Für den Rührteig:
250 g weiche Butter oder Margarine
250 g Zucker
1 Pck. Dr. Oetker Vanillin-Zucker
5 Eier (Größe M)
375 g Weizenmehl
1 Pck. Dr. Oetker Backin

Für die Weincreme:
1 Pck. Dr. Oetker Pudding-Pulver Vanille-Geschmack
500 ml (1/2 l) Weißwein
2 Eigelb (Größe M)
100 g Zucker
250 g Butter
2 Eiweiß (Größe M)

Für den Guss:
75 g Zartbitter-Kuvertüre

Zubereitungszeit: 60 Minuten, ohne Abkühl- und Kühlzeit
Backzeit: etwa 10 Minuten je Boden

1. Den Backofen vorheizen.
Ober-/Unterhitze: etwa 200 °C
Heißluft: etwa 180 °C

2. Für den Teig Butter oder Margarine mit Handrührgerät mit Rührbesen auf höchster Stufe geschmeidig rühren. Nach und nach Zucker und Vanillin-Zucker unterrühren. So lange rühren, bis eine gebundene Masse entstanden ist. Eier nach und nach unterrühren (jedes Ei etwa 1/2 Minute). Mehl mit Backpulver mischen, in 2 Portionen kurz auf mittlerer Stufe unterrühren.

3. Aus dem Teig 7 Böden backen. Dafür jeweils gut 3 Esslöffel des Teiges auf den Boden einer Springform (Ø 26 cm, gefettet) streichen. Dabei darauf achten, dass der Teig am Rand nicht zu dünn ist, damit er beim Backen nicht zu dunkel wird. Die Böden jeweils ohne Springformrand backen. Die Springformböden nacheinander (bei Heißluft 2 Böden zusammen) auf dem Rost in den vorgeheizten Backofen schieben. Die Gebäckböden **etwa 10 Minuten je Boden backen.**

4. Die Gebäckböden sofort nach dem Backen von den Springformböden lösen, einzeln auf mit Backpapier belegten Kuchenrosten erkalten lassen.

5. Für die Weincreme Pudding-Pulver mit etwas Wein anrühren. Den restlichen Wein mit Eigelb, Zucker und Butter unter ständigem Rühren in einem Topf zum Kochen bringen. Angerührtes Pudding-Pulver in den von der Kochstelle genommenen Wein rühren und unter Rühren nochmals kurz aufkochen lassen. Eiweiß steif schlagen und unter die noch heiße Weincreme rühren. 6 Gebäckböden sofort mit der Weincreme bestreichen und zu einer Torte zusammensetzen. Den nicht bestrichenen Gebäckboden darauflegen. Die Torte etwa 30 Minuten kalt stellen.

6. Für den Guss Kuvertüre in kleine Stücke hacken und in einem kleinen Topf im heißen Wasserbad bei schwacher Hitze unter Rühren schmelzen. Die Tortenoberfläche mit der Kuvertüre bestreichen. Die Torte kalt stellen. Kuvertüre fest werden lassen.

Weiße Schokoladen-Schichttorte |

Beliebt – mit Alkohol

Insgesamt:
E: 74 g, F: 439 g, Kh: 601 g, kJ: 28421, kcal: 6791

Für den Rührteig:
100 g Zartbitter-Schokolade
175 g weiche Butter oder Margarine
125 g Zucker
1 Pck. Dr. Oetker Vanillin-Zucker
1 Prise Salz
3 Eier (Größe M)
125 g Weizenmehl
50 g gesiebte Speisestärke
1 gestr. TL Dr. Oetker Backin

100 g Raspelschokolade (Vollmilch oder Zartbitter)

Für die Füllung:
300 g weiße Schokolade
400 g Schlagsahne
2 Pck. Dr. Oetker Sahnesteif
3–4 EL Orangenlikör

Zubereitungszeit: 45 Minuten, ohne Abkühl- und Kühlzeit
Backzeit: 8–10 Minuten je Backblech

1. Für den Teig die Schokolade in Stücke brechen, in einem kleinen Topf im heißen Wasserbad bei schwacher Hitze unter Rühren schmelzen, etwas abkühlen lassen.

2. Den Backofen vorheizen.
Ober-/Unterhitze: etwa 180 °C
Heißluft: etwa 160 °C

3. Die Butter oder Margarine in einer Rührschüssel mit Handrührgerät mit Rührbesen auf höchster Stufe geschmeidig rühren. Nach und nach Zucker, Vanillin Zucker und Salz unterrühren. Die Eier nach und nach unterrühren (jedes Ei etwa ½ Minute). Schokolade unterrühren. Mehl mit Speisestärke und Backpulver mischen, in 2 Portionen kurz auf mittlerer Stufe unterrühren.

4. Den Teig in 6 Portionen teilen und 6 Böden daraus backen. Dazu jeweils 2 Böden (Ø je knapp 20 cm) auf ein Backblech (mit Backpapier belegt) streichen und mit etwas Raspelschokolade bestreuen. Die Backbleche nacheinander (bei Heißluft zusammen) in den vorgeheizten Backofen schieben. Die Böden **8–10 Minuten je Backblech backen.**

5. Die Böden sofort nach dem Backen mit dem Backpapier von den Backblechen auf mit Backpapier belegte Kuchenroste ziehen. Böden erkalten lassen.

6. Für die Füllung Schokolade mit einem Sparschäler oder einer Küchenreibe raspeln. Sahne mit Sahnesteif steif schlagen. Zwei Drittel der Schokolade und den Likör unterheben.

7. Die Schokoladensahne auf den Gebäckböden verteilen und zu einer Torte zusammensetzen. Die Torte 1–2 Stunden kalt stellen.

8. Die Tortenoberfläche vor dem Servieren mit der restlichen Schokolade bestreuen.

Zebra-Kuppeltorte I

Für Kinder – dauert länger

Insgesamt:
E: 108 g, F: 387 g, Kh: 778 g, kJ: 29503, kcal: 7046

Für den Biskuitteig:
3 Eier (Größe M)
3 EL Orangensaft
150 g Zucker
1 Pck. Dr. Oetker Vanillin-Zucker
200 g Weizenmehl
3 gestr. TL Dr. Oetker Backin
50 g zerlassene, abgekühlte Butter
10 g Kakaopulver
1 EL Orangensaft

Für den Knetteig:
250 g Weizenmehl
75 g Zucker
1 Pck. Dr. Oetker Finesse Natürliches Orangenschalen-Aroma
150 g Butter oder Margarine
1 TL gesiebtes Kakaopulver

Für die Füllung:
9 Blatt weiße Gelatine
1 Dose Mandarinen (Abtropfgewicht 175 g)
500 ml (1/2 l) Buttermilch mit Orangengeschmack
50 g Zucker
1 Pck. Dr. Oetker Vanillin-Zucker
400 g Schlagsahne

Zum Verzieren:
200 g Schlagsahne
1 Pck. Dr. Oetker Vanillin-Zucker

Zubereitungszeit: 100 Minuten, ohne Abkühl- und Kühlzeit
Backzeit: etwa 65 Minuten

1. Den Backofen vorheizen.
Ober-/Unterhitze: etwa 180 °C
Heißluft: etwa 160 °C

2. Für den Biskuitteig die Eier und den Orangensaft in eine Rührschüssel geben und mit Handrührgerät mit Rührbesen auf höchster Stufe in etwa 1 Minute schaumig schlagen. Den Zucker und Vanillin-Zucker mischen, in etwa 1 Minute einstreuen, dann noch etwa 2 Minuten weiterschlagen. Mehl mit Backpulver mischen, die Hälfte davon auf die Eiercreme geben und kurz auf niedrigster Stufe unterrühren. Restliches Mehlgemisch auf die gleiche Weise unterarbeiten. Zuletzt Butter unterziehen. Von dem Teig ein Viertel abnehmen, mit Kakao und Orangensaft verrühren. Den hellen Teig in eine Springform (Ø 26 cm, Boden gefettet, mit Backpapier belegt) füllen und glatt streichen.

3. Den dunklen Teig in einen Gefrierbeutel füllen, eine große Ecke abschneiden und breite, flache Streifen vorsichtig in Wellen auf den hellen Teig spritzen. Die Form auf dem Rost in den vorgeheizten Backofen schieben. Biskuitboden **etwa 30 Minuten backen.**

4. Den Boden aus der Form lösen (nicht stürzen) und auf einem mit Backpapier belegten Kuchenrost erkalten lassen. Mitgebackenes Backpapier entfernen. Biskuitboden einmal waagerecht durchschneiden.

5. Für den Knetteig Mehl in eine Rührschüssel geben. Zucker, Aroma und Butter oder Margarine hinzufügen. Die Zutaten mit Handrührgerät mit Knethaken zunächst kurz auf niedrigster, dann auf höchster Stufe gut durcharbeiten. Anschließend auf einer leicht bemehlten Arbeitsfläche kurz zu einem glatten Teig verkneten. Gut die Hälfte des Teiges auf dem Boden einer Springform (Ø 26 cm, Boden gefettet) ausrollen. Den Teigboden mehrmals mit einer Gabel einstechen. Den Knetteigboden **bei gleicher Backofeneinstellung etwa 20 Minuten backen.** Anschließend den Boden vom Springformboden lösen, aber darauf auf einem Kuchenrost erkalten lassen.

6. Knapp die Hälfte des restlichen Knetteiges mit Kakao verkneten und dünne Rollen formen. Den hellen Teig etwa 1/2 cm dick ausrollen. Die dunklen Teigrollen mit Abstand darauflegen, mit der Teigrolle andrücken und leicht gewellte, gestreifte Stangen aus dem Teig ausschneiden. Teigstangen auf ein Backblech (mit Backpapier belegt) legen. Das Backblech in den heißen Backofen schieben. Die Teigstangen **bei gleicher**

Backofeneinstellung etwa 15 Minuten backen. Die Gebäckstangen mit dem Backpapier vom Backblech auf einen Kuchenrost ziehen und erkalten lassen.

7. Für die Füllung die Gelatine in kaltem Wasser nach Packungsanleitung einweichen. Mandarinen in einem Sieb abtropfen lassen. Die Buttermilch mit Zucker und Vanillin-Zucker verrühren. Gelatine leicht ausdrücken, in einem kleinen Topf unter Rühren erwärmen (nicht kochen), bis sie völlig gelöst ist. Gelatine mit 2–3 Esslöffeln der Buttermilch verrühren, dann mit der restlichen Buttermilch verrühren und kalt stellen.

8. Sahne steif schlagen. Sobald die Buttermilch anfängt zu gelieren, Sahne mit den Mandarinen unterheben. Eine Schüssel (etwa 1 ½-Liter-Inhalt, oberer Ø etwa 26 cm) mit Frischhaltefolie auslegen. Den oberen Biskuitboden hineinlegen. Dazu den Boden vierteln und evtl. etwas zurechtschneiden (anfallende Gebäckreste beiseitelegen). Die Hälfte der Creme einfüllen. Den unteren Biskuitboden darauflegen (evtl. zurechtschneiden) und andrücken. Restliche Creme darauf verteilen. Den Knetteigboden darauflegen und andrücken. Die Torte in der Schüssel etwa 3 Stunden kalt stellen.

9. Zum Verzieren die Kuppel aus der Schüssel auf eine Tortenplatte stürzen. Sahne mit Vanillin-Zucker steif schlagen. Den Rand der Torte bis zur Zebrakuppel dünn mit etwas Sahne bestreichen. Die beiseitegelegten Gebäckreste fein zerbröseln, an den Tortenrand streuen und etwas andrücken.

10. Restliche Sahne in einen Spritzbeutel mit großer Lochtülle füllen. Die Spitze der Kuppel damit verzieren und die Gebäckstangen dekorativ anlegen.

Zitronen-Fächer-Torte | Fruchtig

Insgesamt:
E: 84 g, F: 356 g, Kh: 466 g, kJ: 22540, kcal: 5387

Für den Knetteig:
250 g Weizenmehl
1 Msp. Dr. Oetker Backin
50 g Zucker
1 Pck. Dr. Oetker Bourbon-Vanille-Zucker
150 g Crème fraîche
150 g Butter oder Margarine

100 g gehackte Mandeln
50 g Zucker

Für die Füllung:
8 Blatt weiße Gelatine
500 ml (1/2 l) Zitronen-Buttermilch
75 g Zucker
400 g Schlagsahne

etwas Puderzucker

Zubereitungszeit: 60 Minuten, ohne Abkühl- und Kühlzeit
Backzeit: etwa 15 Minuten je Boden

1. Den Backofen vorheizen.
Ober-/Unterhitze: etwa 200 °C
Heißluft: etwa 180 °C

2. Für den Teig Mehl mit Backpulver mischen und in eine Rührschüssel geben. Restliche Zutaten hinzufügen und mit Handrührgerät mit Knethaken zunächst kurz auf niedrigster, dann auf höchster Stufe gut durcharbeiten. Anschließend auf einer leicht bemehlten Arbeitsfläche zu einem glatten Teig verkneten.

3. Den Teig vierteln. Jeweils eine Teigportion auf dem Boden einer Springform (Ø 26 cm, gefettet) ausrollen. Springformrand darumlegen. Teigboden mehrmals mit einer Gabel einstechen. Die Teigböden mit je einem Viertel der Mandeln und dem Zucker bestreuen. Die Formen nacheinander (bei Heißluft 2 Böden zusammen) auf dem Rost in den vorgeheizten Backofen schieben. Die Böden **etwa 15 Minuten je Boden backen.**

4. Die Knetteigböden sofort vom Springformboden lösen, aber darauf auf einem Kuchenrost erkalten lassen. Einen Knetteigboden sofort nach dem Backen in 12 Tortenstücke schneiden.

5. Für die Füllung die Gelatine in kaltem Wasser nach Packungsanleitung einweichen. Die Buttermilch und den Zucker in einer Rührschüssel verrühren, bis der Zucker gelöst ist. Gelatine leicht ausdrücken, in einem kleinen Topf unter Rühren erwärmen (nicht kochen), bis sie völlig gelöst ist. Gelatine mit 3–4 Esslöffeln von der Buttermilch verrühren, dann unter die restliche Buttermilch rühren und kurz kalt stellen.

6. Die Sahne steif schlagen. Wenn die Buttermilch anfängt zu gelieren, Sahne unterheben. Etwa 3 Esslöffel von der Creme abnehmen, in einen Spritzbeutel mit großer Sterntülle füllen und beiseitelegen.

7. Einen Knetteigboden auf eine Tortenplatte legen und mit der Hälfte der restlichen Creme bestreichen. Den zweiten Boden darauflegen und mit der restlichen Creme bestreichen. Mit dem dritten Boden belegen und leicht andrücken. Mit der Creme aus dem Spritzbeutel 12 dicke Tuffs auf die Tortenoberfläche spritzen. Die Torte etwa 1–2 Stunden kalt stellen.

8. Vor dem Servieren die Tortenstücke an die Tuffs legen. Die Torte mit Puderzucker bestäuben.

Zitronen-Kuppel-Torte I

Raffiniert – erfrischend

Insgesamt:
E: 57 g, F: 179 g, Kh: 345 g, kJ: 13461, kcal: 3230

Für den Biskuitteig:

2	*Eier (Größe M)*
2 EL	*heißes Wasser*
80 g	*Zucker*
1 Prise	*Salz*
100 g	*Weizenmehl*
1 gestr. TL	*Dr. Oetker Backin*
1 gestr. TL	*gemahlener Zimt*

Für den Belag:

10 Blatt	*weiße Gelatine*
1	*Bio-Zitrone (unbehandelt, ungewachst)*
300 ml	*Zitronenlimonade*
80 g	*Zucker*
400 g	*Crème fraîche*
2 Pck.	*Dr. Oetker Sahnesteif*
125 g	*Schlagsahne*
1 TL	*gesiebter Puderzucker*
einige	*kandierte Zitronenscheiben oder Geleefrüchte*

Zubereitungszeit: 40 Minuten, ohne Abkühl- und Kühlzeit
Backzeit: etwa 20 Minuten

1. Den Backofen vorheizen.
Ober-/Unterhitze: etwa 180 °C
Heißluft: etwa 160 °C

2. Für den Teig Eier und Wasser mit Handrührgerät mit Rührbesen auf höchster Stufe in etwa 1 Minute schaumig schlagen. Zucker und Salz in etwa 1 Minute einstreuen, dann noch etwa 2 Minuten weiterschlagen. Mehl mit Backpulver und Zimt mischen, auf die Eiercreme geben und kurz auf niedrigster Stufe unterrühren. Den Teig in eine Springform (Ø 26 cm, Boden gefettet, mit Backpapier belegt) geben, glatt streichen. Form auf dem Rost in den vorgeheizten Backofen schieben. Biskuitboden **etwa 20 Minuten backen.**

3. Den Biskuitboden aus der Form lösen, auf einen mit Backpapier belegten Kuchenrost stürzen und erkalten lassen. Mitgebackenes Backpapier abziehen.

4. Für den Belag die Gelatine in kaltem Wasser nach Packungsanleitung einweichen. Die Zitrone heiß abwaschen, abtrocknen und die Schale auf einer Haushaltsreibe fein abreiben. Zitrone so schälen, dass auch die weiße Haut mitentfernt wird. Die Fruchtfilets herausschneiden und quer in kleine Stücke schneiden.

5. Limonade und Zucker in einem kleinen Topf leicht erwärmen. Gelatine leicht ausdrücken, zur Limonade geben und unter Rühren auflösen. Zitronenstückchen hinzufügen. Die Limonaden-Gelatine-Flüssigkeit in eine Schüssel füllen und kalt stellen.

6. Crème fraîche und Sahnesteif mit Handrührgerät mit Rührbesen aufschlagen. Sobald die Limonaden-Gelatine-Flüssigkeit anfängt zu gelieren, die Crème fraîche unterheben. Die Creme kalt stellen, bis sie streichfähig ist.

7. Den Biskuitboden auf eine Tortenplatte legen. Die Creme kuppelförmig daraufstreichen. Die Torte etwa 2 Stunden kalt stellen. Zum Verzieren und Garnieren Sahne mit Puderzucker steif schlagen und in einen Spritzbeutel mit großer Lochtülle füllen. Sahnetupfen auf die Kuppel spritzen. Die Zitronenscheiben oder Geleefrüchte in Stücke schneiden und auf den Sahnetupfen verteilen.

Zitronen-Quark-Sahne-Torte

Beliebt

Insgesamt:
E: 176 g, F: 368 g, Kh: 528 g, kJ: 25760, kcal: 6144

Für den Rührteig:
150 g weiche Butter
oder Margarine
150 g Zucker
1 Pck. Dr. Oetker Vanillin-Zucker
1 Prise Salz
3 Eier (Größe M)
125 g Weizenmehl
25 g Speisestärke
1 gestr. TL Dr. Oetker Backin

Für die Füllung:
12 Blatt weiße Gelatine
500 g Schlagsahne
abgeriebene Schale von
1 Bio-Zitrone
(unbehandelt, ungewachst)
oder 1 Pck. Dr. Oetker Finesse
Geriebene Zitronenschale
100 ml Zitronensaft
150 g Zucker
1 Pck. Dr. Oetker Vanillin-Zucker
500 g Speisequark (Magerstufe)
500 g Speisequark (40 % Fett)

Zum Bestäuben:
25 g Puderzucker

Zubereitungszeit: 30 Minuten, ohne Abkühl- und Kühlzeit
Backzeit: etwa 25 Minuten

1. Den Backofen vorheizen.
Ober-/Unterhitze: etwa 180 °C
Heißluft: etwa 160 °C

2. Für den Teig Butter oder Margarine in einer Rührschüssel mit Handrührgerät mit Rührbesen geschmeidig rühren. Nach und nach Zucker, Vanillin-Zucker und Salz unterrühren. So lange rühren, bis eine gebundene Masse entstanden ist.

3. Die Eier nach und nach unterrühren (jedes Ei etwa 1/2 Minute). Mehl mit Speisestärke und Backpulver mischen und in 2 Portionen kurz auf mittlerer Stufe unterrühren.

4. Den Teig in eine Springform (Ø 28 cm, Boden gefettet, mit Backpapier belegt) geben und glatt streichen. Die Form auf dem Rost in den vorgeheizten Backofen schieben. Den **Gebäckboden etwa 25 Minuten backen.**

5. Den Boden aus der Form lösen und auf einem mit Backpapier belegten Kuchenrost erkalten lassen. Mitgebackenes Backpapier abziehen. Gebäckboden einmal waagerecht durchschneiden.

6. Für die Füllung Gelatine in kaltem Wasser nach Packungsanleitung einweichen. Sahne steif schlagen. Die Zitronenschale mit Zitronensaft, Zucker, Vanillin-Zucker und Quark gut verrühren.

7. Gelatine leicht ausdrücken, in einem kleinen Topf unter Rühren erwärmen (nicht kochen), bis sie völlig gelöst ist. Gelatine zunächst mit 2–3 Esslöffeln von der Quarkmasse verrühren, dann unter die restliche Quarkmasse rühren. Sahne sofort unterheben.

8. Den unteren Boden auf eine Tortenplatte legen. Einen Tortenring darumlegen. Die Quark-Sahne-Creme auf den Gebäckboden geben und glatt streichen.

9. Den oberen Gebäckboden in 16 Stücke schneiden und auf die Quark-Sahne-Creme legen. Die Torte mindestens 3 Stunden kalt stellen. Tortenring lösen und entfernen. Die Torte mit Puderzucker bestäuben.

Tipp: Die Torte wird fruchtiger, wenn Sie 1 Dose Mandarinen (Abtropfgewicht 175 g) auf einem Sieb gut abtropfen lassen und dann mit einem Teigschaber unter die Quark-Sahne-Creme heben.

Abwandlung: Für die Füllung einer **Orangen-Quark-Sahne-Torte** nehmen Sie statt 100 ml Zitronensaft 100 ml Orangensaft und 1 Esslöffel Zitronensaft. Statt Zitronenschale verwenden Sie 1 Päckchen Dr. Oetker Finesse Natürliches Orangenschalen-Aroma.

Zuger Kirschtorte

Klassisch – mit Alkohol

Insgesamt:
E: 85 g, F: 334 g, Kh: 606 g, kJ: 24833, kcal: 5927

Für den Biskuitteig:
1 Ei (Größe M)
3 Eigelb (Größe M)
3 EL heißes Wasser
100 g Zucker
1 Pck. Dr. Oetker Vanillin-Zucker
100 g Weizenmehl
25 g Speisestärke
1 gestr. TL Dr. Oetker Backin

Für die Baiserböden:
3 Eiweiß (Größe M)
150 g Zucker
1 Pck. Dr. Oetker Vanillin-Zucker
100 g abgezogene, gemahlene Mandeln

Für die Buttercreme:
1 Pck. Dr. Oetker Pudding-Pulver Vanille-Geschmack
100 g Zucker
500 ml (1/2 l) Milch
250 g weiche Butter

Zum Tränken:
6 EL Wasser
60 g Zucker
6 EL Kirschwasser

Zum Besteuen und Bestäuben:
50 g gehobelte Mandeln
25 g Puderzucker

Zubereitungszeit: 60 Minuten, ohne Abkühl- und Kühlzeit
Backzeit: 25–30 Minuten
Trockenzeit: etwa 90 Minuten je Backblech

1. Den Backofen vorheizen.
Ober-/Unterhitze: etwa 180 °C
Heißluft: etwa 160 °C

2. Für den Teig das Ei mit Eigelb und Wasser in einer Rührschüssel mit Handrührgerät mit Rührbesen auf höchster Stufe in etwa 1 Minute schaumig schlagen. Den Zucker mit Vanillin-Zucker mischen, in etwa 1 Minute einstreuen, dann noch etwa 2 Minuten weiterschlagen. Mehl mit Speisestärke und Backpulver mischen, die Hälfte davon kurz auf niedrigster Stufe unterrühren. Restliches Mehlgemisch auf die gleiche Weise unterarbeiten.

3. Teig in eine Springform (Ø 28 cm, Boden gefettet, mit Backpapier belegt) geben und glatt streichen. Die Form auf dem Rost in den vorgeheizten Backofen schieben. Den Biskuitboden **25–30 Minuten backen.**

4. Den Biskuitboden aus der Form lösen, auf einen mit Backpapier belegten Kuchenrost stürzen und erkalten lassen. Mitgebackenes Backpapier abziehen. **Backofentemperatur auf Ober-/Unterhitze: etwa 100 °C, Heißluft: etwa 80 °C herunterschalten.**

5. Für die Baiserböden auf 2 Bögen Backpapier je 1 Kreis (Ø etwa 28 cm) vorzeichnen. Eiweiß so steif schlagen, dass ein Messerschnitt sichtbar bleibt. Nach und nach Zucker und Vanillin-Zucker kurz unterschlagen. Mandeln vorsichtig unterheben. Die Masse in einen Spritzbeutel mit kleiner Lochtülle füllen und 2 Böden aufspritzen. Dazu jeweils innen an dem aufgemalten Kreis einen Ring spritzen. Dann die gesamte Fläche mit Baisermasse ausspritzen. Die Böden mit dem Backpapier auf Backbleche ziehen. Die Backbleche nacheinander (bei Heißluft zusammen) in den vorgeheizten Backofen schieben. Böden **etwa 90 Minuten je Backblech trocknen lassen.**

6. Die Böden auf je einen mit Backpapier belegten Kuchenrost stürzen. Mitgebackenes Backpapier abziehen. Baiserböden erkalten lassen.

7. Für die Buttercreme aus Pudding-Pulver, Zucker und Milch einen Pudding nach Packungsanleitung zubereiten. Pudding erkalten lassen (nicht kalt stellen), dabei gelegentlich durchrühren. Butter mit Handrührgerät mit Rührbesen geschmeidig rühren. Den erkalteten Pudding esslöffelweise unterrühren. Dabei darauf achten, dass Butter und Pudding Zimmertemperatur haben, da die Buttercreme sonst gerinnt.

8. Zum Tränken des Biskuitbodens Wasser mit Zucker aufkochen und erkalten lassen. Kirschwasser unterrühren. Für den Rand Mandeln in einer Pfanne ohne Fett leicht bräunen, herausnehmen und auf einem Teller erkalten lassen.

9. Einen Baiserboden mit einem Viertel der Buttercreme bestreichen. Den Biskuitboden darauflegen und mit der Tränke beträufeln. Den Boden mit knapp der Hälfte der restlichen Buttercreme bestreichen. Den zweiten Baiserboden darauflegen und leicht andrücken. Tortenrand und -oberfläche mit der restlichen Buttercreme bestreichen.

10. Den Tortenrand mit Mandeln bestreuen und mit der Teigkarte leicht andrücken. Ein Messer in heißes Wasser tauchen, damit ein Gittermuster auf der Torte ziehen. Die Torte etwa 2 Stunden kalt stellen.

11. Vor dem Servieren mit Puderzucker bestäuben.

Mit Früchten

Mit Alkohol

Für Gäste

Für Kinder

Schnell und einfach

Gut vorzubereiten

Für Fragen, Vorschläge oder Anregungen stehen Ihnen der Verbraucherservice der Dr. Oetker Versuchsküche Telefon: 00800 71 72 73 74 Mo.–Fr. 8:00–18:00 Uhr, Sa. 9:00–15:00 Uhr (gebührenfrei in Deutschland) oder die Mitarbeiter des Dr. Oetker Verlages Telefon: +49 (0) 521 520650 Mo.-Fr. 9:00–15:00 Uhr zur Verfügung.

Oder schreiben Sie uns:
Dr. Oetker Verlag KG, Am Bach 11, 33602 Bielefeld oder besuchen Sie uns im Internet unter www.oetker-verlag.de oder www.oetker.de.

Umwelthinweis Dieses Buch und der Einband wurden auf chlorfrei gebleichtem Papier gedruckt. Die Einschrumpffolie – zum Schutz vor Verschmutzung – ist aus umweltfreundlichem und recyclingfähigem PE-Material.

Redaktion Carola Reich, Annette Riesenberg

Innenfotos Walter Cimbal, Hamburg (S. 28, 43, 50, 55, 63, 83, 128, 130, 133, 134–136, 144, 171, 191, 200–203, 227, 229, 231, 273, 275)
Thomas Diercks, Kai Boxhammer, Christiane Krüger, Hamburg (S. 13, 16–20, 29, 31, 38, 39, 44, 56–61, 65, 70, 71, 76, 77, 81, 90, 95, 98–101, 103, 105, 107, 108, 118, 121, 126, 137–143, 146, 150–152, 155–160, 163–181, 183, 186, 205, 211, 217, 221, 226, 230, 232–234, 241–244, 247, 253–257, 261, 262, 265, 266, 269, 270, 279)
Ulli Hartmann, Halle/Westf. (S. 5, 10, 24, 27, 30, 33, 37, 53, 75, 87–89, 96, 106, 111, 114, 120, 129, 149, 161, 174, 182, 185, 189, 195, 196, 213, 215, 225, 239, 258, 268, 277, 278)
Ulrich Kopp, Sindelfingen (S. 123, 240)
Bernd Lippert (S. 64, 91, 97, 113, 147, 162, 197, 206, 210, 250, 267, 274)
Axel Struwe (S. 9, 15, 17, 21–23, 34, 40, 49, 69, 84, 85, 92, 93, 112, 117, 125, 199, 209, 214, 222, 235–237, 245, 248)
Norbert Toelle, Bielefeld (S. 42)
Brigitte Wegner, Bielefeld (S. 6, 12, 78, 192, 204, 207, 249, 280, 283)

Rezeptentwicklung und -beratung Eike Upmeier-Lorenz, Hamburg

Lektorat no:vum, Susanne Noll, Leinfelden-Echterdingen

Wir danken für die freundliche Unterstützung
Coca-Cola, Berlin
Griesson – de Beukelaer, Polch
Henkel & Co., Wiesbaden
Nestlé Deutschland, Frankfurt/ Main

Nährwertberechnungen Nutri Service, Hennef

Grafisches Konzept und Gestaltung MDH Haselhorst, Bielefeld
Titelgestaltung kontur:design GmbH, Bielefeld
Satz und Layout MDH Haselhorst, Bielefeld
Druck und Bindung Mohn media Mohndruck GmbH, Gütersloh

ISBN: 978–3–7670–0528–0